LE MANAGEMENT DE PROXIMITÉ, UNE QUESTION D'APPRENTISSAGE ÉMOTIONNEL

Éditions ESKA - 12, rue du Quatre-Septembre - 75002 Paris
Tél. : 01 42 86 55 73 - Fax : 01 42 60 45 35

http://www.eska.fr

Notre couverture : Irinaland über dem balkan, 691 A par Hundertwasser. Copyright 1994, Harel, Vienna.

LE MANAGEMENT DE PROXIMITÉ, UNE QUESTION D'APPRENTISSAGE ÉMOTIONNEL

Sous la direction de Maurice THÉVENET
et de Christian BOURION

UN MOT D'INTRODUCTION

« *On n'est pas là pour être aimé !* ». Qui n'a pas entendu cette phrase magique, cette auto justification des managers de proximité qui ne parviennent pas à concilier les impératifs de résultats aux impératifs humains ? Phrase à laquelle le N +1, le formateur ou le coach répondent aussitôt par une autre phrase magique : *« Oui, mais vous êtes là pour aider les gens ! »*. Et, histoire de stimuler la réflexion : *« Du "d" de aider au "m" de aimer, il y a 8 lettres dans l'alphabet »*...

Exagéré ? Peut-être, mais aujourd'hui, la dimension émotionnelle est centrale dans les organisations en action : preuve en est que même la finance, science dure par excellence, est devenue comportementale !

Avec ce dossier, nous vous proposons quelques recherches actuelles réalisées dans le cadre du management de proximité, mais aussi dans d'autres cadres, comme l'apprentissage ou l'accompagnement. Elles mettent en évidence que les émotions sont certes mystérieuses, mais sont de précieuses alliées pour qui sait les apprivoiser.

Avec une telle ambition, ce numéro spécial se situe à la croisée de la psychosociologie et de la théorie des organisations : c'est ce qui fait sa difficulté, mais aussi son intérêt.

Il trouve sa justification dans les difficultés que vivent les organisations d'aujourd'hui. Ces difficultés diminuent largement la capacité de prise en charge collective de la sécurité individuelle et vont renvoyer sur les individus la responsabilité finale de leur vie. Loin des démarches purement académiques, il s'agit d'une optimisation globale de notre cerveau tri unique...

Nous l'appelons l'apprentissage émotionnel...

Bonne lecture.

Le Comité de rédaction
Alex MUCCHIELLI, Frank BOURNOIS, Christian BOURION

ÉDITORIAL
LA RÈGLE DE L'ÉMOTION : DE L'ÉMOTION À LA RÈGLE

Maurice THÉVENET[1]

Ce numéro spécial est doublement intéressant. Outre la qualité des articles présentés, le seul fait de sa publication marque une étape importante dans les travaux sur le management. D'une part, il commence d'aborder sur les questions des émotions et de l'intelligence émotionnelle avec des réflexions construites et des bases empiriques solides. D'autre part, il applique cette approche au management de proximité et à son apprentissage qui sont sans doute les questions clés du management dans les années à venir.

Cette rencontre entre une approche et un vrai problème de management est donc particulièrement bienvenue comme le montre la pertinence des réflexions et des situations concrètes de managers qui constituent la trame empirique des articles, comme la gestion des erreurs ou les situations de *coaching* par exemple.

Il n'est pas utile de développer longuement l'importance du management de proximité. Elle est fondée sur la réalité anthropologique de devoir organiser (coordonner, animer, conduire, diriger,...) l'activité d'un groupe qui dépasse une certaine taille. Même si l'ingénierie managériale voudrait pouvoir s'affranchir de cette réalité par des structures et des process de plus en plus sophistiqués, la nécessité du management de proximité revient en force dans des organisations qui ont vécu de profonds bouleversements. On

---

1. Agrégé des Facultés en sciences de gestion. Habilitation à Diriger des Recherches en gestion. Docteur ès Sciences de Gestion, Université d'Aix-Marseille III. Licencié en droit. Diplôme ESSEC. Professeur au CNAM et à l'ESSEC, thevenet@cnam.fr

peut citer parmi ceux-ci le développement du management à distance, le management des professionnels, le management d'équipes aux formes et caractères les plus divers (en termes d'écart hiérarchique, de durée de vie, d'objectifs, etc.). Quant aux « managés » ils révèlent les représentations et les attitudes les plus variées quant à l'organisation, l'autorité ou le travail.

Finalement l'exigence anthropologique du management de proximité est toujours aussi forte mais le contexte de son exercice plus confus, instable, divers. En un mot c'est plus difficile, même si les affirmations de modernité managériale ont régulièrement pu laisser penser aux plus naïfs que c'était une mission des temps anciens du management traditionnel. Les managers se trouvent en première ligne avec ceux dont ils ont à « s'occuper » [2], ils doivent imaginer des modes de réponse et ne compter que sur eux-mêmes. C'est dire si l'engagement personnel qui leur est demandé requiert une grande maîtrise émotionnelle et quel que soit le substantif accolé à cet adjectif, c'est bien au niveau des émotions que se joue leur pratique et leur situation de manager de proximité.

On peut donner quelques illustrations de l'irruption de cette dimension émotionnelle.

La première concerne l'importance des relations comme mode de coordination et d'animation. Dans les groupes de projets, les équipes transversales, la gestion des « divas » ou des professionnels le seul mode d'action du management pour assurer ses missions réside dans la qualité des relations, la négociation, la séduction, voire l'intimidation. Dans ces cas, il n'est pas de principe d'autorité suffisamment fort pour protéger le manager dans l'exercice de sa mission.

La seconde illustration découle des constats effectués auprès des managers de proximité eux-mêmes. Différents articles de ce numéro les reprennent. Je ne pourrais ajouter que certaines constatations personnelles. Les managers de proximité se déclarent désarmés face aux conflits, aux problèmes personnels soumis par les collaborateurs. Ils éprouvent de la difficulté à motiver les autres, à sanctionner, à aborder des sujets de travail aux dimensions éthiques, en fait à tout ce qui demande un engagement personnel hautement affectif.

---

2. Le terme de « collaborateur » ne suffit plus ou du moins faut-il le prendre dans son étymologie latine de « travailler avec » et non dans le sens hiérarchique qu'il avait progressivement adopté.

En mettant en valeur la notion d'apprentissage, ce numéro ouvre la voie à un véritable sujet de travail pour les entreprises et les directions de ressources humaines, à savoir la préparation et l'appui des managers de proximité dans l'exercice de leurs missions à si haute densité émotionnelle.

Plusieurs articles mettent en évidence l'importance prise par le *coaching* et offrent enfin plusieurs pistes de recherche intéressantes et nécessaires à ce sujet. On ne peut constater la déferlante de cette pratique sans l'interroger ni essayer de mesurer son impact [3]. Il est intéressant de constater que la pratique se développe simultanément avec les évolutions profondes d'organisations où on a voulu limiter le nombre de niveaux hiérarchiques, transformer toutes les activités de l'entreprise en processus figés, développer des modes de fonctionnement où l'autonomie et la définition d'objectifs devaient suffire pour réaliser l'action collective. Sans doute le *coaching* a-t-il une mission très importante pour aider les managers à réfléchir sur leur situation, mettre au jour leurs difficultés et erreurs afin de les surmonter. Il pallie alors un environnement émotionnel que les organisations (et les managers supérieurs) ne peuvent et/ou ne veulent plus assumer.

Une seconde dimension concerne l'apprentissage par les managers eux-mêmes de ce rôle exigeant sur le plan émotionnel. Dans le domaine du management on accepte aujourd'hui plus volontiers qu'hier la dimension émotionnelle et son importance même si l'on ne sait pas très bien qu'en faire. Les experts de la discipline prennent enfin conscience, longtemps après leurs collègues de marketing, des liens entre émotions et comportements… Le problème cependant consiste à savoir que faire de ces émotions. C'est une chose de mieux comprendre ce qui se passe et d'éclairer sous ce jour émotionnel les situations sociales, c'en est une autre de savoir comment l'intégrer à ce qui reste trop souvent considéré comme seulement une pratique.

Certains disent qu'il faudrait les gérer. Voilà une belle ambition à laquelle je reste assez hermétique au vu des difficultés rencontrées à gérer mon propre budget… Au-delà de cette boutade, on peut se demander s'il est très raisonnable, pertinent, réaliste de donner de tels conseils. Avant de pouvoir gérer des émotions, chacun peut exercer, et apprendre à exercer le principe d'intelligence. C'est-à-dire savoir les repérer, les comprendre et ensuite, éventuellement, chercher à ajuster un comportement.

---

3. NDT : voir à ce sujet le numéro précédent (N° 27) dirigé par Vincent Lenhardt et Sybil Persson : « Le coaching, entre psychanalyse et problem solving ».

La notion d'intelligence émotionnelle n'a pas seulement pour intérêt de révéler des aspects de la personne celés par d'autres approches psychologiques ; elle n'a pas non plus pour unique intérêt d'élargir, sur le plan sémantique, le champ de ce que l'on appelle l'intelligence, permettant ainsi à un plus grand nombre de s'en voir doté. La notion d'émotion a surtout une vertu pédagogique pour les managers de proximité, leur permettant ainsi de parfaire l'apprentissage de l'exercice de leur mission. En effet, le premier intérêt de l'émotion, c'est de servir d'indicateur, de clignotant sur son tableau de bord personnel qui permet de voir que quelque chose d'important est en train de se produire. Dans un entretien ou après un événement la colère, la joie ou la tristesse sont des signaux que le manager peut chercher à comprendre afin d'en faire quelque chose dans sa manière de procéder. Manager c'est toujours faire ce que l'on peut : les émotions, en changeant le regard, permettent de faire un peu plus.

Il serait sans doute modeste mais pertinent de prendre les émotions à ce niveau. Les managers n'ont souvent comme arme ou ressource, que leurs propres comportements. Apprendre à les lire, à les comprendre et à détecter leur effet sur les autres constituent les premiers pas d'une réflexion sur son management. Les émotions sont une ressource capitale pour ce faire. Il n'y va pas d'une nouvelle conception du management : la plupart des grandes traditions éducatives de l'histoire de l'humanité n'ont jamais rien fait d'autre, chacune à sa manière, que donner aux personnes les mêmes conseils et mêmes voies d'apprentissage : ce que je fais, pourquoi je le fais, avec quelles conséquences.

Le début de la solution aux problèmes de management, c'est le manager lui-même. Cela ne signifie pas que toute la solution pèse sur ses épaules mais tout commence à son niveau. En utilisant les émotions comme base de réflexion sur son action avant de pouvoir agir différemment, il se trouve dans une situation de mieux aborder, assumer et surmonter les difficultés propres à sa mission. Entre l'incapacité et la soumission aux événements et l'abandon à la cellule psychologique qui va devenir bientôt un service obligatoire dans les organisations humaines pour aider les personnes à vivre ensemble, il existe le chemin de la maturité personnelle à assumer une vie sociale.

Ceci étant dit il ne faudrait pas renvoyer aux managers le soin de faire les efforts et de suivre la démarche comme on a trop tendance à le faire aujourd'hui en ayant tellement valorisé le « moi », la culture du « c'est mon choix » et l'impératif de développement personnel que certains se trouvent renvoyés devant un abîme sans même oser exprimer l'idée d'une troisième voie entre l'assistanat total et la prise sur soi. En effet, on ne peut aborder la question du management de proximité sans examiner son contexte. Les entreprises justement sensibilisées aux difficultés d'exercice de cette mission ne peuvent réduire le problème au seul niveau des managers de proximité comme s'il leur incombait de nouvelles obligations après la délégation, l'*empowerment* et les entretiens annuels...

En effet, si la question des émotions s'impose à la réflexion sur le management de proximité aujourd'hui, ce n'est pas seulement du fait des recherches sur l'intelligence émotionnelle, c'est aussi parce que les évolutions de la société et des organisations rendent plus nécessairement évidente la prise en compte des émotions. Si l'on veut travailler à améliorer l'exercice du management de proximité il ne s'agit donc pas simplement de les « armer » mieux, il faut aussi prendre en compte le contexte de l'exercice de leur mission. Cela peut se faire à deux niveaux, celui de la direction des entreprises et celui, plus difficilement cernable du contexte général de l'exercice de l'activité.

Au niveau de la direction de l'entreprise, il est frappant de noter que l'expression « management de proximité » est souvent entendue comme une référence au premier niveau de management, celui des chefs d'équipe ou des agents de maîtrise. La plupart des dirigeants s'accordent sur la difficulté et l'importance du management de proximité mais le problème ne les concernerait pas personnellement : il ne s'agirait que des « managers d'en bas ». Il y a pourtant de la proximité à tous les niveaux de la hiérarchie. Même un directeur général fait, sans le savoir souvent, du management de proximité. La qualité de celui-ci influe d'ailleurs beaucoup sur la pratique de tous. Dans les temps anciens on appelait cela l'exemplarité mais on peut tout aussi bien le décrire à l'aide du concept de désir mimétique : la qualité du management pratiqué au niveau le plus élevé transpire souvent à tous les échelons inférieurs. D'ailleurs comment un jeune manager de proximité pourrait-il avoir envie de s'y consacrer et d'y trouver un certain plaisir s'il n'a jamais rencontré que des patrons qui le faisaient mal et semblaient tellement en souffrir... Le seul moyen de revaloriser cet engagement dans le management de proximité, c'est que les dirigeants le valorisent non par des mots mais par leur propre engagement personnel. Le premier *coach* devrait être son patron ; on peut comprendre qu'il se défausse de ce rôle en le sous-traitant à d'autres « spécialistes » mais alors il n'assume plus ses responsabilités.

À un niveau plus général, on ne peut séparer cette réflexion sur l'engagement nécessaire des managers de proximité sans s'interroger sur les questions de l'autorité et de la hiérarchie. On n'a sans doute pas encore mesuré, et dans les entreprises sans doute moins qu'ailleurs, les conséquences de la remise en question profonde de toutes les formes d'autorité depuis une quarantaine d'années. Il existe différentes définitions possibles de l'autorité ; il en est une qui est éclairante des problèmes posés au management de proximité. Reconnaître l'autorité de quelqu'un c'est admettre que quelque chose de légitime, au-delà de lui-même, lui permet de l'exercer. Par exemple, si on s'exécute à l'ordre du policier, on obéit finalement et symboliquement à l'uniforme où l'on reconnaît dans ce qu'il représente (la loi par exemple) une légitimité qui s'impose. Quand je ne reconnais plus rien au-delà de la personne, toute la relation hiérarchique se vit dans le rapport interpersonnel. Cela rend l'exercice de l'autorité plus difficile parce que tout se joue dans l'émotion de la relation. La personne se trouve alors en première ligne, sans défense, avec le seul secours de sa capacité personnelle à assumer la relation. L'autorité pouvait certes servir de protection à la personne dans la relation, elle pouvait aussi offrir un sas à la relation pour lui donner le temps de s'établir.

Il n'y a pas de solution miracle pour recréer ou créer tout simplement de l'autorité. Peut-être n'est-ce d'ailleurs pas pertinent, sauf que l'émergence de systèmes d'autorité est naturelle et que la nature a horreur du vide en ce domaine comme d'autres. Sans doute ne faut-il pas sous-estimer la pédagogie de la règle. Elle est souvent conseillée dans la dynamique des groupes ou des équipes : faire en sorte que quelques règles (pas beaucoup) soient fermement et de manière consistantes appliquées. Non que ces règles soient indispensables, non qu'elles couvrent la totalité des situations rencontrées, mais surtout que par leur apprentissage régulier, la relation interpersonnelle entre le managé et son manager soit en quelque sorte « triangulée » par un tiers élément. Aider les managers à assumer la charge émotionnelle du management de proximité c'est aussi les aider en les sortant d'une relation duale avec leurs collaborateurs dans laquelle ils peuvent facilement s'épuiser ou se perdre : la perception de plus en plus fréquente de harcèlement et de souffrance par les managers de proximité en est le premier indice.

La question du management de proximité et de la prise en compte du jeu émotionnel qui constitue l'essence de cette mission est donc bien centrale pour le fonctionnement des entreprises. Il est d'ailleurs intéressant de remarquer que cette question a des échos dans de nombreuses autres formes d'organisations dans le milieu associatif, syndical, politique : en posant cette question, ce numéro spécial offre sans doute des perspectives nouvelles pour mieux aborder les relations humaines dans notre société.

Ouvrages de l'auteur

- *Quand les petits chefs deviendront grands,* Éditions d'Organisation, Paris, octobre 2004.
- *Gestion des Personnes : la parole aux DRH,* Éditions Liaisons, septembre 2004.
- *Management, une affaire de proximité,* Éditions d'Organisation, 2003.
- *L'implication au travail.* (avec J.P. Neveu, Ed.) 2002.
- *Le plaisir de travailler : Favoriser l'implication des personnes.* Éditions d'Organisation, 2000, 269 pp.
- *La culture d'entreprise,* Paris : PUF, 1993.
- *Impliquer les personnes dans l'entreprise,* Paris : Ed. Liaisons, 1992.
- *Culture et comportements,* (avec Jean-Luc Vachette) Paris : Vuibert, 1992.

APPRENDRE À DISCERNER L'INFORMATION AU SEIN DES ÉMOTIONS

Articulation des articles autour du thème

Christian BOURION [1]

LE MANAGEMENT DE PROXIMITÉ ?

C'est la fonction remplie par les managers de tous les niveaux quand ils cadrent le travail de leurs collaborateurs proches. Cette fonction domine en première ligne, mais concerne toute la hiérarchie. En raison de la proximité, elle se différencie des autres fonctions de régulation par le rôle que jouent les émotions au cours du traitement des incidents quotidiens. Elle se résume à : comment résoudre les problèmes sans détèriorer le lien ?

LES DÉSAPPRENTISSAGE ET APPRENTISSAGE ÉMOTIONNELS ?

Ce sont deux processus qui ne sont pas symétriques : c'est malheureusement plus rapide d'apprendre la peur, au cours d'une confrontation difficile que de s'en débarrasser après, alors qu'on estime qu'on s'en passerait bien.

---

1. Docteur d'État ès Sciences économiques. HDR. Lauréat des universités. Maître de Conférence ès sciences de gestion. Laboratoire GREFIGE-CEREMO, ICN, école de Management, Université Nancy 2. *bourion@univ-nancy2.fr*

« Après ça, dès que le téléphone sonnait je sursautais ! Dès que je voyais son numéro de portable affiché, je ne répondais plus : je ne voulais plus lui parler, tellement j'avais peur ! ».

Ces deux processus conditionnent la pertinence du dialogue entre émotion et raison : que la réaction à l'émotion soit la violence, que l'émotion soit négligée, que l'acteur soit paralysé par son intensité ou qu'il la considère comme un signal ambigu dont sa raison doit trouver le sens. L'ambiguïté du flux émotionnel est issue de son statut pluriel : il est simultanément porteur de souffrance et d'information, car il est le double produit de l'environnement externe et de l'environnement interne : de ce fait, la pertinence décisionnelle suppose d'être en mesure de faire la part de ce qui vient de soi et de ce qui vient des autres ; de ce qui vient de la situation présente et de ce qui est imputable à l'expérience passée mémorisée ; de ce qui est intentionnel et de ce qui est involontaire, etc. Ce qui vient de soi peut être imputé illégitimement aux autres, ce qui est involontaire peut être évalué comme étant intentionnel ou le passé mémorisé peut déformer la situation présente : c'est toute la difficulté. C'est pourquoi ces trois disciplines – management de proximité, logique émotionnelle et gestion de soi – sont difficilement dissociables.

Ainsi posé, l'apprentissage émotionnel concerne en premier la capacité de discernement. Il consiste principalement à faire la part de la souffrance ressentie, qui est là pour attirer l'attention de l'acteur sur la situation et la part de l'information, qui est là pour servir de fondement à sa décision et à son action. L'apprentissage émotionnel serait une question d'allocation d'attention au sens de Simon [2] : à qui, à quoi le manager de proximité doit-il allouer d'abord son attention ? À la souffrance ou à l'information ? Au lien ou la résolution du problème ? Mais pour répondre avec pertinence à cette question, il nous faut au préalable, situer plus largement la problématique…

La population humaine ne survit qu'en organisant le monde suivant ses propres besoins : elle doit le rendre *« utile »* à sa survie. Cette production de richesses s'appuie sur la capacité créative de chaque acteur. Cette capacité soumet la richesse produite à la loi d'airain de la comparaison sur les marchés, comparaison qui la « condamne » de facto à la quête de la performance et de l'amélioration. La permanence de cette quête impose la réduction du budget temps alloué à chaque segment du process. Cet écart entre

---

2. Dévédérom banque Media, 2004, La décision, http://www.banlieues-media.com

temps disponible et temps nécessaire [3] exige une accélération d'exécution qui soumet l'acteur au stress, à la souffrance et au risque de se tromper. Apparaissent alors toutes sortes d'écarts : défauts, fautes, erreurs, délais dépassés, échus ou dysfonctionnements. Ces écarts charrient à leur tour leur flot d'appréhensions, d'émotions et de sentiments, puis, interviennent les crises et enfin les conflits qui peuvent mettre l'organisation en situation d'échec.

Le principal objet du management de proximité serait de réguler ces phénomènes d'échauffement avant qu'ils ne s'emballent et déclenchent ces conflits et ces crises qui sont sources d'échecs et de situations irréversibles, puis de disparitions organisationnelles. Il s'agit donc d'une fonction majeure pour la survie organisationnelle.

Nous allons d'abord rendre compte de ce que révèlent nos enquêtes sur l'exercice de cette fonction de régulation, puis, nous présenterons les articles...

D'après l'enquête de Maurice Thévenet [4], 2/3 des 1 800 personnes interrogées disent que *leur chef n'est jamais là.*

Les 1 051 récits d'expériences de notre enquête permettent de préciser que le manager de proximité n'est effectivement presque jamais là, puisqu'il allouerait toute son attention aux incidents critiques. Les incidents seraient définis subjectivement ; au niveau de l'agent, ce seraient des situations anormales, souvent à très forte tension émotionnelle, que le salarié ne parvient plus à traiter, car elles s'écartent trop de ce qu'il sait, veut ou peut faire. Il émet alors des signaux d'alerte vers le manager de proximité, à moins que le manager ne repère lui-même le problème et décide d'intervenir...

« Cette expérience, m'a permis... d'apprendre à gérer les priorités, d'apprendre à alerter rapidement ma hiérarchie pour anticiper les difficultés. »

« Mes collègues qui s'occupaient du secteur littéraire appelèrent le chef de rayon qui ne tarda pas à arriver. Je lui expliquais mon désarroi face à cette femme et ne sachant que faire j'avais pris la fuite, plutôt que d'engager de la violence. »

---

3. L'expression clé « manque de temps » fait apparaître 795 000 occurrences le 14 mai 2006 sur Google. Il est impossible de citer toute la littérature consacrée à ce sujet par des milliers de sites.

4. *« Quand les petits chefs deviendront grands »*, 2004, éd. d'Organisation, 180 p.

« J'ai téléphoné à ma supérieure hiérarchique afin qu'elle me reçoive en entretien assez rapidement. Elle a d'abord été étonnée par ce coup de fil, car il était extrêmement rare que je la sollicite, et elle a tout de suite supposé que ce devait être assez grave… J'ai commencé à tourner autour du pot… et j'ai fini par tout lui raconter. Elle était effarée. Elle m'a rassuré sur le bien-fondé du fait que je me confie à elle. »

De ce point de vue, la régulation de proximité des managers peut être comparée à une sorte de *« service en ligne »*, à la mission d'un interne de garde dans un hôpital, ou aux astreintes des services de sécurité : le manager se tient à la disposition des lots d'incidents et de problèmes que charrie chaque journée de travail.

Mais cette régulation exige aussi un travail en amont, de prévention et de précaution concernant la sécurité au travail. Fonction délicate à remplir, car elle consiste à exiger que les comportements demeurent sécuritaires et à appliquer les sanctions prévues, dans le cas inverse…

« De plus en plus on sent un climat de défiance naître de la part des agents envers les « chefs » et leur rôle de « flicage ». Pire, au sein de l'équipe des manageurs une scission semble se dessiner entre ceux qui sanctionnent le moindre écart et les autres ».

Ainsi, la fonction de management de proximité exigerait un état d'hyper vigilance permanente, une disponibilité émotionnellement très exigeante, intervenant en cas d'alerte. Son objet serait les ennuis et les problèmes que les salariés n'ont pas pu résoudre et son critère serait la capacité à les résoudre **sans en créer d'autres**. Ce que les supérieurs du manager de proximité appellent : « Pas de vagues ! ». Effectivement, force est de constater [5] que l'intervention au sein du problème agit fortement sur *le lien* avec le collaborateur, déstabilisé par l'incident : dans 43 % des retours d'expériences analysés, cette intervention renforcerait le lien avec le subordonné, tandis qu'elle s'amenuiserait dans les 57 % restants.

« On traitait les différends… sans passer par l'arbitrage hiérarchique, qui n'intervenait qu'en cas d'alerte grave, de dérive-délai, etc. ».

---

5. *« Comment les signaux d'alerte, nommés « erreurs », agissent-ils sur les liens entre les collaborateurs et leurs hiérarchiques ? »* Analyse de 171 contextes d'erreurs concernant 139 jeunes diplômés situés au sein de 1 047 récits d'expériences, *La Revue Des Sciences de Gestion* ; à paraître.

« J'ai senti que quelque chose s'était cassé dans ma relation professionnelle avec 2/3 des agents de l'équipe. »

« Le chef fut très content que je le remercie d'être intervenu et me rappela qu'au moindre problème il ne fallait pas que j'hésite à le contacter. C'est à ce moment que pour la première fois je me suis senti vraiment faire partie de l'équipe. »

La difficulté du côté du salarié qui assume la responsabilité est de calibrer le message d'alerte et c'est loin d'être simple, car même un problème ponctuel peut s'inscrire dans un contexte global avec des conséquences sur le long terme.

« Devais-je informer le manager du comportement que j'avais eu l'occasion d'observer ? Mais ce comportement ne relevait-il pas d'un droit à l'intimité sachant qu'aucun danger n'était alors prévisible ? Comment dénoncer un fait, sachant qu'il pourrait y avoir des répercussions graves sans pour autant en avoir la certitude ? Sachant que le simple fait de le dire, pourrait déjà enclencher le processus d'alerte sans qu'il y ait véritablement d'alerte ».

« Ce n'est bien qu'après que mon manager a réellement mesuré l'étendue des dégâts. »

Du côté de la relation, « agent - manager de proximité » une autre difficulté propre à la proximité, provient du phénomène transférentiel de la relation émotionnelle qui peut quitter le champ professionnel pour aller s'établir vers le champ personnel ; risque accru quand les deux personnes sont de sexes différents.

« La relation qu'ils ont avec leur chef est assez personnelle. En effet, la majorité des rencontres... concernent directement l'agent dans l'exercice de ses fonctions. »

« L'un des agents... a commencé à se montrer un peu étrange avec moi : il me regardait d'un air bizarre, me faisait sans cesse des compliments sur ma coiffure, mes yeux... Bref, il se permettait une familiarité qui me dérangeait. Et là, j'avais du mal à adopter une position vraiment claire, car je l'appréciais professionnellement et je ne voulais pas le vexer. »

Mais l'intervention du manager de proximité peut aussi être un incident critique et, dans ce cas, soit il émet un signal d'alerte vers son N +1, soit le N +1 est mis en alerte par les agents et découvre lui-même le problème, ce que, généralement il apprécie très modérément. Le risque le plus humiliant, probablement le plus difficile à supporter par le manager de proximité, mais aussi le plus courant dans l'accomplissement de sa mission, c'est d'être désavoué par son N +1, alors que le manager de proximité n'a fait que rappeler le respect du règlement, mais que ce rappel a été saisi par les subordonnés comme une occasion de *faire des vagues*...

« *Mais lorsque j'ai réalisé que mon directeur faisait comprendre aux agents que j'étais une irresponsable... qu'il ne fallait pas me prendre au sérieux... je me suis sentie trahie, discréditée* ».

« *Le directeur les avait toutes mises en garde avant mon arrivée et m'avait collé une étiquette, l'étiquette de la responsable qui allait les recadrer.* »

Inversement, les récits montrent que le plus grand bonheur du manager de proximité, c'est d'être soutenu, alors qu'il s'attend au pire.

« *J'ai tout de suite fait remonter le fond du problème à ma hiérarchie. Lors d'une réunion de l'ensemble de l'encadrement (opérationnel et fonctionnel). Ma hiérarchie m'a soutenu dans cette épreuve, tant auprès de mes agents que du reste de l'encadrement.* »

« *Devant mon inquiétude, mon N +1 a souri et m'a précisé que ce n'était pas grave, que je payais probablement le fait que les syndicats n'avaient rien à se mettre sous la dent en ce moment et qu'avec les proches élections professionnelles il fallait bien se mettre en avant. Il m'assura qu'il avait tout géré et que c'était une affaire classée.* »

Et, évidemment, l'obligation de vivre dans un stress permanent a des conséquences personnelles...

« *Pour la première fois, je me découvrais une « boule au ventre » le matin en me levant. Je n'avais plus envie d'aller au travail : j'étais envahi par le stress. Moi qui étais le premier à railler les personnes qui se plaignaient de souffrir de ce syndrome. Je me découvrais aussi atteint de cette maladie des temps modernes.* »

« *Je n'étais pas heureux au travail, et cela avait des répercussions sur ma vie privée.* »

« *Ce magasin a réussi à me faire détester les responsabilités et le rôle de manager responsable que je pouvais être, que je devais être... Ce travail n'avait rien de positif.* »

Les retours d'expériences mettent en évidence qu'il existe bel et bien un véritable problème d'apprentissage (ou de désapprentissage) concernant les capacités exigées par la fonction de proximité : savoir discerner *« savoir ce qu'il faut faire »* de *« savoir ce qu'il ne faut pas faire »* au niveau émotionnel, pour résoudre les incidents sans en provoquer d'autres, savoir gérer l'intrication entre les champs personnels, familiaux et professionnels, apprendre à établir une relation de confiance avec son N +1, etc. C'est pourquoi nous avons fait appel à cette équipe de chercheurs pour faire avancer la réponse à la question : l'apprentissage émotionnel peut-il contribuer à accomplir cette mission ?

Tout d'abord, ***Felipe ARTAZA ABAROA*** dans *L'intelligence des émotions : une relecture des fondements de « l'intelligence émotionnelle »* présente l'interaction entre les données conceptuelles et biologiques sous-jacentes à la discussion sur le thème. Il montre comment, du statut de *troubles de l'adaptation des conduites*, perturbateur et non constructif, les émotions finissent pas être considérées comme *source du sens le plus important qui nous est donné biologiquement* : un signal face à la réalité. Il rappelle le rôle des marqueurs et les trois types de traitement du signal : reptilien limbique et cognitif. L'intelligence émotionnelle étant la capacité à capter, à interpréter et à utiliser ce signal de façon à trouver le sens pertinent qu'il contient.

Anne CARBONNEL *et* ***Karine ROUX*** effectuent une recherche sur le sens qu'on peut donner ex post aux situations liées aux erreurs, étudiées à base de retour d'expériences. Tirer profit de ces situations suppose que l'organisation et ses acteurs parviennent à apprendre de ces difficultés qui peuvent avoir plusieurs causes. Finalement, à quelles conditions peut-on initier des retours d'expériences et s'en servir ? Elles montrent que c'est la position d'engagement des protagonistes qui fera la différence dans le mécanisme d'apprentissage. Elles opposent deux façons de s'adapter, la dissonance cognitive, qui se fait au prix de la vérité et la théorie de l'engagement qui ouvre une voie positive pour qui veut progresser.

Catherine AIMELET – PERISSOL se centre sur les mécanismes de défense. De même que le compétiteur n'écoute pas son coach quand il gagne, mais seulement quand il perd, de même le salarié est plus à l'écoute de son manager quand il est dans la difficulté. Les situations critiques possèderaient donc la vertu d'accroître la disponibilité à l'apprentissage, ce qui est doublement positif : pour la tâche et pour la relation. Mais elles font émerger des mécanismes de défense qui s'opposent à l'apprentissage et qu'il importe de traiter de façon particulière. Pour l'auteur, les réactions de défense qui témoignent de cette déstabilisation personnelle, sont de précieuses alliées, car elles désignent aussi l'endroit où la personne peut désapprendre pour réapprendre.

Christian BOURION résume le processus de traitement de l'information et met en évidence l'importance d'adopter le bon. Sa recherche porte sur le management des conflits de proximité émotionnellement difficiles et plus particulièrement, les situations où un collaborateur tend un piège à son manager en utilisant la provocation. Pour ne pas être pris au dépourvu par la provocation, le manager doit alors en prendre conscience à l'instant même où elle se produit. L'article démonte le mécanisme. La méthode de recherche employée est celle que Flanagan a utilisée en 1954, au profit de la formation de pilotes de l'armée de l'air des États-Unis ; quant aux données, elles sont recueillies par l'observatoire permanent dirigé par l'auteur.

Avec les travaux de ***Françoise GOTER***, la représentation de l'erreur est celle d'une source de préjudices : comment interviennent les sanctions ? L'article étudie plusieurs cas de situations de fonctionnaires ayant fait une *erreur-faute* qui font ressortir l'affaiblissement de la hiérarchie, face au pouvoir médiatique, dans le secteur public où les sanctions n'aboutiront pas, que ce soit pour une fessée donnée à un enfant, un œil crevé à un adolescent ou la séquestration d'un hiérarchique…

Héloïse CLOET et ***Hervé SAINT AUBERT*** envisagent quelques outils d'acquisition de savoir, sur soi, notamment, ces outils qui mettent les salariés sur le grill pour comprendre en quoi la combinaison de l'évaluation et du coaching peut être un puissant levier d'apprentissage individuel, collectif et organisationnel.

Sybil PERSSON et ***Silvester IVANAJ*** étudient les facteurs influençant les choix de plusieurs centaines d'élèves pour le métier de manager (4 promotions ; 2002-2006). Leur échantillon est constitué par le dispositif ARTEM, trois écoles qui se sont alliées pour dispenser une formation plus complète à leurs élèves : école d'Art, (ENSA), école des Mines (ENMN) et école de Management (ICN, GBS). L'analyse des données met au jour des facteurs structurels influençant nettement les processus mentaux de choix des élèves en termes de préférences cérébrales. Il apparaît une nette opposition en l'orientation « art » et l'orientation « gestionnaire ». Cette dernière pourrait être interprétée en terme de disposition vis-à-vis de ce métier.

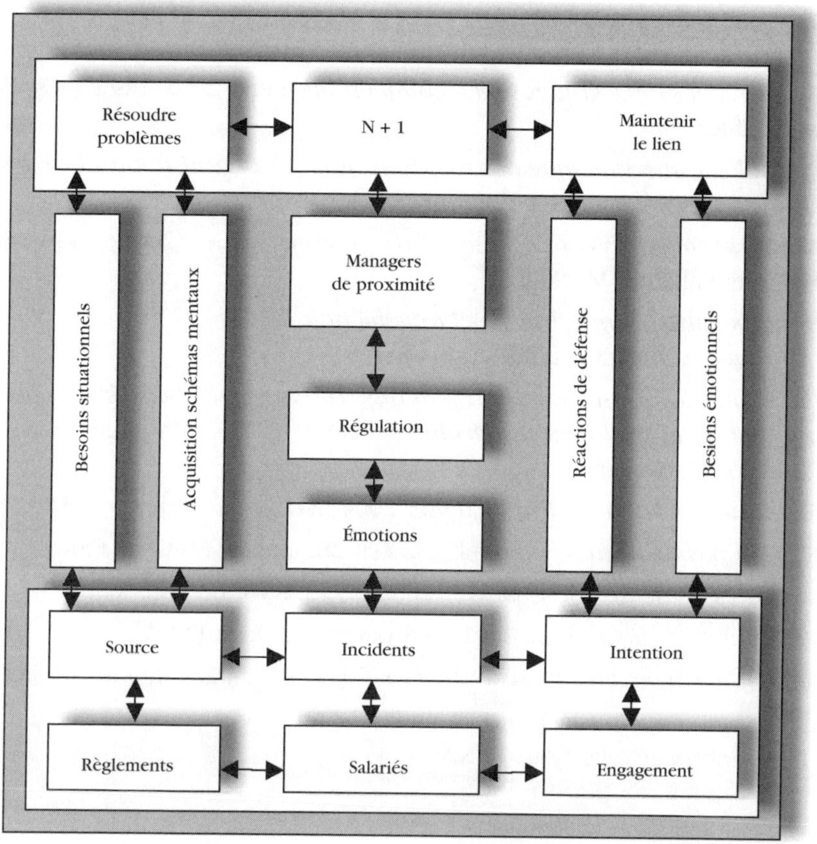

Quelques-unes des relations étudiées par les auteurs

Les systèmes sociaux sont radicalement différents des systèmes physiques. Ils sont doués d'une mémoire et de marqueurs émotionnels. Ils sont capables d'apprendre. Cette capacité leur confère une grande autonomie. Dans ces conditions, leur pilotage suppose la compréhension et donc l'apprentissage de ces mécanismes émotionnels.

Bonne lecture.

Ouvrages de l'auteur

- *Les entretiens des grandes écoles commerciales,* juin 2006, 149 pages, Éditions ESKA.
- *Psychologie et systémique des relations dans les organisations,* Mai 2006, (Dir. avec A. MUCCHIELLI), Éditions ESKA.
- *A Management System Exempt from Power,* février 2006. 245 pages Éditions Palgrave MacMillan.
- *Est-il possible d'infléchir le changement ?* octobre 2005, 270 pages. (Dir. avec A. MUCCHIELLI), Éditions ESKA.
- *Emotional logic and Decision Making, The interface between professional upheaval and personal evolution,* janvier 2005, 233 pages, Éditions Palgrave MacMillan.
- *Entraînement à la décision,* janvier 2004, 241 pages, Éditions ESKA.
- *Surtout pas de vagues,* septembre 2003, 282 pages, Éditions ESKA.
- *Le processus de décision,* janvier 2002, 655 pages, Éditions ESKA.
- *Les abus de pouvoir,* juin 2001, 298 pages, Éditions ESKA.
- *Le management sans pouvoir,* février 2001, 287 pages, Éditions ESKA.
- *La logique émotionnelle,* Éd. 2 : juillet 2001, 385 pages, Éd. 1 : janvier 2000, 348 pages, Éditions ESKA.

L'INTELLIGENCE DES ÉMOTIONS : UNE RELECTURE DES FONDEMENTS DE « L'INTELLIGENCE ÉMOTIONNELLE [1] »

Felipe ARTAZA ABAROA [2]

La notion d'intelligence associée à l'émotion a été vulgarisée en management par les travaux de GOLEMAN (1997 ; 1999). Une connaissance approfondie de cette notion permettrait de mieux comprendre pourquoi et comment l'émotion est un soubassement de toute compétence managériale : de la capacité à s'adapter à la variété des situations, à la gestion collective du travail, à mobiliser les acteurs, à communiquer la stratégie d'entreprise et à évoluer dans un monde en changement permanent. Cette connaissance peut alors effectuer une relecture de la notion d'intelligence émotionnelle.

Nous aborderons par la suite les points suivants : les fondements de l'intelligence émotionnelle, un éclaircissement pluridisciplinaire relié à la conceptualisation de l'émotion et un aperçu des conséquences de cette dernière proposition en gestion.

---

1. Cet article a été présenté au colloque « *Evolutions et développements des compétences managériales : quels défis à relever pour la GRH ?* », ESC Rouen, 20 mars 2006.

2. Maître de Conférences en Sciences de Gestion, GREDEG – Groupe de recherche en droit, économie et gestion, UMR 2767 Université de Nice-Sophia Antipolis CNRS, *artaza@unice.fr*

L'INTELLIGENCE ÉMOTIONNELLE

L'ensemble des sciences humaines et sociales manifeste un regain d'intérêt pour l'émotion. Si elles s'étonnent de l'absence de son étude pendant le siècle dernier, elles considèrent souvent le travail de recherche sur l'émotion comme pertinent, voire indispensable. En sociologie, ALBROW (1992) s'étonne du silence sur les émotions en théorie des organisations pendant le XXe siècle. D'autres travaux contemporains nous alertent sur le besoin d'approfondir la notion : ce phénomène est constatable en philosophie (FAUCHER, 1999), où l'on milite autant pour une revalorisation du concept (DE SOUSA, 2003), que pour son abandon pur et simple (GRIFFITHS, 1997) ; on le constate aussi dans les différents domaines de la connaissance purement scientifique (THAGARD, 2005). En Sciences de Gestion, la recherche aborde la présence des émotions dans des domaines variés ; tout en considérant leur étude comme l'une des directions de recherche les plus importantes (WALSH, 1995), elles sont souvent incomplètement définies.

Parmi ces travaux, a émergé une notion opératoire, « *l'intelligence émotionnelle* ». Le terme existait déjà dans les travaux de SALOVEY et MAYER (1990) où il était adressé à l'univers de la pédagogie, travaux qui ont continué leurs propres développements. Nous ne préciserons pas dans la suite de notre réflexion leur cheminement, nous intéressant explicitement aux applications que Goleman en a faites au management. Si ses propositions ont eu un succès significatif auprès du grand public, elles nous semblent cependant posséder de faibles fondements. Nous procédons dans cette partie à une analyse critique de leur conceptualisation.

Une définition

Parmi les compétences managériales, celle consistant à faire appel à la capacité des acteurs à se mobiliser, à s'adapter aux modifications des contextes professionnels et à de nouvelles formes de travail collectif, est fondamentale. La capacité des managers à mobiliser le personnel et à lui communiquer la stratégie d'entreprise fournit un avantage concurrentiel nécessaire pour évoluer dans notre monde contemporain, monde en mutation constante.

Comment procéder à l'identification de ce type de compétence ? Goleman nous propose de l'approcher sous le label de « *intelligence émotionnelle* ». Celle-ci est définie très sommairement par notre auteur : «...

l'expression intelligence émotionnelle *[...] recouvre la maîtrise de soi, l'ardeur et la persévérance, et la faculté de s'inciter soi-même à l'action* » (GOLEMAN 1997, p. 10). À son tour, l'émotion est définie comme un composé hétéroclite, étant « *à la fois un sentiment et les pensées, les états psychologiques et biologiques particuliers, ainsi que la gamme de tendances à l'action qu'il suscite* » (GOLEMAN 1997, p. 357). Cette brève, complexe et incomplète définition est accompagnée dans les pages suivantes du même document par une légère description du fonctionnement anthropologique des émotions : elles seraient encadrées par les humeurs, toutes les deux enveloppées et orientées par les tempéraments.

Orientée vers l'exploration de la relation entre intelligence émotionnelle et la performance effective des leaders, la recherche ultérieure de GOLEMAN (1998 ; 2000) s'intéresse aux liens entre le manager et ce type d'intelligence. Sa recherche souhaite ainsi fournir les bases du leadership, en répondant aux questions suivantes : comment reconnaître chez quelqu'un un haut niveau d'intelligence émotionnelle, et comment le reconnaître en soi-même ? La réponse se trouve dans la mise en évidence des différents facteurs composant l'intelligence émotionnelle : ceux-ci sont d'abord décrits comme prise de conscience de soi, auto-régulation, motivation, empathie et présence d'outils relationnels (GOLEMAN, 1998). La grille de lecture se complexifiera et GOLEMAN (2000) en conservera quatre (prise de conscience de soi, auto-management, prise de conscience des autres et outils relationnels), devenus des têtes de chapitre, chacun d'eux englobant d'autres sous-dimensions ; le tout donne une série de styles de leadership : coercitif, autoritaire, affiliatif, démocratique, directif [3] et coach.

Des applications à la recherche

La réflexion qui s'est ensuivie concernant la qualité de ces propositions en management trouve autant de défenseurs que de détracteurs. On y retrouve des études sur le terrain favorables aux conclusions développées par GOLEMAN (JORDAN & THROTH, 2002c ; JORDAN & *al.*, 2002a ; JORDAN & *al.*, 2002b) et des critiques mettant en évidence que la conceptualisation de l'intelligence émotionnelle dans ces travaux est problématique et que, par ailleurs, l'intelligence émotionnelle est bien difficile à mesurer (BECKER,

---

3. Nous traduisons *pacesetting* par *directif*, le style de celui qui définit un avenir et les étapes qui y amènent.

2003). Les discussions concernent aussi les outils de mesure en tant que tels : ANTONAKIS (2004, p. 171) critique lourdement les positions de ceux qui son captivés par le côté « *magique* » qui sous-tend l'intelligence émotionnelle, sans tenir compte des critères scientifiques empiriques dans la recherche.

La légitimité du concept est largement discutée (JORDAN & *al.*, 2003, p. 195) : *l'intelligence émotionnelle* est-elle en fait suffisamment différenciée de *l'intelligence intellectuelle* pour être un concept pertinent en approchant les comportements en organisation ? Cette dernière question met en évidence un des aspects masqués du conflit : dans la réflexion scientifique sur l'intelligence émotionnelle, la dimension perçue est bien plus « *l'intelligence* » que « *l'émotion* » ; l'intelligence émotionnelle est systématiquement comparée au QI (Quotient Intellectuel) par le biais du QE (Quotient Émotionnel), la pensée abstraite demeurant ainsi la référence dans l'approche de l'intelligence.

Dans un contexte conceptuel plus large, les visions pluridisciplinaires de l'intelligence émotionnelle insistent sur sa différence avec les aspects abstraits de la pensée, la présentant comme une « *collection d'habiletés émotionnelles qui constitue une forme d'intelligence différente de l'intelligence cognitive du QI* » (BECAHRA & *al.*, 2000, p. 211) ; elles insistent sur l'aspect explicitement émotionnel, puisqu'elle serait « *la compétence à identifier et exprimer des émotions, à les assimiler dans la pensée et à réguler les émotions positives et les négatives, autant chez soi que chez les autres* » (MATTHEWS *et al.*, 2002, p. 3).

Ces différents travaux, tout comme la recherche préalablement citée, ne définissent pourtant pas l'émotion.

Les limites d'une conceptualisation

La proposition de Goleman, telle qu'elle a été définie précédemment, recouvre des traits de caractère (GOLEMAN 1997, p. 10) et est reconnaissable à la mise en pratique de facteurs relationnels (GOLEMAN, 2000). Que reste-t-il caché sous ces propositions ? Un rappel constant, sans les citer, des fondamentaux de l'École des Relations Humaines. Par exemple, des commentaires faits à un subalterne sous la forme de remarques lapidaires, avec un ton sarcastique et irrité, provoquent chez l'interlocuteur un sentiment d'impuissance et de ressentiment : « *du point de vue de l'intelligence émotionnelle, ces critiques témoignent d'une ignorance des sentiments qu'elles susci-*

tent chez l'autre et des effets dévastateurs de ces sentiments sur sa motivation, son ardeur au travail et son assurance » (GOLEMAN, 1997, p. 196). Quelle est la proposition de l'intelligence émotionnelle, qui nous encourage à bien gérer nos émotions ? À partir d'une expérience concrète en entreprise, Goleman précise que l'extériorisation des conflits personnels, la prise de conscience des difficultés des autres et l'utilisation d'un langage adapté (obtenues par l'organisation d'ateliers pour les salariés) avaient permis d'éviter des accidents dans un contexte professionnel dangereux (GOLEMAN, 1999, pp. 337-338). Il continue en nous citant l'exemple des cadres qui réussissent mieux et sont plus appréciés à cause d'une meilleure capacité d'intégration dans les équipes de travail, tout en étant moins doués techniquement (GOLEMAN, 1999, p. 286). Le même type de propositions est utilisé dans son approche du leadership (GOLEMAN, 1998 ; 2000 ; GOLEMAN et *al.*, 2004).

S'il se défend de proposer la transformation de l'entreprise dans un « *salon émotionnel* » et rappelle que : « Les sentiments importent dans la mesure où ils nous permettent ou nous empêchent d'atteindre des objectifs communs » (GOLEMAN, 1999, pp. 337-338), force est de reconnaître que ces suggestions ont été développées en organisation par toute une série de praticiens dans la 2e partie du siècle dernier ; praticiens qui trouvaient leurs fondements dans les approches dérivées de l'École des Relations Humaines. La différence se trouve peut-être dans le fait qu'ils faisaient référence à la communication interpersonnelle, à la dynamique des groupes, au développement des salariés, au leadership participatif, etc., et n'appelaient pas leur proposition « *intelligence émotionnelle* ».

L'intelligence émotionnelle serait-elle confondue avec la capacité à créer de bonnes relations ? Pour sortir de cette confusion, nous proposons d'explorer la notion d'émotion.

L'ÉMOTION

L'émotion est encore de nos jours un facteur dérangeant : elle est définie dans l'*Encyclopaedia Universalis* « *comme un trouble de l'adaptation des conduites* » (P. Fraisse). Dans notre domaine de recherche, la gestion, les chercheurs sont plutôt vagues par rapport au concept d'émotion et à son inscription théorique, malgré la quantité de travaux la considérant comme un objet de recherche significatif et malgré la pluralité des approches (MAZARS-CHAPELON, 2004).

Pour aborder l'émotion nous partirons à la recherche de ses fondements : c'est à partir d'une proposition fondamentale en neurobiologie (DAMASIO, 1995 ; 1999 ; 2003) et d'un regard sur la place dévolue à l'émotion dans les organisations que nous revisiterons l'intelligence émotionnelle et les compétences managériales.

À la recherche des fondements de l'émotion

L'un des défis de notre monde conceptuel contemporain consistait à incorporer la biologie dans nos théories de la connaissance : « *mettre au point une épistémologie fondée sur la biologie, c'est-à-dire expliquer comment nous faisons pour savoir et pour être conscients, à la lumière des données de l'évolution et de la biologie du développement* » (EDELMAN, 1992, p. 33). Cette épistémologie aurait une base corporelle : notre connaissance et notre capacité à décider et à choisir seraient obligatoirement encastrées dans notre corps (VARELA et *al.*, 1993 ; VARELA, 1996a ; VARELA, 1996b).

L'étude que A. DAMASIO (1995) a effectuée sur des centaines de sujets parmi lesquels une douzaine présentaient une lésion au niveau de la partie frontale du cerveau, concrètement le cortex préfrontal ventromédian (CPVM), montrait que les sujets dont le CPVM était blessé avaient perdu leur capacité à « *choisir* » dans la vie courante. Entre deux alternatives, apparemment banales, ils restaient perplexes et incapables de réagir.

La théorie élaborée à la suite a comme résultat plusieurs propositions pertinentes pour notre sujet [4]. La première indique que cette structure cérébrale, le CPVM, serait une des structures impliquées dans les émotions et dans la prise de décisions : prendre des décisions sociales adaptées implique des signaux émotionnels, indicateurs de l'état de l'organisme. Ces signaux, *marqueurs somatiques*, guides automatiques, sont utilisés pour savoir si une décision particulière aura une bonne ou mauvaise conséquence. Si au cours de notre vie nous avons appris ce qui est bon ou pas pour nous (*v. g.* sortir ou pas avec ces amis ce soir au restaurant), ce qui est approprié aujourd'hui et dans l'avenir (apprentissage qui est en fait une croyance), nous avons dû développer un *marqueur*

---

4. Ces propositions sont mises en évidence par nous, on les retrouve systématisées autrement dans le travail de l'auteur.

somatique[5]. Il nous aide en éliminant celles que nous considérons être les mauvaises options ou au contraire en nous poussant vers un choix dont nous présageons les conséquences comme bénéfiques.

La deuxième proposition de la théorie concerne l'émotion en tant que telle, qui se formerait en fait de la manière suivante : « *À partir de terminaisons nerveuses stimulées dans une région donnée du corps [...] le cerveau élabore une représentation transitoire du changement local de l'état du corps [...] Mais [...] le processus ne s'arrête pas là. L'innocent traitement de l'information relative au changement d'état corporel déclenche rapidement une vague de changements d'états du corps supplémentaires, qui font s'écarter davantage l'état du corps global de la gamme de base. L'état qui en résulte est une émotion dotée de caractéristiques particulières* » (DAMASIO, 1995, p. 329). L'émotion serait constituée par le processus de traitement de l'information sensorielle associée aux changements du corps.

La troisième proposition concerne le rôle joué par l'émotion dans notre évolution en tant qu'individus. La perception que nous en avons dépend de l'activité de circuits cérébraux interagissant avec un certain nombre d'organes du corps : « *la perception des émotions est tout autant un processus cognitif que la perception de toute autre image [...] La perception des émotions a un statut vraiment privilégié [...] en raison de ses liens privilégiés avec le corps, elle se manifeste en premier au cours du développement, puis garde une prééminence qui imprègne subtilement notre vie mentale [...] (et) constitue un cadre de référence pour ce qui se développe ensuite, et par là elle intervient dans tout ce qui se passe dans le cerveau, et notamment dans le domaine des processus cognitifs* » (DAMASIO, 1995, pp. 206-207). Le corollaire est sa présence dans notre capacité à bâtir des raisonnements : « *C'est comme s'il existait une passion fondant la raison, une pulsion prenant naissance dans la profondeur du cerveau, s'insinuant dans les autres niveaux du système nerveux, et se traduisant finalement par la perception d'une émotion ou par une influence non consciente orientant un processus de prise de décision. La raison, de sa forme pratique*

5. Les marqueurs somatiques sont situés sur les lobes frontaux, ceux-ci constituent une zone de convergence qui enregistre les connexions entre certains états du corps et une situation donnée. Si cette zone est activée, une multitude d'ordres part en direction de l'amygdale, du tronc cérébral, de l'hypothalamus, pour créer un état particulier (le marqueur), représenté dans le cortex somato-sensoriel et qui qualifie une image ou une situation particulière de bonne ou mauvaise, agréable ou désagréable, etc.

à sa forme théorique, se développe probablement sur la forme de cette pulsion, par un processus ressemblant à l'acquisition d'une compétence» (DAMASIO, 1995, pp. 307-308).

Les émotions seraient ainsi à la base de ce que les êtres humains appellent, depuis des millénaires, l'âme ou l'esprit. La capacité à ressentir et exprimer des émotions serait indispensable à la mise en œuvre des comportements rationnels. Elle nous placerait, de façon paradoxale pour notre culture, au bon endroit, à l'endroit où nous pouvons exercer les principes de la logique (ARTAZA ABAROA, 1996). Mais ceci ne serait pas encore suffisant : pour comprendre de manière satisfaisante la façon dont le cerveau détermine l'esprit et le comportement humain, il est nécessaire de prendre en compte le contexte social et culturel de ce dernier (DAMASIO, 1999 ; 2003) ; principe que nous retrouvons dans d'autres recherches parallèles (MATURANA et VARELA, 1980 ; 1984) où il est précisé que ces relations entre notre corps, notre esprit et nos comportements, n'auraient lieu que par le langage et dans la relation.

De cette lecture succincte nous retenons que l'émotion est comprise comme le traitement de l'information associé aux changements du corps et qu'elle joue un rôle dans la constitution de notre esprit (donc de nos compétences) : en découlent nos capacités de décision, de raisonnement et de communication. Cet apprentissage biologique a lieu dans une histoire personnelle et est vécu dans un contexte social et culturel précis. C'est suite à ces précisions que nous approchons la place dévolue à l'émotion dans les organisations.

L'émotion en Sciences de Gestion

Dans une vision classique, l'étude des organisations présupposait l'émotion comme un élément marginal de la vie au travail dans les organisations. Son rôle était souvent compris comme perturbateur et non constructif ; quelques travaux attribuaient cependant au *stimulus* émotionnel plus souvent le rôle d'une interruption que d'une perturbation (HEBB, 1949).

Certaines perspectives plus récentes la valorisent et suggèrent des liens entre émotion et raison semblables à ceux rencontrés préalablement. A. ETZIONI (1992) soutient que la majorité des choix faits par les individus, y compris leurs choix économiques, sont largement basés sur des considérations dont la norme est le monde des affects. Beaucoup de décisions seraient basées sur une combinaison d'aspects logiques et émotionnels (d'elles-mêmes ces catégories sont pour cet auteur nettement distinctes). Etzioni souligne que la spécification de la relation entre les facteurs affectifs normatifs et le processus de décision rationnel est une tâche encore incomplète, mais il reste pour lui clairement établi qu'autant l'affectivité que les valeurs normatives présentent souvent d'importantes fonctions positives et ne constituent pas uniquement des obstacles pour la raison.

À son tour, A. R. HOCHSCHILD dans son approche sociologique précise qu'une activité émotionnelle est présente et exigée chez les acteurs dans certaines activités professionnelles [6]. Sa caractéristique spécifique serait de relier action et connaissance : « *Je suggère que l'émotion est un sens qui nous est donné biologiquement, et notre sens le plus important. Comme d'autres sens – l'ouïe, le toucher, l'odorat – elle est un moyen par lequel nous connaissons notre relation au monde, ce qui est vital pour la survie des êtres humains dans un groupe. Mais l'émotion est unique parmi les sens puisqu'elle ne fait pas référence seulement à l'orientation vers l'action, mais aussi à l'orientation vers la cognition [...] (elle) est notre expérience du corps prêt à une action imaginaire. Depuis le moment où le corps se prépare physiologiquement à l'action, l'émotion implique des processus biologiques. Ainsi, quand nous gérons une émotion, nous gérons partiellement la préparation corporelle d'une action, consciemment ou inconsciemment anticipée* » (1983, pp. 219-220).

Les émotions seraient donc présentes dans les différentes dimensions des processus de décision ; aussi aux niveaux des interactions et interfaces relationnelles humaines de l'organisation avec son entourage. Qu'en est-il à l'intérieur de l'organisation ?

S. Fineman nous ouvrira la porte à l'idée que, dans les organisations, c'est en fait l'émotion qui serait « organisée ». Pour lui, les émotions ne représentent pas des troubles temporaires d'un lieu de travail, elles font partie de son fonctionnement permanent. Les rituels formels et informels de l'organisation, qui les inspirent et entretiennent, seraient des éléments fondamentaux de la production de biens et services et de la création de profit : « *Une fois enlevée la façade rationnelle des buts, intentions, tâches et finalités de l'organisation, une véritable explosion de tonalités émotionnelles se révèle. Regardant de plus près les connaissances, elles ne seraient*

6. Des manifestations en sont autant le sourire de la serveuse au restaurant, que les comportements d'accueil de l'équipage à bord de l'avion ou la création d'un climat de confiance dans un échange commercial.

pas complètement compréhensibles sans la reconnaissance des sentiments qui les guident et les conforment. Quand nous examinons la manière par laquelle l'ordre organisationnel est autant atteint qu'annihilé, la gestion et la mobilisation des émotions deviennent l'axe central » (Fineman, 1993, p. 1).

L'émotion est aussi présente parmi les demandes d'étude de prise en compte de la complexité, intégrant un plus vaste ensemble d'éléments sur les organisations : « *Ainsi, les processus de prise de décision sont conduits par l'émotion, l'imagination et les souvenirs du décideur, et sont ponctués par de soudaines cristallisations de la pensée [...] la décision doit être étudiée* in toto *et* in vivo, *au niveau de l'individu, comprenant insight et inspiration, émotion et souvenir, et au niveau collectif, comprenant l'histoire, la culture, et le contexte dans le vaste réseau de prise de décision que crée chaque organisation* » (Langley et *al.*, 1995, p. 261).

Objet indispensable de recherche en organisation, l'émotion n'est plus depuis une vingtaine d'années uniquement un élément perturbant (de l'acteur) et perturbateur (de la théorie). Comprise comme faisant corps (dans le sens le plus littéral du terme) avec l'acteur et l'organisation, les propositions explorées nous permettent de la replacer autrement dans notre objet d'étude, l'intelligence émotionnelle.

Une relecture de l'Intelligence Émotionnelle

Goleman soulignait le rôle de l'intelligence émotionnelle dans la communication au service de la fonction d'encadrement et présupposait que son utilisation provoquerait une amélioration des relations permettant d'atteindre plus facilement les objectifs organisationnels. La définition abstraite de l'intelligence demeurait la référence conceptuelle. L'émotion, à laquelle l'on faisait constamment référence, demeurait majoritairement ignorée, manque de fondements.

Nous avons utilisé un cadre de réflexion plus vaste, en déplaçant le problème, de l'intelligence à l'émotion, et de l'acteur à l'organisation. Il en résulte que l'émotion est présente dans les soubassements de l'ensemble des comportements de l'acteur, au niveau physiologique. Elle a une caractéristique spécifique : elle est notre outil de base de traitement de l'information. Nos émotions sont ainsi à l'origine de notre pensée et de nos décisions. Ce principe renverse une vision classique où l'esprit serait fondamentalement abstrait : les émotions sont la source de notre intelligence. Il est bien compréhensible suite à cela que les émotions, nos outils personnels et personnalisés de traitement de l'information, constituent les fondements de notre communication, tout comme les fondements des comportements de ceux qui sont en situation de communication avec nous. Elles sont donc un outil fondamental de management et la base du leadership. Porteuses de la vie de l'organisation, elles sont présentes dans l'ensemble des comportements organisationnels.

Les conséquences pratiques que nous pouvons en inférer sont à deux niveaux, applications et recherche.

Notion opératoire, telle qu'elle fut proposée par Goleman dans le cadre de la relation professionnelle, l'intelligence émotionnelle s'intéressait à une lecture des comportements facilitant des réponses considérées comme favorables pour l'organisation. Comment apprendre à gérer ces comportements ? Comme Goleman le présuppose, l'intelligence émotionnelle relèverait-elle d'un support biologique « fort » (génétique) et s'apprendrait-elle avec l'âge et la maturité (1998, p. 97) ? Les supports développés par les praticiens qui trouvaient leurs fondements dans les approches dérivées de l'École des Relations Humaines répondent à la question.

La deuxième conséquence, plus pertinente et actuelle, concerne la recherche sur l'émotion en Sciences de Gestion. Le décentrage du problème de l'intelligence vers l'émotion modifie le problème : l'émotion devient la clef de voûte des comportements individuels et organisationnels. Le centre d'intérêt se trouve en amont et en aval de la communication et des compétences managériales abordées au départ de notre réflexion. En amont, dans les fondements de l'émotion. En aval, puisque cette gestion émotionnelle n'est pas simplement la gestion des autres ; elle est aussi la gestion de l'organisation en tant que telle, comme l'ont signalé les travaux cités. Comment l'améliorer ou l'appréhender ? C'est dans la réponse à cette question que nos trouvons notre conclusion.

CONCLUSION

Nous avons constaté la présence de soubassements significatifs des émotions dans la recherche en neurobiologie : celle-ci nous a appris que toute intelligence est émotionnelle. Nous avons aussi constaté la présence en gestion d'une littérature récente centrée sur les émotions qui les considère comme une voie de recherche significative.

Cette dernière est vivante ; les travaux actuels qui s'y intéressent font cependant peu de référence aux approches fondamentales. Malgré leur richesse, ils continuent à aborder les émotions (incomplètement définies) de manière parcellaire en considérant leur influence sur un facteur organisationnel, sans tenir compte de l'ensemble de l'organisation ; ils s'intéressent par exemple à des outils pour faire émerger les émotions et permettre une prise de conscience (VINCE et BROUSSINE, 1996) ; ou au contraire, ils procèdent à des études de cas de longue haleine sur les cadres cognitifs, avec des définitions de l'émotion aussi incomplètes et confuses que celles que nous avons perçues chez Goleman (OLIVER et ROOS, 2005, p. 904). Des ouvertures sont constatables : J. L. CALLAHAN (2002) milite pour une lecture émotionnelle de l'organisation comprenant ses rapports avec l'environnement. Que manifeste tout cela ? Sans doute, la reconnaissance du fait que « *l'affectivité est un aspect clé de la performance organisationnelle* » (ALBROW, 1992, p. 326) et, quelque chose de tout aussi important, un cadre pour la recherche.

Nous pouvons remercier D. Goleman par la sensibilisation qu'il a effectuée après d'un grand public en ce qui concerne l'importance de l'émotion dans les compétences des managers. Si le rôle de l'émotion est aussi important qu'il le prévoyait, tout en dépassant le cadre qu'il lui avait accordée, nous ne pouvons qu'encourager les développements successifs des recherches sur l'émotion, notre présupposé étant simplement qu'il est difficile de le faire aujourd'hui sans avoir des connaissances structurées sur ses fondements et sans tenir compte de la globalité de l'organisation.

Bibliographie

ALBROW M. (1992), « Sine Ira et Studio – or Do Organizations Have Feelings », *Organization Studies*, 13/3, pp. 313-329.

ANTONAKIS J. (2004), « On why "Emotional Intelligence" will not Predict Effectiveness beyond IQ or the "Big Five" : an Extension and Rejoinder », *Organizational Analysis*, 12-2, pp. 171-182.

ARTAZA ABAROA F. (1996), *Les sciences de la connaissance et les processus de décision, (intégration des aspects inconscients et émotionnels)*, Thèse de doctorat en sciences de gestion, UNSA, décembre.

ARTAZA ABAROA F. (2004), « Des interactions entre les différents paradigmes cognitifs : un chemin de découverte de leur pertinence épistémologique en Sciences de Gestion », *Approches cognitives en Sciences de Gestion*, Evry, 30 septembre.

BECAHRA A., TRANEL D. & DAMASIO A. (2000), « Poor judgement in spite of high intellect : Neurological evidence for emotional intelligence » in Bar-On R. & Parker J. D. eds. : *The handbook of emotional intelligence : Theory, development, assessment and application at home, school and in the workplace,* Jossey-Bass.

BECKER T. (2003), « Is Emotional Intelligence a Viable Concept ? », *Academy of Management Review,* 28-2, pp. 192-195.

CALLAHAN J. L. (2002), « Masking the Need for Cultural Change : The Effects of Emotion Structuration », *Organization Studies,* 23/2, pp. 281-297.

DAMASIO A. (1995), *L'Erreur de Descartes ; la raison des émotions,* Odile Jacob.

DAMASIO A. (1999), *Le Sentiment même de soi, corps, émotion, conscience,* Odile Jacob

DAMASIO A. (2003), *Spinoza avait raison, joie et tristesse, le cerveau des émotions,* Odile Jacob.

EDELMAN G. (1992), *Biologie de la conscience,* Odile Jacob.

ETZIONI A. (1992), « Normative-Affective Factors : Toward a New Decision-Making Model » *in* Zey M. ed. : *Decision Making : Alternatives to Rational Choice Models,* Sage.

FAUCHER L. (1999), « Émotions fortes et constructionnisme faible », *Philosophiques* 26/1, pp. 1-28.

FINEMAN S. (1993), *Emotion in Organisations,* Sage.

GOLEMAN D. (1997), *L'intelligence émotionnelle,* Tome 1, Laffont.

GOLEMAN D. (1998), « What makes a leader ? », *Harvard Business Review,* Novembre Décembre.

GOLEMAN D. (1999), *L'intelligence émotionnelle,* Tome 2, Laffont.

GOLEMAN D. (2000), « Leadership Styles that get Results », *Harvard Business Review,* Mars Avril.

GOLEMAN D. BOYATZIS R., MCKEE A. (2004), *L'intelligence émotionnelle au travail,* Ed. Village Mondial.

GRIFFITHS P. (1997), *What Emotions Really Are ?,* Chicago University Press.

HEBB D. O. (1949), *The Organisation of Behavior,* Wiley.

HOCHSCHILD A. R. (1983), *The Managed Heart (Commercialization of Human Feeling),* University of California Press.

JORDAN P., Ashkanasy N., Härtel C. (2002a), « Emotional Intelligence as a Moderator of Emotional and Behavioral Reactions to Job Insecurity », *Academy of Management Review,* 27-3, pp. 361-373.

JORDAN P., N. ASHKANASY, C. HÄRTEL, G. HOOPER (2002b), « Workgroup emotional intelligence : Scale development and relationship to team process effectiveness and goal focus », *Human Resource Management Review*, 12-2, pp. 195-214.

JORDAN P., A THROTH (2002c), « Emotional Intelligence as Conflict Resolution : Implications for Human Resource Development », *Advances in Developing Human Resources*, 4-1, pp. 62-79.

JORDAN P., ASHKANASY N., HÄRTEL C., HOOPER G. (2003), « The Case for Emotional Intelligence in Organizational Research », *Academy of Management Review*, 28-2, pp. 195-197.

LANGLEY A., MINTZBERG H., PITCHER P., POSADA E., SAINT-MACARY J., « Opening up Decision Making: The View from the Black Stool », *Organization Science*, vol 6, n° 3, mai-juin 1995, pp. 206/279.

MATTHEWS G., ZEIDNER M., ROBERTS R. (2002). *Emotional intelligence : Science and myth*. London, The MIT Press.

MAZARS-CHAPELON A. (2004), « Comment étudier les émotions dans les recherches en organisation ? », *Approches cognitives en Sciences de Gestion*, Evry, 30 septembre.

OLIVER D., ROOS J. (2005), « Decision-Making in High-Velocity environnements : The importance of Guiding Principles », *Organization Studies*, 26/6, pp. 889-913.

SALOVEY, P., MAYER J. D. (1990), « Emotional intelligence », *Imagination, Cognition and Personality*, 9, pp.185-211.

DE SOUSA R. (2003), « Emotion », *The Stanford Encyclopedia of Philosophy (Spring 2003 Edition)*, Edward N. Zalta (ed.), pp. 1-18, URL = *http://plato.stanford.-edu/archives/spr2003/entries/emotion/*

THAGARD P. (2005), « The Passionate Scientist : Emotion in Scientific Cognition », *Working paper, Philosophy Department, University of Waterloo*, 04/07/2005, pp. 1-10.

VARELA F. J. (1996a), *Invitation aux sciences cognitives*, Seuil.

VARELA F. J. (1996b), *Quel savoir pour l'éthique ? (Action, sagesse et cognition)*, La Découverte.

VARELA F. J., THOMPSON E., ROSCH E. (1993), *L'inscription corporelle de l'esprit (Sciences cognitives et expérience humaine)*, Seuil.

VINCE R., BROUSSINE M. (1996), « Paradox, Defense and Attachment : Accessing and Working with Emotions and Relations Underlying Organizational Change », *Organization Studies*, 17/1, pp. 1-21.

WALSH J. (1995), « Managerial and Organizational Cognition : Notes from a Trip Down Memory Lane », *Organization Science*, 6-3, pp. 280/321.

L'ENGAGEMENT, UN STATUT POSITIF POUR L'ERREUR DANS L'APPRENTISSAGE DU MANAGEMENT [1]

Anne Carbonnel [2], *Karine Roux* [3]

L'entreprise abrite de multiples projets dont il est intéressant de tirer quelques enseignements, surtout en cas d'échec ou d'erreur, lors de leurs déroulements ou de leurs échéances [4]. En effet, ce type de réflexivité contribue à l'efficience organisationnelle, le risque de ré occurrence de la même erreur se trouvant réduit, qualité, coûts, ou délais (pour ne citer qu'eux), n'en seront que meilleurs. Or, cette pratique est-elle usuelle dans l'organisation ?

Tirer profit des situations difficiles sous-entend que l'organisation et ses acteurs parviennent à apprendre de ces difficultés qui peuvent avoir plusieurs causes [5]. Finalement, à quelles conditions peut-on initier des retours d'expériences et s'en servir ?

---

1. *Cet article a été présenté au colloque « Évolutions et développements des compétences managériales : quels défis à relever pour la GRH ? », ESC Rouen, 20 mars 2006.*

2. GREFIGE-CEREMO, Université de Metz ; IREGE, Université de Savoie, *anne.carbonnel@univ-savoie.fr*

3. GREFIGE-CEREMO, UFR ESM-IAE, Université de Metz, *karine.roux@univ-metz.fr*

4. Les remises en causes et réformes envisagées des systèmes de santé, de justice ou de politique ou encore dans le monde industriel en témoignent. À titre d'exemple, une étude sur les retours d'expérience de projets ayant échoué a été menée par Durand, Renaud et Boly, (2005).

5. Les échecs peuvent résulter d'un dysfonctionnement du groupe de projet ou de l'organisation qui l'abrite, d'un différend avec le partenaire du projet ou d'un imprévu venant de l'environnement dans lequel il se déroule (Carbonnel, Roux, 2005).

Le propos est donc ici de comprendre comment l'organisation peut développer un comportement réflexif pour transformer l'erreur ou l'échec en source de connaissances individuelles et organisationnelles. Cette problématique peut être éclairée par deux courants théoriques avec d'une part, les évolutionnistes qui évoquent l'adaptation du comportement des organisations à un environnement fluctuant, et d'autre part, les approches managériales qui précisent les conditions d'un comportement réflexif et évolutif de l'organisation.

L'importance de l'engagement et du rôle clé du manageur seront alors abordés à partir des résultats d'une étude exploratoire sur les causes, conséquences et apprentissages générés, suite à l'échec de certains projets.

COMPORTEMENT RÉFLEXIF ORGANISATIONNEL : REGARDS CROISÉS DES THÉORIES ÉVOLUTIONNISTE ET DE LA STRUCTURATION

Selon le cadre d'analyse de MOINGEON et RAMANANTSOA (2003), l'apprentissage organisationnel réflexif peut s'inscrire dans le champ des travaux relatifs à la détection et la correction d'erreurs, plus spécifiquement dans le contexte de situations difficiles caractérisées par la présence d'un incident, d'un dysfonctionnement, d'un échec ou d'une crise [6]. Ces dernières sont en effet une occasion privilégiée pour les organisations d'apprendre, si ce n'est de survivre et dans le meilleur des cas d'innover, selon une perspective évolutionniste.

Les théories de la structuration et évolutionnistes appréhendent l'adaptation de l'organisation à des évolutions environnementales, en positionnant au cœur du dispositif de création de connaissances la réflexivité humaine selon les premiers ou le capital intellectuel de la firme selon les seconds.

---

6. L'incident est vu comme un signal d'alerte ou de mise en garde de la difficulté ; le dysfonctionnement a un caractère plus alarmant dans la mesure où il renvoie à un nécessaire affrontement de la difficulté pour remédier à la situation critique ; l'échec quant à lui apparaît comme la manifestation d'un manque de considération pour les incidents et/ou les dysfonctionnements l'ayant précédé ; la crise organisationnelle est à un niveau ultime de gravité, une menace majeure de disparition pour l'organisation.

Théorie de la structuration et apprentissage organisationnel réflexif

Selon Giddens, l'agir réflexif est la compétence fondamentale de l'acteur ; elle est « tout ce que les acteurs connaissent (ou croient), de façon tacite ou discursive, sur les circonstances de leur action et celle des autres, et qu'ils utilisent dans la production et la reproduction de l'action » (GIDDENS, 1987). La compétence prend sa source dans la faculté d'appréhender l'environnement structurant de l'action, et s'actualise dans la capacité d'agir sur cet environnement. La réflexivité permet donc de contrôler l'action, le courant d'actions quotidiennes étant un préalable à la capacité réflexive. Réflexivité et comportements ne sont donc pas considérés ici selon une logique linéaire de cause à effet, mais selon une approche récursive.

La capacité réflexive individuelle est reliée à la conscience de soi, donc à la faculté de se situer par rapport à l'action ; son actualisation est rendue possible par la conscience discursive, dont le caractère exprimable et formalisable doit être souligné pour la question qui nous intéresse. En effet, si la réflexivité n'est accessible qu'au travers du discours, il importe d'inventer des modes de gestion de cette compétence et d'en favoriser l'apprentissage non seulement au niveau individuel, mais également organisationnel.

Si les travaux de Giddens privilégient la dimension individuelle, d'autres recherches portent sur le développement d'apprentissages au niveau organisationnel (AUTISSIER 2000, CAZAL 2000, COHENDET *et alii* 2003) et nous permettent alors de considérer l'apprentissage organisationnel réflexif comme *« une démarche qui vise à acquérir la compétence d'extraire des connaissances à partir des situations difficiles rencontrées à l'occasion de la gestion d'un projet, pour les diffuser et en faciliter l'appropriation par un collectif concerné »* (CARBONNEL, ROUX, 2005, p. 282).

Théorie évolutionniste et apprentissage organisationnel réflexif

Suite aux travaux de PENROSE (1959) qui placent les compétences humaines au centre de la création de ressources nouvelles, par combinaison des ressources existantes, les évolutionnistes ont étudié les routines développées au plan collectif.

Les travaux de NAHAPIET et GHOSHAL (1998) portent plus particulièrement sur les conditions de création des connaissances, et précisément du capital intellectuel de l'organisation. Ce dernier émerge de l'échange et de la combinaison de connaissances tacites et explicites dont dispose le personnel de l'entreprise. Ces chercheurs avancent que l'échange et la combinaison peuvent avoir lieu si quatre conditions sont respectées : l'opportunité d'échange, la valeur attendue du résultat, la motivation dans l'échange, la combinaison et la capacité à combiner.

Nahapiet et Ghoshal soulignent à plusieurs reprises que l'opportunité d'échange est renforcée dans les situations de coopérations, de co-construction.

Pour leur part, Ring et Van de Ven (1992, 1994) s'intéressent à la structuration de la relation inter-organisationnelle au fil du temps. Ils démontrent que la répétition des échanges génère un effet d'expérience puis d'apprentissage, conduisant à l'amélioration des échanges. La relation partenariale, composée de trois phases – la négociation, l'engagement formel ou informel puis l'exécution – se transforme dans le temps du fait d'une substitution progressive de l'informel sur le formel. Cette évolution résulte de la socialisation personnelle et de la formation de normes au plan organisationnel.

Ring et Van de Ven estiment que la répétition des échanges est permise par une confiance entre partenaires, laquelle est issue d'un mode de coordination spécifique : l'« engagement » réciproque entre les parties.

Remarquons, au regard des contributions de Nahapiet et Ghoshal d'une part et de Ring et Van de Ven d'autre part, que trois conditions sont présentées comme nécessaires à l'amélioration d'un fonctionnement par apprentissage et création de connaissances sociales ou de codes : (l'opportunité d'échange / le partenariat ; la valeur attendue / la négociation ; la motivation / l'engagement). Nahapiet et Ghoshal rajoutent une quatrième condition : la capacité à combiner.

En outre, nous retrouvons ces conditions dans l'analyse du fonctionnement de l'impartition de compétences [7] (Flores, 2000).

Si Nahapiet et Ghoshal présentent la création de connaissances intellectuelles par combinaison et échanges de connaissances sociales existantes,

---

7. L'engagement d'un partenaire par rapport à l'autre modèle fortement le déroulement de l'impartition de compétences. En effet, le preneur d'ordres s'implique d'autant plus que l'engagement du donneur d'ordres est inscrit dans le long terme car les actifs utilisés sont construits progressivement pour correspondre exactement à la demande et deviennent alors fortement spécifiques. Le résultat de l'engagement du demandeur et de l'implication de l'offreur peut aller jusqu'à l'obtention d'une innovation par création de processus nouveaux, suite à un développement d'apprentissages individuels et collectifs.

Nonaka et Takeuchi (1997) mettent en exergue l'importance de l'interaction dans la dynamique de création de connaissances [8] entre les différents niveaux – les individus, les groupes et les organisations –, même si le principal élément du processus est l'individu.

APPRENTISSAGE ORGANISATIONNEL RÉFLEXIF ET RÔLE DE L'ENCADREMENT : APPROCHE EXPLORATOIRE ET PERSPECTIVE MANAGÉRIALE

Illustrer la définition pré-citée de l'apprentissage organisationnel réflexif dans les lignes suivantes nous conduira par la suite à une discussion sur le rôle que peut y jouer l'encadrement, en application de la théorie psychologique de l'engagement.

L'apprentissage organisationnel réflexif : approche exploratoire

Appréhender l'existence d'éventuels mécanismes d'apprentissage lors de l'échec de projets implique de recueillir des informations délicates à obtenir et nécessite une narration précise des faits. C'est la raison pour laquelle l'entretien semi-directif auprès d'un nombre limité de personnes a été privilégié comme mode de collecte de données qualitatives.

Vingt entretiens semi-directifs ont été réalisés entre les mois de février et avril 2005 auprès de deux populations – cinq responsables d'organismes privés ou publics et quinze enseignants chercheurs. Ces personnes ont pour caractéristique commune d'être à l'initiative et pilote des projets présentés, ce qui constitue à plus d'un titre une condition essentielle pour la pertinence de l'étude.

Ces entretiens, d'une heure trente minimum, ont été structurés de la manière suivante : après avoir présenté l'objectif de recherche et la définition de l'échec, les personnes interrogées étaient invitées à s'exprimer sur les thèmes suivants :

---

8. À partir des connaissances de l'individu, il y a discussion et donc socialisation, puis extériorisation par formalisation, combinaison et intériorisation par intégration (Nonaka, 1994) de connaissances nouvellement créées, lors d'interactions multiples.

- présentation de l'expérience retenue ;
- phénomènes explicatifs et conséquences de l'échec ;
- retour sur expérience : discussion, compréhension de la situation, modification des comportements, des méthodes de travail, formalisation des échanges ;
- utilisation des leçons de cette expérience.

Le recueil de l'expérience comporte de multiples informations difficiles à traiter à l'état brut. Il est donc nécessaire de recourir à une méthode d'analyse des témoignages pour identifier les sources et mécanismes d'apprentissages développés par les porteurs de projet.

Tout en tenant compte du problème inhérent aux entretiens semi-directifs, la méthode d'analyse inter-sites (HUBERMAN et MILES, 1991) permet d'atteindre cet objectif. Selon ces auteurs, il est possible de comprendre comment les processus sont constitués et modifiés par le contexte en identifiant les processus et résultats retrouvés dans plusieurs cas. En outre, la comparaison de nombreux cas engendre une « *puissance explicative et une généralisabilité plus grande que dans une étude mono-site* » (HUBERMAN et MILES, 1991, p. 272).

Une première « *méta-matrice non ordonnée* » [9] a été construite afin de rapporter les « *phrases témoins* » (Savall) des personnes interrogées. Les témoignages ont été classés en fonction de quatre variables (type de projet[10], causes de l'échec [11], conséquences de l'échec et apprentissage) rendant ainsi possible leur comparaison. C'est alors que sont apparues les diverses modalités associées à ces quatre variables (CARBONNEL, ROUX, 2005).

---

9. Une méta-matrice non ordonnée conduit à « *rassembler sur un grand tableau des informations de base provenant de plusieurs sites ou cas* » (HUBERMAN et MILES, 1991, p. 272).

10. Le type de projet correspond aux croisements de deux dimensions : d'une part, projet initié par le porteur de projet, versus réponse à un appel d'offre ; d'autre part, présence d'un partenaire actif, versus présence d'un partenaire passif ou abscence du partenaire (le partenaire actif demande des comptes, à la différence du partenaire passif).

11. Les causes d'échec incombent à quatre entités : le groupe, l'organisation, le partenaire ou l'environnement.

Les résultats de l'analyse du processus d'apprentissage sont exposés dans les lignes suivantes par l'étude de liens entre les quatre variables retenues. Une première approche descriptive a été effectuée pour mettre en évidence les liens entre « type de projet », « causes » et « conséquences » de l'échec, dans une « *méta-matrice ordonnée* » [12].

Une seconde orientation plus explicative, a été adoptée ensuite pour considérer l'influence entre les variables et comprendre le processus d'apprentissage mis en place en situation d'échec. Pour ce faire, la construction d'une matrice « *prédicteurs – résultats – conséquences* » [13] a été élaborée, ce qui conduit aux analyses suivantes.

Tout d'abord, en considérant les modalités des variables « causes » et « conséquences », un lien fort apparaît entre les modalités de même nature et illustre la création de connaissances. D'autre part, il s'avère que le nombre de conséquences est d'autant plus élevé que les causes identifiées sont nombreuses, et ce, si le projet est conduit par au moins deux parties, à savoir le porteur de projet et son partenaire. En d'autres termes, le processus de création de connaissances semble favorisé en présence d'un binôme.

---

12. Une méta-matrice ordonnée par sites présente les sites ou cas de manière « *classée suivant la valeur d'une variable majeure donnée* » (HUBERMAN et MILES, 1991, p. 272), ceci en opérant un classement selon les différents niveaux de la variable principale.

13. La matrice prédicteurs-résultats ordonnée par sites « *oriente vers une approche explicative* », vers un mode de prédiction multivarié. Dans une étape ultérieure, il est possible d'atteindre « *une analyse plus causale* » par construction d'une chaîne « *prédicteurs – résultats – conséquences* » (HUBERMAN et MILES, 1991, p. 272).

	Partenaire actif	**Partenaire passif ou inexistant**
Projet initié par un individu ou un groupe cas 2, 4, 13)	Cas 4, 16, 17 : causes et conséquences de même nature Cas 2, 10, 13, 17 : causes et conséquences de natures différentes **Aucune tendance caractéristique**	Cas 1, 3, 6[14], 7, 8, 18 : causes et conséquences de natures différentes **Tendance caractéristique (*cadre 2*)**
Réponse à un appel d'offre	Cas 9, 15, 19, 20 : causes et conséquences de même nature **Tendance caractéristique (*cadre 1*)**	Cas 5,11 : causes et conséquences de même nature Cas 11, 12, 14 : causes et conséquences de natures différentes **Aucune tendance caractéristique**

Tableau 1. Type de projet et association à un partenaire

Considérons donc l'influence de la variable principale « type de projet » dans l'analyse du processus de création des connaissances. Les données mobilisées sont présentées dans le tableau suivant.

L'analyse de cette typologie permet d'avancer que le cadre dans lequel est initié le projet a une influence certaine sur la création de connaissances, et plus précisément, sur la nature des connaissances produites. En effet, l'obtention de causes et conséquences de même nature dans un témoignage signifient que les personnes interrogées ont résolu les problèmes rencontrés ; de nouvelles connaissances ont été crées avec l'élaboration de solutions (cadre 1). Par contre, lorsque les natures des causes et conséquences ne sont pas identiques, les porteurs de projet ont appris du fait de l'expérience mais n'ont pas trouvé de solutions aux problèmes rencontrés ; les porteurs de projet peuvent se trouver à nouveau confronté aux mêmes problèmes sans pouvoir les résoudre (cadre 2).

Ainsi, le contexte propice à la création de connaissances suite à un échec est caractérisé, selon l'analyse des témoignages des vingt porteurs de projets, par la présence d'un partenaire actif et par la construction d'une réponse à un appel d'offres associé à un besoin émanant du marché.

14. Une cause et une conséquence identifiées dans le témoignage du cas 6 sont de même nature « organisationnelle » mais la conséquence ne répond pas à la cause. Il s'agit de l'obtention d'une information sur le fonctionnement universitaire et non de la réponse au problème identifié. Par conséquent, nous considérons cette situation comme exceptionnelle.

Toutefois, notons que les personnes interrogées ont souvent expliqué que les échecs n'étaient pas évoqués et ne faisaient pas l'objet d'une réflexion en groupe ou au niveau de la direction de l'organisme porteur du projet (exception faite du cas n ° 4)[15]. Il en découle que les conséquences issues de l'échec ne donnent lieu qu'à un apprentissage de type individuel ; aucun apprentissage collectif ni organisationnel n'est relevé.

Pour conclure, retenons que pour la population observée et dans un contexte précis, ces travaux montrent qu'un apprentissage réflexif individuel (exceptionnellement interindividuel)- s'est opéré mais n'a pas généré pour autant d'apprentissage organisationnel réflexif. Une question dès lors est sans réponse : comment faciliter non seulement le transfert de connaissances individuelles mais également la création de connaissances inter individuelles au sein de collectifs concernés par les situations difficiles, pour in fine favoriser l'apprentissage organisationnel réflexif ? Une voie de réponse pourrait résider, de notre point de vue, du côté du rôle de l'encadrement.

Droit à l'erreur et apprentissage organisationnel réflexif : perspectives managériales selon la théorie psychologique de l'engagement

La reconnaissance du droit à l'erreur est un pré-requis nécessaire à l'apprentissage organisationnel réflexif si l'on s'accorde sur le fait que les situations difficiles ont quelques vertus pédagogiques ou génératrices de connaissances. Reconnaître ce droit relève plus particulièrement du rôle de l'encadrement.

Par ailleurs, pour être organisationnel, l'apprentissage qui nous intéresse ne peut reposer sur une autre dimension que le collectif (COHENDET P. *et al.* 2003) [16]. Mais la création de connaissances et leur diffusion ne pouvant se décréter, comment faire pour que les personnes adoptent librement ces

15. L'entreprise artisanale présente des apprentissages collectifs et organisationnels réels, de second niveau, car les méthodes de réflexion et de travail des responsables ont évolué. Les retombées dont bénéficie cette structure résultent de réunions de réflexions sur les méthodes et les actions correctives à mener. Ces réunions initiées par le comité de direction regroupent le partenaire et tous les salariés. À l'issue de cette expérience, les métiers de l'entreprise artisanale ainsi que des prérogatives de son directeur ont été redéfinis.

16. Les éléments de réponse avancés s'inscrivent non seulement dans des approches systémiques du rôle de l'encadrement (CROZIER, FRIEDBERG, 1977), rôle pouvant être décliné par ailleurs sous forme de processus (BARTOLI et HERMEL, 1989), rôle au centre duquel s'opère une interprétation-traduction de la réalité (DESMARAIS, 2002).

comportements générateurs de connaissances et en transmettent le fruit ? Trois éléments de réponse seront avancés ici : la reconnaissance du droit à l'erreur, pré-requis à la génération de connaissances sur les situations difficiles ; la théorie de l'engagement appliquée aux attitudes face à l'erreur et l'importance du rôle de l'encadrement dans l'apprentissage organisationnel réflexif.

Reconnaître le droit à l'erreur, un pré-requis à l'apprentissage organisationnel réflexif

S'interroger sur la vertu pédagogique des situations difficiles suppose que ces dernières soient considérées comme des opportunités d'apprentissage cognitif tant sur les causes et les conséquences des difficultés (connaissance descriptive), que sur les stratégies à mettre en œuvre pour limiter le risque de ré-occurrence de telles situations. Une telle capacité suppose que la question de l'erreur sous-jacente à la difficulté rencontrée soit reconnue comme un droit au sein des organisations.

L'erreur peut être définie comme un décalage entre la réalité et la règle censée régir cette réalité (KISS, 1982) ; elle donne lieu à des interprétations diverses, qui éclaireront la réflexion sur la place et le rôle que peut jouer l'erreur dans les organisations.

L'histoire de l'humanité est le résultat d'erreurs relatives : idéologiques, politiques, religieuses, scientifiques. Du point de vue de l'ontogenèse l'erreur est non seulement « *la source de diversité du vivant* » (BOUE A., 1982), c'est également une des raisons majeures de l'évolution des espèces ; en effet, lorsqu'elle se manifeste par une dérogation à la règle de reproduction d'un code génétique, elle donne lieu à une mutation qui offre aux individus porteurs des avantages sélectifs par rapport au reste de la population ; elle est donc ici un facteur de survie.

En sciences ce qui est important c'est l'erreur selon Popper ; une science exacte se définit d'ailleurs en fonction de sa marge d'erreur ; de même « *on connaît contre une connaissance antérieure ...la vérité n'est alors que la rectification d'une longue suite d'erreurs* » (BACHELARD, 1965). L'erreur est donc en sciences un passage incontournable entre une soi-disant vérité établie et une nouvelle vérité proclamée. La reconnaissance de l'erreur dans une ancienne connaissance donne ainsi lieu à une nouvelle connaissance qui réfute, modifie ou complète la précédente.

Le droit à l'erreur semble cependant souffrir dans certaines organisations d'une censure qui pourrait s'expliquer par deux raisons.

La première tient à une tendance culturelle typiquement occidentale qui fait de la réussite un culte, engendrant par là même l'individualisation de la réussite et la mutualisation des échecs.

La seconde raison découle de la précédente et concerne les coûts de l'erreur, à savoir le coût économique de l'erreur pour l'organisation (qui se traduit par des pertes de temps et d'argent) et son coût psychologique (lié à la part de responsabilité individuelle assumée ou rejetée).

L'auto-attribution d'une erreur économiquement coûteuse semble logiquement pouvoir engendrer des risques de culpabilisation et de démotivation. Une hypothèse de corrélation négative entre ces deux variables peut alors se formuler de la manière suivante : plus le coût économique de l'erreur est élevé, moins les individus ont tendance à en assumer le coût psychologique. En effet rien ne permet a priori de rejeter l'idée que de manière générale, la part de responsabilité endossée par les individus face à l'échec d'un projet (coût psychologique de l'erreur), puisse avoir tendance à décroître en fonction de la croissance du coût économique de cette erreur et inversement.

Le propos étant moins ici de tester cette hypothèse que d'avancer une réflexion sur la place de l'erreur dans les organisations et les enseignements qui en sont (ou n'en sont pas) retirés, on orientera le propos vers la recherche de voies permettant de faciliter un changement d'attitudes à l'égard de l'erreur dans les organisations, de manière à souligner le rôle que l'encadrement pourrait y tenir.

Si, comme le constate Bacon, « *la vérité émerge de l'erreur bien plus aisément qu'elle n'émerge de la confusion mentale* », alors l'absence de reconnaissance du droit à l'erreur pourrait accroître le risque de confusion dans les organisations. Reconnaître ce droit apparaît donc comme un des moyens les moins risqués de prédisposer les individus concernés par la situation, à réfléchir et à développer des stratégies d'adaptation ; l'erreur peut ainsi engendrer la créativité, à la différence d'une certaine forme de « vérité » qui serait la répétition d'un système antérieur inadapté à une nouvelle configuration environnementale (MORIN, 1982).

Reconnaître le droit à l'erreur pourrait finalement se révéler fécond, car source d'améliorations et d'innovations dans le meilleur des cas, pour agir sur les situations considérées comme difficiles pour l'organisation. On retiendra par conséquent ce droit comme un pré-requis nécessaire à l'apprentissage organisationnel réflexif.

Théorie de l'engagement et changement d'attitudes à l'égard de l'erreur

Dans le prolongement des travaux de Lewin (1947), la théorie de l'engagement élaborée par Kiesler (1971) a donné lieu à de nombreuses contributions au sujet, dont les recherches de Beauvois et Joule (1987-1998) dans le champ de la psychologie et leur transposition dans le domaine de la gestion des connaissances et des attitudes à l'égard du travail (Carbonnel, 2003).

Si, dans la théorie de la dissonance cognitive, Festinger s'intéressait aux situations de « soumission forcée » dans lesquelles les individus modifient leurs attitudes de manière à les rendre conformes aux actes qu'ils ont été contraints d'adopter, les travaux de Beauvois et Joule privilégient les situations de « soumission consentie ». Ces dernières présentent non seulement une supériorité incontestable de notre point de vue au regard de leurs applications managériales (notamment d'un point de vue déontologique), mais également en ce qui concerne l'impact sur le changement d'attitude et ce, notamment du fait de la liberté de l'acte, condition [17] si ce n'est fondamentale, à tout le moins essentielle au changement d'attitude [18].

---

17. Ces auteurs ont mis en évidence trois conditions qui peuvent favoriser le changement d'attitude : la taille, les raisons et la liberté de l'acte adopté par l'individu. La taille de l'acte peut s'appréhender en fonction de sa visibilité (plus l'acte est public, explicite, irrévocable, ou répétitif, plus il est visible). Les raisons de l'acte sont soit d'ordre externe (liées notamment à des sanctions positives ou négatives) et ont un effet moindre sur le changement d'attitude, ou soit d'ordre interne et accroissent la probabilité de changement d'attitude. En effet, dans ce dernier cas, l'individu s'identifie au comportement adopté en étant « le genre de personne qui fait cela ». Enfin, la liberté de l'acte renvoie au fait que son auteur ait le sentiment d'avoir choisi librement de réaliser l'acte.

18. S'il convient de souligner les risques potentiels liés aux applications de cette théorie – « escalade d'identification » (Staw 1976), « dépense gâchée » (Arkes, Blumer 1985) – il n'en demeure pas moins nécessaire de mettre également en relief sa contribution à différents domaines tels que l'économie d'énergie, la lutte contre les accidents du travail (Beauvois et Joule, 1980) ou le développement de connaissances organisationnelles (Carbonnel, 2003).

19. La prise d'initiative renvoie à la liberté de choix, condition des plus influentes sur l'acte qui engage son auteur (Beauvois et Joule, 1998).

L'importance du binôme et de la présence d'un partenaire dans l'étude exploratoire présentée précédemment peuvent être reliées à la théorie de l'engagement en psychologie (BEAUVOIS et JOULE, 1987-1998). En l'occurrence, les personnes ayant pris l'initiative [19] d'un projet se trouvent engagées par leurs actes, vis-à-vis d'elles-mêmes comme vis-à-vis d'autrui ; de plus la publicité de l'acte accroît l'engagement qui s'y rapporte. Dans ces situations, elles opèrent plus facilement des changements d'attitudes et de comportements pour les rendre conformes aux actes qui les ont précédés. De plus, comme évoqué plus haut avec la présentation de l'agir réflexif (GIDDENS), on observe ici une construction de connaissances à partir du cours de l'action professionnelle et par conséquent, la manifestation d'un apprentissage réflexif.

Ce constat peut être également rapproché de la théorie de la dissonance cognitive (FESTINGER, 1957) selon laquelle les personnes engagées qui se trouvent en situation d'échec vont, par souci de cohérence interne, faire leur possible pour retirer un profit personnel de manière à réduire l'écart cognitif entre leurs actes et leurs résultats. Pour cette raison, les causes et conséquences notées sont élevées mais pas clairement reliées.

Rôle de l'encadrement et apprentissage organisationnel réflexif

Si la connaissance présuppose la reconnaissance du droit à l'erreur, la théorie de l'engagement pourrait être mobilisée pour accompagner de possibles changements d'attitudes à l'égard de ce droit. Il s'agira moins de préconiser que d'orienter ici, vers d'une part un cadre de lecture du rôle de l'encadrement dans la gestion de la connaissance des situations difficiles, et d'autre part, une inscription de cette mutation culturelle à l'égard de l'erreur dans une structure organisationnelle adaptée.

20. Trois grands courants se distinguent en effet dans la littérature sur le sujet : « fonctionnalistes » (FAYOL, 1925) ; « interactionnistes » (MINTZBERG, 1984) ; « structurationniste » (BOUCHIKI, 1990 ; DESMARAIS, 2002). Face à des situations difficiles telles que peuvent l'être le dysfonctionnement, l'échec ou la crise, l'approche fonctionnaliste nous semble constituer un cadre bien moins adapté que celui de l'approche interactionniste ; cette dernière ne rend cependant pas compte de la double structuration qui peut s'actualiser entre la connaissance et la reconnaissance du droit à l'erreur dans le contexte organisationnel des situations difficiles.

Parmi les différentes approches du rôle de l'encadrement, l'approche structurationniste sera ici retenue [20]. Ce rôle pourrait notamment s'ancrer dans la conception et l'animation de structures, permettant aux acteurs qui sont sous la responsabilité de l'encadrant, d'agir en faveur de la constitution d'une mémoire des projets, basée sur l'identification des difficultés rencontrées et des solutions produites. Ces agir réflexifs pourraient avoir un caractère particulièrement incitant en application de la théorie de l'engagement précitée, à condition que ces actes soient : [1] **visibles** (actes ayant donc un caractère public au sens d'explicite et répétitif) ; [2] associés à un **coût significatif** pour leur auteur (coût psychologique de l'échec assumé) ; [3] ayant une **conséquence** significative pour la personne (capitalisation personnelle de connaissances ou contribution à la construction de l'expérience voire de l'expertise), et pour l'organisation (capitalisation organisationnelle par apport et relais de connaissances au sein d'un collectif concerné par le projet) ; [4] ayant une part de **liberté** associée à l'acte significative (soit la possibilité d'accepter ou de refuser de participer au processus de création des connaissances sur les situations difficiles) [21].

Enfin, rappelons que dans d'autres courants théoriques comme en économie industrielle par exemple, le rôle du manageur est souligné. Dosi, Teece et Winter déduisent que la capacité d'une firme à se distinguer des autres tient à celle du « **manager** » à mobiliser et à mettre en œuvre des routines organisationnelles.

En effet, la firme construit sa propre évolution à partir des processus d'apprentissage reposant sur des « compétences davantage organisationnelles qu'individuelles, (...) contribuant à la compréhension de problèmes complexes ». Par conséquent, l'existence de « **codes communs** de communication et de procédures coordonnées de recherche de solutions » est donc indispensable à ce processus (Dosi, Teece et Winter, 1990, p. 243).

---

21. Pour illustrer le propos, sans pour autant le limiter à ces exemples, on peut citer « l'espace de discussion » (Detchessahar, 1997) créé dans l'organisation pour gérer collectivement les situations d'incertitude, favorisant l'expression et la réflexion sur les difficultés et les solutions envisageables ; des espaces de discussion inter organisationnels tels les séminaires mensuels de réflexion des dirigeants sur leurs pratiques, ont également été créés à l'initiative de l'Ecole Normale Supérieure avec la contribution de sociologues, philosophes et psychanalystes (Kerorguen, 2004).

La connaissance produite par l'apprentissage est contenue dans des routines qualifiées d'organisationnelles, correspondant non seulement à l'ensemble des réponses détenues par les acteurs mais également à leur capacité à sélectionner la réponse appropriée à la situation à traiter. « Modèles d'interactions », les routines sont donc essentiellement spécifiques au groupe et constituées de savoir-faire et de connaissances tacites.

CONCLUSION

Si l'usage du conditionnel s'imposait parfois dans les lignes qui précèdent, c'est en raison de l'état actuel de la reconnaissance du droit à l'erreur dans les organisations ; ce droit a été présenté ici comme un pré-requis nécessaire à l'émergence de connaissances organisationnelles sur les difficultés et les solutions générées dans le cadre de projets ; il ne saurait par ailleurs être mis en exergue qu'en corollaire de philosophies managériales basées sur l'engagement ; ces deux orientations reposent cependant essentiellement sur la manière dont l'encadrement peut les percevoir, les interpréter et les traduire.

Dans un environnement qui nécessite des capacités d'adaptation et de mutation de plus en plus rapides et abruptes, gérer les connaissances liées aux situations difficiles et favoriser l'apprentissage organisationnel réflexif apparaît donc de notre point de vue comme une des voies qui devrait être particulièrement investie par l'encadrement, de manière à accompagner favorablement l'évolution des entreprises.

Bibliographie

ARGYRIS C. & SCHÖN, D.A. (1978), *Organizational learning*. Teading, MA : Addison-Wesley.

ARKES H.R. & BLUMER, C. (1985), « The psychology of sunk cost », *Organizational Behavior and Human Decision Processes*, vol. 35, pp.124-140.

AUTISSIER D. (2000), « L'acteur compétent ou l'agir réflexif » *in* Autissier F. & Wacheux F. (dir.), *Structuration et management des organisations. Gestion de l'action et du changement dans les entreprises*, L'Harmattan, Paris, pp. 207-226.

BARTOLI A. & HERMEL P. (1989), *Le développement de l'entreprise*, Economica, Paris.

Beauvois J.L. & Joule R.V. (1998), *La soumission librement consentie*, Presses Universitaires de France, Paris.

Bouchiki A. (1990) *Structuration des organisations. Concepts constructivistes et études de cas*, Economica, Paris.

Carbonnel A. (2003), *Connaissances du métier et engagement dans le travail*, Thèse de doctorat en Sciences de Gestion, Université de Montpellier, décembre.

Carbonnel A. & Roux K. (2005), « Apprentissage organisationnel réflexif et création de connaissances : la fertilité des situations difficiles », *Congrès de l'AIRTO*, Montpellier, juin.

Cazal D. (2000), « Réflexivité et organisations : critique et perspectives », *in* Autissier, D. & Wacheux, F. (dir.), *Structuration et management des organisations. Gestion de l'action et du changement dans les entreprises*, L'Harmattan, Paris, p. 227-257.

Cohendet P. & Créplet F. & Dupouët O. (2003), « Innovation organisationnelle, communautés de pratique et communautés épistémiques : le cas de Linux », *Revue Française de Gestion*, septembre-octobre, 146,. pp. 99-121.

Coriat B. & Weinstein O. (1995), *Les nouvelles théories de l'entreprise*, Le livre de poche, Paris.

Crozier M. & Friedberg E. (1977), *L'acteur et le système*, Seuil, Paris.

Desmarais C. (2002) *Effets de la modernisation de la gestion des ressources humaines sur l'encadrement des villes*, Thèse de doctorat en Sciences de Gestion, Saint Quentin en Yvelines, septembre.

Detchessahar M. (1997), *Éléments pour une théorie de l'espace de discussion en situation de gestion*, Thèse de doctorat, Rennes 1.

Dosi G. & Teece D. & Winter S. (1990), « Les frontières des entreprises : vers une théorie de la cohérence de la grande entreprise », *Revue d'Économie Industrielle*, 1er trim., 51, pp. 238-254.

Festinger L. A. (1957), *A theory of cognitive Dissonance*, Stanford University Press, Stanford.

Flores (Roux) K. (2000), *Contexte initial, fonctionnement et résultat des coopérations*, Thèse de doctorat en Sciences de Gestion, Université de Metz, janvier.

Giddens A. (1987), *La constitution de la société*, Presses Universitaires de France, Paris.

Huberman A. M. & Miles M. B. (1991), *Analyse des données qualitatives*, de Boeck, Bruxelles.

KERORGUEN (de) Y. (2004) « De l'impact des sciences sociales sur la réflexion managériale » *La Tribune Desfossés*, jeudi 22 janvier.

KIESLER C. A. (1971), *The psychology of commitment. Experiments linking behavior to belief*, Academic Press, New York.

LEWIN K. (1947), « Frontiers in group dynamics » *Human Relations*, vol. 1, pp. 5-41.

MINTZBERG H. (1984), *Le manager au quotidien : les dix rôles du cadre*, Organisation, Paris. Moingeon, B. & Ramanantsoa, B. (2003), « Apprentissage organisationnel : éléments pour une discussion », in Argyris C. *Savoir pour agir, surmonter les obstacles à l'apprentissage organisationnel*, Dunod, Paris.

NAHAPIET J. & GHOSHAL S. (1998), « Social capital, intellectual capital, and the organizational advantage », *Academy of Management Review*, vol.23, n°2, pp 242-266.

NONAKA I. & TAKEUCHI H. (1997), *La connaissance créatrice*, De Boeck Université, Paris.

PENROSE E. (1959), *Theory of the growth of the firm*, John Wiley, New York.

RING P. S. & VAN DE VEN, A. H. (1992), « Structuring cooperative relationships between organizations », *Strategic Management Journal*, vol. 13, pp. 483-498.

RING P. S. & VAN DE VEN A. H. (1994), « Developmental processes of cooperative interorganizational relationships », *Academy of Management Review*, vol. 19, 1, pp. 90-118.

SIMON H. A. (1991), « Organizations and markets », *Journal of Economic Perspectives*, spring, vol. 5, 2, pp. 25-44.

STAW B. M. (1976), « Knee-deep in the big muddy : a study of escalating commitment to a chosen course of action », *Organizational Behavior and Human Performance*, 16, pp. 27-44.

LA PEUR ET LES RÉACTIONS DE DÉFENSE, DE PRÉCIEUX INDICATEURS

Un retour d'expérience

Catherine AIMELET-PERISSOL [1]

Quand le coach rencontre une personne, il sait, sans rien encore savoir d'autre, qu'il va écouter une personne en difficulté, donc une personne émue. Celle-ci a construit sa personnalité et son parcours sur des repères destinés à la protéger et assurer ses besoins. Son arrivée au coaching témoigne d'une rupture de ce schéma, et donc d'une insécurité par rapport au modèle antérieur, parfois au modèle idéal. La rupture peut être d'origine extérieure (changement imposé, nécessitant une adaptation obligatoire), ou intérieur (changement désiré, nécessitant une adaptation à un « autre » soi-même).

Dans tous les cas, le coach rencontre des résistances et des émotions, parce que la personne est confrontée à l'inconnu : peur de ne pas pouvoir, ne pas savoir, peur de manquer de confiance, peur du jugement des autres, peur des pièges, peurs financières, peur de ne pas y arriver, peur d'échouer, d'être rejeté, peur d'être manipulé... Quels que soient les mots employés par la personne, ils témoignent de l'urgence à retrouver un état interne stable, « sans stress », d'un besoin d'intégrité que la nouveauté est venue mettre en danger. Cette déstabilisation est liée à la situation, venue

1. Elle intervient pour des responsables d'entreprises, des spécialistes de la relation d'aide et des parents soucieux d'exercer leur autorité. Membre individuel de la FF2P. Auteur de « *Comment apprivoiser son crocodile ?* », paru en 2002 et de « *Quand les crocodiles s'emmêlent* » paru en 2006 aux éditions Robert Laffont. *caimelet@hotmail.com*

« interroger » les habitudes mentales et comportementales qui semblent ne plus être adaptées à la situation nouvelle : le connu est insuffisant pour satisfaire efficacement les besoins de la personne.

Quand la déstabilisation, subie ou voulue, est source d'insécurité, il y a peur, pièce maîtresse de ce que l'on nomme le stress, autrement dit une réaction de défense face à une situation vécue comme une menace sur son intégrité psycho-corporelle.

Dans cette situation particulière, le coach peut très bien connaître l'entreprise ou ne rien en connaître du tout...car il n'est pas là pour apporter des solutions, ce qui laisserait supposer à la personne qu'elle ne peut y arriver seule, mais pour l'accompagner dans la recherche de solutions qu'elle ne parvenait pas à voir ou plutôt à croire sans ce travail. La résistance n'est pas tant dans la situation extérieure que rencontre la personne, que dans la façon dont celle-ci la vit, l'éprouve. *« Ce ne sont pas les choses en elles mêmes qui nous gênent mais les opinions que nous en avons »* nous enseignait déjà Epictète. Et le coach peut aussi faire sienne cette maxime de SÉNÈQUE : *« est-ce que nous n'osons pas parce que c'est difficile, ou est-ce difficile parce que nous n'osons pas ? »* Voilà pour les Anciens... Ce dont dispose le coach dans cet accompagnement est l'exposé de la situation professionnelle (ou autre) source du déséquilibre ET des « symptômes » qui témoignent de la difficulté de la personne à traverser l'épreuve. Nous dirons que le premier est « l'élément déclencheur » et le second l'expression de son trouble émotionnel. Ses mots, ses maux corporels, ses explications qui résonnent comme des justifications viennent traduire sa peur et son impuissance à satisfaire des besoins légitimes et fondamentaux autrement que dans le stress.

Afin d'aider le coach à voir clair dans ce processus émotionnel, nous allons nous fonder sur les travaux de recherche menés sur la logique du Vivant, la Bio-Logique (JAMES, 1884 ; SPERRY, 1949 à 1977 ; OLD et MILNER, 1954 ; CHANGEUX[2], 1983 ; MACLEAN[3] et GUYOT, 1990 ; MASLOW, 1962, 1968 ;

---

2. En 1983, Changeux effectue une synthèse dans l'homme neuronal. Cette synthèse de 500 pages citent MacLean, Olds et Milner, Piaget, Sperry, mais ne citent pas les travaux de Laborit.

3. Après James, *What is an emotion ?* ouvrage datant de 1884, MacLean peut être considéré comme à la base moderne de ces travaux. Commencé en 1949, ses travaux donneront naissance à une série d'articles qui constitueront plus tard les références communes à plusieurs champs scientifiques sur l'explication du fonctionnement cognitif du cerveau. Sperry sera le chercheur qui obtiendra le Nobel en 1981.

Laborit, 1974, 1976, 1981) : toute réaction émotionnelle contient un besoin en souffrance qui nous « pousse » à nous exprimer, nous « émeut » au sens de « nous mobilise » de façon automatique. Ce processus se niche au cœur du système nerveux, au niveau du cerveau reptilien, situé entre la moelle épinière et le cerveau limbique, celui de la mémoire. Ils forment à eux deux ce qu'aujourd'hui on nomme le cerveau des émotions : quand le souvenir des solutions pour la satisfaction des besoins est en conflit avec celles qui seraient adaptées à la situation du présent, alors il y a menace sur l'intégrité de l'être et réactions défensives. L'émotion peut ainsi être considérée comme une réponse à court terme, dans l'urgence et dans la pression, pour satisfaire un besoin, et fait suite à un conflit interne entre deux croyances. Ce conflit se traduit par une sensation d'impossibilité, d'impuissance, vécue ou plutôt subie au niveau du cerveau archaïque. Face à ce trouble, le coach identifie les signes émotionnels, en déduit la nature du besoin et centre son travail sur la résolution du conflit sous-jacent.

IDENTIFIER L'ÉMOTION

Le plus souvent, l'émotion est présentée par son détenteur, comme une réaction normale – ce qui est juste – secondaire, et justifiée par la situation dont on se sent victime, qu'elle soit extérieure ou intérieure – ce qui est injuste. Il devient alors difficile de parler émotion avec la personne, convaincue que c'est en modifiant la situation qu'elle va aller mieux et progresser. L'émotion est justifiée plutôt que d'être considérée comme juste pour soi et utile pour avancer avec l'évènement déclencheur. L'émotion peut aussi souvent abusivement être vécue comme du domaine de la « psy » et à évacuer du domaine du coaching. Mais qui cherche ainsi à l'éliminer ? Est-ce la personne en déséquilibre qui ne peut laisser ses émotions à la porte, ou le coach qui ne sait quoi faire de son expression ? Réserver l'émotion au « psy » risque de donner à la personne un regard d'inquiétude sur son état, ce qui vient plutôt « aggraver » son cas ! D'autant que le mot stress sert le plus souvent à habiller des réactions émotionnelles parce qu'il a acquis ses lettres de noblesse et ne fait plus peur, tant le mot s'est banalisé en entreprise. On en voit même la caricature lorsqu'un responsable en vient à reprocher à un employé de n'être pas assez stressé, ce qui signifierait, sans doute, une implication insuffisante…

Pourtant, en se fondant sur la logique du vivant, on peut conférer à l'émotion, le statut d'un « signal », ce qui peut permettre à la personne de mieux identifier sa situation, donc d'atténuer ses résistances. L'émotion est la voie royale pour dé-coder, dé-couvrir le sens et donc de permettre l'identification du besoin. Car, on ne peut satisfaire que ce qui est connu, reconnu. Une autre difficulté rencontrée est la résistance de la personne à « lâcher » la logique inopérante, source du stress. *« Si je suis mal, c'est à cause de ce qu'on m'inflige »*. Processus de victimisation auquel on pourrait être tenté de répondre par un facile *« vous êtes votre propre bourreau ! »* qui risquerait d'accentuer l'image dégradée ou culpabilisée de la personne. Mais il existe aussi d'authentiques situations de victime et c'est parfois en toute légitimité que la personne se présente ainsi. Il est donc plus judicieux d'investiguer avec elle le ressenti de cet état dans lequel elle est mise. Parfois, et c'est le plus fréquent, la justification par l'accusation des « autres » ou du « contexte social ou économique », maquille son impuissance à répondre à la situation. En tout état de cause, le passage par le ressenti de la personne est nécessaire pour effectuer ce décodage. D'où la mise en évidence de cette bio-logique qui sous-tend le processus : la réaction émotionnelle est le signal automatique envoyé par le cerveau pour répondre à un manque de reconnaissance et de satisfaction de besoins légitimes. Elle est comme le voyant lumineux sur le tableau de bord de notre voiture... mieux vaut s'arrêter au premier garage pour remédier au manque d'essence, d'eau ou d'huile ! Faire comme si le voyant ne s'était pas allumé, pester contre la voiture et le constructeur ou se culpabiliser de ne pas avoir fait faire plus tôt la révision ne peut qu'être une aide à très court terme et à la longue, obérer notre voyage.

Quelle est la langue des émotions ? Tout commence avec la peur. La peur, garante de la survie, garante de la défense de l'être et qui témoigne de l'insécurité éprouvée. La peur suit un circuit mieux précisé à ce jour grâce à des techniques de plus en plus affinées. Son repère se situe dans le cerveau limbique au niveau de l'amygdale, voisine d'une autre structure nommée hippocampe, lieu du stockage essentiel de la mémoire. Toute information, qu'elle arrive de l'extérieur ou du corps lui-même, est analysée automatiquement selon un seul critère : souscrit-elle, oui ou non, au principe de vie et d'intégrité ? Si oui, pas d'alarme ni de plan de défense, la personne se sent les moyens d'agir. Si non, c'est l'alerte générale et elle doit mobiliser dans l'urgence des moyens d'action ! L'amygdale envoie dans l'ensemble du cerveau des signaux de danger afin que tout l'organisme soit mobilisé pour traiter à tout prix ce risque et ainsi assurer la survie. Nous voilà envahi par l'émotion « peur » qui mobilise notre vigilance, suractive nos pensées, tend les muscles vocaux – d'où les cris de frayeur –

bref qui mobilise l'ensemble de notre corps, sous l'impulsion du cerveau. Pendant un temps l'ensemble de ces signaux peut échapper à la conscience et la peur ne pas être éprouvante ! Puis elle s'impose et la personne qui se sent nerveuse, tendue dans un état d'hyper vigilance, mobilisée et centrée sur l'information à l'origine de sa réactivité. En une seconde, l'estomac est noué, la voix s'est durcie, le cœur bat plus fort, le sang est monté au visage et le cou semble rentré dans les épaules ; les traits du visage se modifient. Sous l'effet de la peur, la voilà « obsédée » par une phrase, un bruit, une absence, un geste, un dossier…

La peur est le symptôme clef qui déclenche les réactions de défense de l'être vivant, afin de conserver son intégrité, sa vie, ou plutôt sa survie. Elle témoigne du déséquilibre temporaire – mais il est des temporaires qui durent et n'en finissent pas – de l'organisme menacé dans son homéostasie et en plus mobilise les moyens pour le recouvrer. Comme la douleur, la peur est un mécanisme indispensable d'adaptation et de survie. De survie et non de vie ! Il est donc « fait » pour être court et inciter au changement. La peur « devrait » être reconnue et utilisée pour signaler le danger et, en mettant une pression interne, à agir en vue de satisfaire ses besoins. Et le corps n'est pas avare de moyens psychosomatiques pour obtenir ce résultat, ce qui est parfois d'un coût énergétique élevé. Et que dire de ce prix à payer lorsque la peur s'installe au long cours sans parvenir à déclencher des décisions et des actions adaptées au besoin d'intégrité. La peur devient un poison.

La peur est la langue universelle dans laquelle se manifeste le cerveau reptilien que nous nommerons « le crocodile », (Koestler, 1959, 1965, 1967, 1980, 1983, Aimelet-Perissol, 2002.). Le silence du crocodile correspond à l'état d'équilibre homéostatique. Son expression correspond à nos émotions : la peur et à partir d'elle la colère et la tristesse.

En toute logique, la peur déclenche les comportements et les pensées qui vont assurer l'intégrité : ce sont ses réactions de défense[4]. L'attitude naturelle face à un danger va de **la fuite** – Courage fuyons ! – à **la lutte** – Moi, j'ai raison ! – pour aboutir en cas d'échec à l'inhibition et au **repli sur soi** – Qu'on me laisse tranquille !

---

4. En 1954, Olds et Milner isolent le PVS et le FMB, deux faisceaux respectivement inhibiteur et activateur de l'action dans l'interface entre activité mentale et action.

Si la sensation de peur peut « donner des ailes » et favoriser la réactivité qui consiste à chercher à éviter le danger, elle peut aussi paralyser ! Cette sensation d'impossibilité à bouger, à penser même, qu'on nomme angoisse, se « résout » par un passage dans une autre réaction de défense : la colère, l'agressivité, la lutte. Émotion d'opposition dans laquelle, plutôt que d'éviter le danger, on cherche à le maîtriser, à en avoir raison. Opposition, mais aussi affrontement, violence, dureté de ton et de comportement signent la vision défensive du face à face, dans laquelle l'un doit gagner pour ne pas perdre et où la réussite est d'abord une façon de ne pas perdre... la face, justement. À défaut d'avoir raison, et quand la stratégie offensive ne résout pas le conflit, quand l'agressivité se retourne contre la personne dans un processus de dévalorisation, alors le repli sur soi prend le relais. Isolement, fatigue, démotivation, soumission à l'autorité (MILGRAM, 1974) signent le passage dans un état de défense de type « faire le mort » pour passer inaperçu du danger... Ces comportements réactifs émotionnels sont l'expression du stress, tels que Henri Laborit les a décrit dans ses travaux (LABORIT, 1974, 1976, 1979, 1981)[5]. Fuite, Lutte et Repli sur soi sont des moyens de défendre son intégrité quand le conflit intérieur ne permet pas de satisfaire ses besoins autrement que par cette pression psycho-corporelle.

À quels signaux le coach peut-il repérer que la personne est sous l'influence de l'émotion ? Comment identifier le reptilien dans le comportement de l'autre, mais aussi chez soi, coach ?

- À son objectif : survie oblige, toute réaction de défense possède un objectif existentiel et bio-logique et ce quelles qu'en soient les conséquences. Il s'agit d'être et de recouvrer son intégrité d'être, son équilibre intérieur. L'objectif de la fuite est de fuir, éviter ce qui fait et est vécu comme une menace, se sortir du danger, ne pas être limité dans son

5. Entre 1952 et 1992 le Français, Henri Laborit publie de nombreux livres et articles sur le champ de l'activité cérébrale dont *Inhibition de l'action*, publié en 1981 qui décrit les blocages de l'activité imaginaire et ses dangers pour la santé mentale. Sa démonstration fait appel à quatre champs : la biologie, la physiologie, la psychologie et la sociologie. Page 148, entre autres, il mentionne plusieurs travaux qui mettent en relation l'insuffisance de l'activité mentale imaginaire et l'apparition de la somatisation, de la névrose, de la psychose ou de la toxicomanie. Il cite les travaux de JAMES de 1884, les travaux de KORZYBSKI pour l'édition de 1933, les travaux de MACLEAN de 1949 et 1976. Il insiste, à plusieurs reprises, sur l'importance des travaux de Sperry, sur la spécialisation des deux hémisphères.

besoin d'assurer sa sécurité et sa liberté de mouvement et de pensée. L'objectif de la lutte est de lutter contre ce qui est vécu comme contraire et adverse à soi et son identité, d'avoir raison, d'être le plus fort, de se montrer à la hauteur pour ne pas perdre, ne pas être rejeté et exclus et de prouver ses capacités à coup sûr. L'objectif du repli sur soi est de passer inaperçu, de réduire sa vie, ses désirs et ses motivations, de ne pas rentrer en conflit, de se faire discret et gentil pour conserver une petite place sans gêner les autres. Ces objectifs sont intelligents au regard du crocodile qui voit là les meilleures solutions pour être et demeurer vivant, mais au prix d'une mobilisation prégnante de tout l'organisme, corps et esprit confondus. Ils trouvent leur expression dans les attitudes corporelles autant que dans les mots employés, et les idées défendues. L'ensemble de la personne se mobilise pour traduire l'urgence à répondre à la menace et à retrouver une image de soi plus juste.

- À l'urgence exprimée : il y a le feu en soi ! C'est ce que produit le flot de neurotransmetteurs au niveau du cerveau émotionnel qui iront stimuler les organes cibles chargés de produire la réaction adéquate, fuir, lutter, ou se replier. Une substance est chargée à partir de l'hypothalamus de déclarer l'état d'urgence en stimulant la libération d'une cascade d'hormones destinées au système cardio-vasculaire, pulmonaire, aux intestins et aux muscles… et au cerveau lui-même. Véritable *plan Orsec* qui court-circuite le raisonnement et la « prise de recul ». Il n'est plus temps de réfléchir calmement ! Cette urgence intérieure est perceptible et par soi et par l'entourage par un changement, parfois subtil comme une moindre disponibilité, une agitation, une pression subite ou une lassitude sans raison, et parfois évidente comme l'expression d'une exigence, l'apparition d'une pâleur ou d'une rougeur ou encore un changement de tonalité de voix. Bref, l'émotion se manifeste par une rupture d'humeur, qu'on nomme parfois une « saute d'humeur », et qui témoigne d'un besoin interne à traiter sans délai. Cette urgence, toute affaire cessante, n'est destinée qu'à soi et au rétablissement de son équilibre interne. C'est dire si, vue de l'extérieur, des autres, elle peut paraître difficile à comprendre, voire tout à fait déplacée, incohérente et irrationnelle !

- À la pression : le reptilien ne laisse pas le choix entre traiter ou non le besoin en manque d'être et il met la pression sur l'ensemble de l'organisme, exigeant la mobilisation pour fuir, lutter ou se replier sur soi. *Le N +1 qui s'énerve et ne lâche pas sa secrétaire, pour obtenir un dossier dans les délais les plus brefs, est d'abord une personne qui a besoin que celle-ci lui accorde une reconnaissance ou une considération beaucoup plus vitale que l'obtention du dossier, qui n'est, en fin de compte, que l'évènement révélateur de l'émotion. Alors son cerveau reptilien pèse lourdement, sur lui et sur l'entourage.* Cette pression est aussi interne dans son corps et se traduit par tout un ensemble de désordres psycho-somatiques, de spasmes, de tics, d'agitation musculaire, de mouvements hâtifs, de désordre d'idées, qui perturbent les mécanismes cognitifs de la réflexion et de la concentration.

- À l'auto-justification : la pression exercée via les neurotransmetteurs sur l'ensemble du cerveau contribue à chercher et trouver de nombreuses justifications plus ou moins justes à la réaction émotionnelle. Il s'agit d'embrigader le cerveau qui pense, qui réfléchit et qui parle pour rendre compte et justifier nos peurs, nos colères ou notre abandon. En d'autres termes, il s'agit de trouver une explication logique rationnelle à la logique émotionnelle.

L'autojustification commence en général par « parce que » suivi d'un discours qui semble une évidence pour celui qui le vit. Elle a ainsi les attraits de l'honnêteté et de la sincérité. De fait, celui qui est envahi par l'émotion est honnête avec *son* ressenti et son crocodile à défaut de l'être avec les autres. À cet égard, la personne est « honnête » vis-à-vis d'elle-même. L'usage du « mais » signale aussi le début du besoin de se justifier :

– Mais je ne l'ai pas fait exprès !

– Mais, je n'y peux rien !

– Mais les autres pourraient quand même...

– Mais je n'y arriverai jamais !

– Mais je n'ai pas le choix...

L'éclairage est alors mis sur soi dans son besoin de restaurer son image ou au moins d'échapper à celle qui blesse et menace, ou bien sur l'autre, vu comme l'origine voire l'auteur de notre déséquilibre.

- À l'excès ou au défaut : l'émotion est « trop » ou « pas assez » par rapport à une situation. Trop d'agitation, de pensées désordonnées, de paroles, de bougeotte, d'activités dans l'état de fuite. Trop de violence, de cris, de poigne, de menaces, de coups, de conflits, d'abus de pouvoir dans la réaction de lutte. Trop de discrétion, de tolérance, de gentillesse, d'activisme, de bonne volonté et de passivité dans le repli sur soi. Ces « trop » cachent des manques, du moins cherchent à les cacher, manque d'audace, d'affirmation claire, d'initiatives, de désirs, d'envies, de motivation, d'estime de soi et des autres. Des manques qui font écho aux représentations et des croyances du tout jeune âge et qui se répercutent sur nos témoins fondamentaux de sécurité, d'identité et de réalité d'être. « Trop » ou « pas assez » trouvent leur traduction dans des mots catégoriques et sans nuances, caractéristiques de l'émotion : on y entend autant de toujours que de jamais, autant de tout que de rien. Mots absolus chargés de produire un effet, une mobilisation chez soi à faire, à penser ou à dire autrement, pour satisfaire les besoins maltraités. Mais l'autre qui entend ces mots risque d'en faire une tout autre traduction et se sentir menacé par tant de violence... Qu'il en fasse trop ou pas assez, qu'il soit trop ou pas assez, au fond peu importe, cette personne est sous l'emprise de l'émotion : il s'exprime au travers de son vieux cerveau émotionnel, son crocodile car c'est pour lui, à ce moment-là, le seul moyen qu'il a trouvé pour exprimer son mal-être. Son attitude peut ne pas être bien maligne, pour autant, elle a le mérite dans l'urgence de tenter une réparation de son être, faute de mieux.

- À son langage associatif : la réalité extérieure importe moins au cerveau émotionnel que la réalité intérieure. « Le crocodile » s'exprime donc plus volontiers par l'intermédiaire de l'hémisphère droit (Williams [6], 1983 ; Herrmann, 1988) [7], par métaphores, par comparaison, par images ou par sons, plus aptes à traduire le ressenti que la logique et la construction rationnelle. Écouter l'émotion relève plus du chant, de la poésie, de la littérature que de l'analyse de faits. Elle se retrouve mieux dans l'art, dans les métaphores religieuses des paraboles, dans les contes, les fables

6. En 1983, Linda V. Williams publie « *Teaching for the two-sided mind* » publié par Prentice Hall Inc. Le livre sera traduit par Hélène Fabre-Trocmé, en 1986 pour les Éditions d'Organisation sous le titre : *Deux cerveaux pour apprendre, le gauche et le droit.*

7. En 1988, Ned Herrmann, publie sous forme d'un livre d'art au double format A3 de 456 pages, *The Creative Brain*, avec une couverture qui présente une adaptation du penseur de Rodin contemplant un cerveau humain, ce qui symbolise le dialogue de sourd entre l'homme et son ombre, dans une attitude d'interrogation. Le livre sera traduit et publié en français chez Retz en 1991 sous une forme plus simple, avec le titre *Les préférences cérébrales*. Son modèle croise la théorie de la spécialisation des hémisphères de Sperry avec la spécialisation cerveau supérieur, cerveau archaïque de MacLean, dans un système métaphorique représentant quatre « cerveaux », quatre

que dans le descriptif. Le cerveau reptilien évoque mieux qu'il ne précise. Directement relié aux cinq sens, le son d'un mot capté peut être extrait de son contexte et suffire à déclencher l'émotion. Si le mot chien ne mord pas, il peut néanmoins suffire à faire trembler ou à couper les jambes de celui qui a fait l'expérience des crocs d'un vrai chien. Freud ne s'était pas trompé en privilégiant les associations d'idées pour révéler l'inconscient.

Une fois reconnue, l'émotion va être nommée, étiquetée. Telles sont nos habitudes d'humains éduqués. À ce niveau de recherche, la science semble émettre des hypothèses divergentes.

Colère, tristesse, peur, plaisir, amour, surprise, dégoût, honte, selon, le classement de l'américain Daniel Goleman (1995, 1997) qui ne sait où ranger la jalousie.

Peur, colère, dégoût, surprise, tristesse et bonheur comme émotions primaires, sympathie, embarras, honte, culpabilité, orgueil, envie, gratitude, admiration, indignation, et mépris comme émotions sociales selon celui de Antonio R. Damasio (1995).

D'après les travaux de Élisabeh Kubler Ross (1975, 1985) sur la mort, les situations irréversibles seraient associables successivement au déni, à la colère, à la pensée magique (la prière), à la dépression, puis au lâcher prise.

Les travaux de Christian Bourion (1999 ; 2005, p. 69) établissent une relation entre situations professionnelles et émotions. La peur, la menace, l'inquiétude et le stress sont associés aux situations d'épreuves. Les situations hiérarchiques provoqueraient de l'inhibition, de l'angoisse, de la dépendance, de l'impuissance ou le sentiment d'abandon. Les situations d'échec seraient associées au déni, à la culpabilité, parfois à l'effondrement émotionnel, tandis que les situations de succès se reconnaîtraient au sen-

---

modes de modélisation. Dans le modèle, l'activité imaginaire est localisée à droite, mais, avec une activité créative noble, imputée au cerveau supérieur et une activité émotionnelle, imputée au cerveau archaïque. Le livre référence aussi les travaux de MacLean et de Sperry (Nobel en 1981), mais aussi Hippocrate (450 av. JC), Roger Bacon (1286), Leonard de Vinci (1500), Thomas Browne (1684), Arthur Wigan (1844), Victor Horsley (1870), John Hughlings-Jackson, (1960), Robert Ornstein, (1975) ; il cite Jérôme Bruner page 7, le français Paul Broca, l'allemand Carl Wernicke et Henry Mintzberg, (1976), page 27, Piaget page 201, comme sources antérieures…

timent d'existence, de confirmation, d'appartenance et au sentiment de piloter sa vie.

D'après nos propres observations, il semble que les émotions puissent être classées selon la réaction et l'objectif défensif qu'elle contient. Ainsi :

- La peur qui génère la réaction de fuite, pressant l'être à éviter ce qui est vécu comme un danger, avec son corollaire : le déni.
- La colère qui génère la réaction de lutte, pressant la personne à attaquer ce qui est vécu comme un obstacle dangereux, avec son corollaire : l'agressivité.
- La tristesse qui génère la réaction de repli sur soi, pressant la personne à passer inaperçu de ce qui est vécu comme « trop », trop complexe, trop difficile pour soi, avec son corollaire, l'abandon.

Et la joie ? La tradition chinoise la classe aussi dans le registre des émotions, mais pas au sens défensif du terme. Elle est un état d'excitation de l'humeur : qui n'a pas ri, hurlé ou pleuré de joie ? Elle témoigne non seulement d'un état sans défense mais aussi d'un effort naturel de développement inhérent au processus de vie. Elle semble accompagner les moments durant lesquels la personne, libérée de toute peur, peut se réjouir et jouir de la vie, voire vivre une sensation d'extase. Nous sommes loin de l'état de calme et de cohérence intérieure... loin aussi de la définition usuelle de la joie censée être synonyme de bonheur. Cette quatrième émotion, plus proche du fou rire que de la gaieté, semble être une alternative du système de survie pour contrebalancer la peur et ainsi garantir, encore et encore, la survie !

Les trois autres émotions, peur, colère et tristesse, contiennent mille et une nuances, proportionnelles tant à la richesse de notre vocabulaire qu'à l'intensité de la « température » émotionnelle.

Et d'ailleurs, n'est-il pas plus important de saisir le sens et l'intention de la réaction de défense plutôt que chercher à répertorier et classer nos émotions ? Cette intention, c'est la prise en compte et la satisfaction de ses besoins vitaux.

VOUS AVEZ DIT « BESOINS » ?

Qu'est-ce qu'un besoin ? Une envie, une appétence, une nécessité. Mais, avoir des besoins, être dans le besoin suppose un manque. C'est dire si nos besoins sont à l'origine de notre motivation, de notre mise en mouvement, en vie. Ils mobilisent en nous des moyens, des comportements, une recherche active et poussent à développer des aptitudes qu'on nomme « intelligence ». Ne pas prendre en compte ces besoins et ne pas les satisfaire conduit à la mort de l'être, et on sait qu'il existe différentes façons de mourir. Cette lecture de nos besoins devient une évidence dès que nous réfléchissons à propos de la faim, garant de notre besoin de manger pour vivre.

Pourtant ce constat parfois nous irrite car il semble limiter notre liberté d'être humain en nous « ramenant » à notre état animal. Ce serait oublier, ce qui est biologiquement grave et source d'émotion, que nous sommes d'abord un corps et que l'esprit que nous prônons comme LA valeur, ne peut se passer de son support matériel, le cerveau.

Plutôt que nier ces besoins, les contrôler ou les subir, considérons-les en découvrant leurs liens avec les émotions.

Le besoin de sécurité est lié à la peur et donc défendu par la fuite.

Le besoin d'identité est lié à la colère et donc défendu par la lutte.

Le besoin de réalité est lié à la tristesse et donc défendu par le repli sur soi.

Avant de regarder plus précisément le contenu de ces besoins, aussi fondamentaux que la faim, pour garantir la vie, mettons en évidence la distinction entre Besoins et Solutions ! Le besoin de manger ne dit rien sur la nature du repas qui dépend des goûts, de ce qui est dans le réfrigérateur, du temps dont on dispose, du prix des aliments, de son état de santé, etc. Il en est de même pour les besoins de sécurité, d'identité et de se réaliser : le menu est à constituer ! C'est là du reste qu'existe le libre-arbitre et non dans l'existence, au nom des besoins. Cette distinction fait toute la différence entre « accompagner » une personne dans la prise en considération de ses besoins et le choix des moyens pour les satisfaire dans une situation donnée et le conseil qui privilégie certains choix. Les besoins ne dictent pas une conduite, ils l'orientent telle une boussole. Ils font partie de notre programme génétique pour être. À chacun de jouer. L'émotion, elle, rappelle à l'ordre celui qui déroge à cette réalité.

Enfin, la prégnance des besoins répond à la logique qui va du plus indispensable au moins indispensable pour vivre et survivre : comme boire est plus fondamental que manger, respirer que boire… le besoin de sécurité prime celui d'identité qui prime celui de se réaliser. Il existe une hiérarchie des besoins, une pyramide établie par les travaux de MASLOW (1962, 1968, 1969).

BESOIN DE SÉCURITÉ

Être en sécurité, c'est se situer dans un espace entre la sûreté qui rassure par son lien au connu et la liberté qui délivre de cet enfermement et ouvre vers l'inconnu. Toute situation peut entrer en résonance avec ce besoin qui, néanmoins, concerne le monde de la matière, du concret sur lequel se fonder. La confiance y est le maître mot : pouvoir se fier à ce qui est sûr, solide, dans son entourage d'abord, puis en grandissant, de plus en plus en soi, en ses capacités à prendre des risques. Se libérer du connu et mettre de la sûreté dans l'inconnu… tel est l'enjeu suscité par ce besoin, situé juste « au-dessus » des besoins de nourriture sur la pyramide.

Sécurité dans sa santé, affective, du lieu habité, dans sa voiture, de son emploi, dans son banquier ou les hommes politiques, dans sa mémoire… De multiples occasions d'éprouver son aptitude à créer des points de repères fiables… sans pour autant se laisser enfermer par ce qui rassure au point de ne pas oser se risquer au-delà du connu. L'exercice du choix et du libre-arbitre vient ainsi trouver son écho au besoin de confiance.

Besoin à éprouver dans son corps, premier « lieu » dans lequel chercher et découvrir sa fiabilité, ses points forts et ses zones fragiles. L'habitude de s'appuyer sur ses dernières, en attendant que l'entourage les pallie, est si souvent la source de la peur !

Besoin qui pousse à s'appliquer dans la réalité telle qu'elle se présente à soi et à s'y adapter en se fondant sur ce qui est possible en soi : exercice de la vigilance, développement de la concentration, de l'attention qui « évite l'évitement » et ouvre vers des possibles déjà existants.

Ce besoin se décline de bien des façons différentes selon les expériences de chacun. Le point commun qui « signe » la satisfaction est une sensation de sécurité qui est du domaine du ressenti physique et soulage de la peur : la boule au ventre, l'oppression s'atténuent et disparaissent. C'est une alchimie strictement personnelle et qui n'obéit à aucune injonction. Même dans une situation considérée par les autres comme à hauts risques, la sensation de sécurité peut se traduire par des mots simples comme : « ça, je le sens bien ! »

C'est dire si le coach a besoin d'éviter de rassurer la personne, ce qui aurait pour effet de prolonger l'incertitude, l'assurance d'un manque de confiance puisque, une fois de plus, la personne ne se voit pas capable de trouver pour elle-même, le moyen de s'assurer.

BESOIN D'IDENTITÉ

Être en identité, c'est être reconnu comme appartenant à un groupe et se reconnaître comme distinct des autres à l'intérieur d'un groupe. C'est être distingué comme une personne identique et différente ! Et, à ce titre, respectable et respectée, par soi et l'entourage.

Carte d'identité, métier, signes particuliers, distinctions... qui nomment l'être comme une personne parmi d'autres personnes. Le besoin d'identité pousse à s'exprimer, à mettre des mots, de l'opinion dans les échanges, dans les faces-à-faces, comme une envie d'exister avec l'autre. En lutte, ce sera contre l'autre.

Le monde de l'identité est surtout celui des rapports humains, y compris des rapports de force, de l'évaluation de ses compétences, de l'estimation de son savoir et donc, de la comparaison. On y éprouve l'art de l'argumentation, et celui de la stratégie comme moyens d'affirmer sa personnalité. Surtout, on y parle : le langage est venu se substituer au rapport de force corporel. Le plus – fort, rusé, intelligent, sage, savant, endurant... – l'emporte.

Pour autant, l'identité ne répond pas naturellement à la logique de la loi du plus fort, selon laquelle le roi des animaux est censé manger les plus faibles. Elle répond à une loi de coopération dans laquelle chacun participe à la survie individuelle et collective. Quand chacun occupe sa place, toute sa place et rien que sa place, il y a de la... place pour chacun.

L'autorité fait partie intégrante de l'identité : il s'agit moins d'être autoritaire avec les autres dont on veut obtenir une reconnaissance, ce qui relève plus de la lutte, que de se donner les moyens de faire autorité, de s'autoriser à être qui nous sommes, à devenir auteur de soi et de son point de vue, de son savoir et de ses compétences. « Je devrais, je dois... » Autant d'expressions qui expriment ce que l'on devrait être plutôt que celui, ou celle, que nous sommes.

L'identité nous structure dans le monde de la relation à l'autre en nous définissant. Cette image de soi, construite par rapport à l'autre que nous, est fondamentale pour développer une communication juste et efficace. Faute de quoi, l'affirmation de son point de vue se teinte d'une envie irrépressible de convaincre, de prouver, de se justifier, d'avoir raison... d'être le plus fort, ce qui annule la communication pour la transformer en jeu gagnant-perdant.

BESOIN DE RÉALITÉ D'ÊTRE

Le besoin de réalité d'être pourrait se définir comme celui du sens même de la vie. Besoin d'évoluer, de se sentir utile, de se sentir existant, de se sentir « dedans », participant à l'activité du monde tel qu'il est, et non tel qu'il devrait être.

Ce besoin est le plus intime des trois. Il concerne son monde individuel à soi, indépendamment de celui des autres. À ce titre, nous sommes unique : les biologistes comme les psychologues parlent de l'en-soi. Il répond à l'aspiration commune de « faire quelque chose de sa vie », ne pas mourir sans l'avoir accomplie. Besoin de sens, besoin de donner de l'intérêt aux actions menées, d'analyser, et surtout de comprendre !

Il s'agit de donner une réponse consciente, choisie et définie, à ce qui nous arrive, à soi, aux comportements des autres, à ce monde dans lequel il nous arrive parfois de nous demander ce que nous y faisons...

Le besoin de réalité d'être nous pousse à agir, à créer, à initier, inventer, mais aussi à intégrer en soi ces informations qui participent à nous « former ». Est-ce pour cela que la sensation de repli sur soi, qui signe le manque de réalité d'être commence souvent par ces mots « je ne suis pas en forme... »

Besoin moins prégnant que les précédents et pourtant fondamental. Il répond au désir d'être, au désir de faire, aux goûts si personnels de chacun et qui se passent de justification : un désir vrai est une alchimie intime de soi à soi qu'il est essentiel d'écouter. On les assimile parfois aux rêves. Attention alors à ne pas les éliminer trop vite en les rangeant dans le placard des « irréaliste, trop compliqué, impossible ». Car le besoin de se réaliser est un puissant moteur pour autant qu'on ne le prive pas d'énergie par manque d'endurance. Il se construit en effet sur le temps.

LES BESOINS, LES SIENS ET CEUX DE L'AUTRE

Les réactions de défense, ces comportements empreints d'émotion, signalent le manque de prise en considération et de satisfaction des besoins fondamentaux. Le coach qui écoute les résistances de la personne, a la responsabilité de l'aider à prendre conscience des besoins contenus dans ses émotions. Il est celui qui peut les nommer, alors que la personne est, le plus souvent, obnubilée par les solutions qui la soulageraient. La prise en compte de ses besoins est une façon de l'accompagner dans la prise de recul, avant d'inventer une attitude, un possible qui va l'amener à cette satisfaction. L'écoute du coach est donc guidée par la logique émotionnelle, comme un fil d'Ariane, pour permettre à la personne de sortir du labyrinthe de son malaise.

L'écoute est orientée non sur la solution mais sur cette expression essentielle de l'être, passage incontournable pour une vraie satisfaction consciente. À défaut, même si la solution trouvée, même si le cheminement de la personne est profitable, il est fondamental que la personne fasse un lien avec son besoin. La sensation de faim est apaisée, non seulement parce qu'un sandwich est avalé, mais parce que la personne s'accorde le temps de se poser et de répondre à son légitime besoin de manger ce qui est bon pour elle !

L'autorité du coach est ainsi fondée non sur son aptitude à trouver des solutions pour la personne, comme un parent qui sait résoudre les problèmes d'un enfant, mais sur son aptitude à voir clair à travers la confusion des émotions. En adoptant une écoute et un questionnement lucides et non dupes de comportements réactifs de défense, il gagne une légitimité à penser la personne capable de trouver des solutions plus adaptées à sa situation que celles dictées par l'émotion. Surtout, le coach peut tenir bon sur son refus d'attendre une quelconque solution qui viendrait des autres : l'émotion est une histoire entre soi et soi et le besoin est strictement personnel.

L'utilisation de cette grille, « émotions = besoins » ne s'arrête pas au client ! L'émotion constitue un signal émis par l'état de besoin – y compris pour le coach lui-même, « Nul ne peut aider l'autre s'il ne sait s'aider lui-même » est en effet la règle d'or de tout travail d'accompagnement. Être ému, tendu, inquiet, agaçé, fatigué, a une signification non liée à la personne coachée, qui n'est « que » l'évènement révélateur, pour le coach de son malaise face à son client. À lui de décoder et de s'appliquer cette logique et d'agir en conséquence : supervision, auto-questionnement, ouverture à la personne suivie de la difficulté éprouvée ? Dans tous les cas, ne pas demeurer dans le fantasme de la « toute puissance » de celui qui sait.

Ce passage est fondamental pour que soient limitées les projections sur la personne des attentes du coach... qui se veut un très bon coach et espère recevoir ainsi de la reconnaissance. Limitées, car évitées serait illusoire.

TROIS SITUATIONS DE COACHING

Le coach est amené à distinguer des niveaux de réactivité émotionnelle, selon que l'événement à l'origine de la demande d'accompagnement est révélateur d'une difficulté opérationnelle, situationnelle ou caractérielle. En effet, cet événement peut trouver des résonances très anciennes dans la vie de la personne et, alors, agir comme une lame de fond qui demandera plus que du coaching. Il s'agit d'une souffrance ancrée dans le caractère même de la personne, une façon d'être au monde qu'il lui est difficile de questionner. L'écueil est alors celui du déni de soi qui ferme l'ouverture à un « être autrement » que sous la pression émotionnelle qui attend des autres la nourriture et la satisfaction des besoins.

Lorsqu'il y a place pour cette « enquête intérieure », l'accompagnement peut aider la personne à ajuster son image dans sa relation aux autres en travaillant sur son identité et à ouvrir son regard sur des solutions lui permettant de gagner de la sensation de confiance.

Le travail sur l'estime de soi, sur la valeur de son expérience, sur les résultats déjà acquis, sur les désirs « rêvés », sur « ce qui est bon pour soi », entre autres, permet de développer la conscience et la prise en compte de ses besoins.

La compréhension de ces mécanismes de défense et du lien intime entre émotions et besoins, permet au coach de mieux définir le « cahier des charges » ou contrat entre la personne, le client et lui : restaurer un état de sécurité, d'identité dans lequel la personne se sentira juste, stable et prête, peut être un objectif à partir duquel on pourra évaluer les critères qui authentifieront le succès du travail. Là encore, la solution fondée sur un changement des autres, de la société, du boss... serait un leurre.

Les critères sont internes, parfois moins visibles et convaincants au regard des attentes idéalisées de la personne, mais s'avèrent plus solides sur le long terme.

Comme une maison que l'on aimerait voir terminée de bâtir, pour une satisfaction à court terme, alors que chaque pierre posée est à « fêter » comme un bienfait.

CONCLUSION

Pour le coach, la possibilité de faire bon usage des émotions et des comportements défensifs, peut modifier sa façon d'écouter et d'accompagner la personne en difficulté, ou simplement en recherche d'un « autrement ».

Le « psy » privilégie trop souvent les logiques dispositionnelles au détriment des logiques situationnelles, (Leyens, 1983, p. 6 ; Bourion, 2000, p. 50) : erreur fondamentale[8], au sens de Leyens, qui risque de priver le client d'une part précieuse de lui-même, d'une part signifiante.

Le coach, qui intervient en situation, pratique une démarche globale. Mettre du sens, du bon sens, c'est-à-dire du sens vivant, c'est écouter le besoin révélé en situation. Le coach aurait tort d'en priver la personne et de se priver dans son travail de cet allié.

Bibliographie

Aimelet-Perissol C. *Comment apprivoiser son « crocodile ?,* Ed. Robert Laffont Paris 2002. Ed. Pocket 2004 – *Quand les crocodiles s'emmêlent. Le bon usage des émotions dans la relation enfants - adultes,* Ed. Robert Laffont. Paris 2005.

Bourion C. *La logique émotionnelle,* éd. ESKA, 1999, 2001. *Emotional Logic and Decision Making,* Éd. MacMillan, 2005.

Chanceux J.-P. *L'homme neuronal,* Fayard Le temps des sciences, 1991, 1re éd. 1983.

---

8. Des patients, mis en présence de professionnels de la psychologie et de non-professionnels, obtiennent de meilleurs résultats avec les non-professionnels, car ces derniers perçoivent mieux le patient, car ils ne le tamisent pas au filtre de leurs paradigmes, au sens de Kuhn.

DAMASIO A. R. *L'erreur de Descartes* Ed. Odile Jacob – « Quand Spinoza avait raison », Ed Odile Jacob. 1995.

GOLEMAN D. *« L'intelligence émotionnelle »*, Ed. Robert Laffont, Paris 1997.

HERRMANN N. *Les dominances cérébrales et la créativité*, Retz, 1992, 445 pages, traduit de l'américain par Michel Bièque, *"The creative brain"*, Brain Books, North Carolina 1988.

JAMES W. *What is an emotion ?*, Mind, n° 9, pp. 188 à 205, 1884.

KOESTLER A. *A history of man's changing vision of the universe,* Londres, 1959 – *Le cri d'Archimède,* Paris, 1965 – *The Act of Creation*. Dell Publishing Company Inc., 1967 – *Génie et folie de l'homme : le cheval et la locomotive,* Calmann-Lévy, 1980 – *Le cri d'Archimède : l'art de la découverte et la découverte de l'art*. Calmann-Lévy, 1983.

KUBLER ROSS E. *Les derniers instants de la vie,* Éd. Labor et Fides, Genève, 247 p. – *« La mort, dernière étape de la croissance »*, Éd. du rocher, Monaco, 217 p.

LABORIT H. *La nouvelle grille,* Robert Laffont 1974. *Éloge de la fuite,* Robert Laffont, 1976 – *L'inhibition de l'action,* prix Albert Lasker, American Public Health Association), Masson, Paris, New York, Barcelone, Milan, 1979-1981.

LEYENS J.P. (1983), *Sommes nous tous des psychologues ?* Pierre MARDAGA, éditeur, seconde édition, 291 p.

MACLEAN P. D., GUYOT R. *Les trois cerveaux de l'homme* textes traduits de l'américain - Notes et commentaires de Roland Guyot, Robert Laffont, 1990, 367 pages.

MASLOW A.H. (1968, 1962), *Vers une psychologie de l'être,* Fayard, 267 p. 1962, *"Toward a psychology of Being",* Princeton, N. J., D. van Nostrand Co., Inc. – 1969, *"A Theory of Metamotivation: The biological Rooting of the Value Life",* in Reading in Humanistic Psychology, edited by A. J. Sutich and M. A. Vich, New York, The Free Press, Ltd. Masson, Paris, New York, Barcelone, Milan, 1981.

MILGRAM S. (1974), trad. Fr. 74, 1993, 2002, *La soumission à l'autorité,* Calmann Levy.

MINTZBERG H. *Planifier à gauche et gérer à droite,* Harvard l'Expansion n° 3, 1976/77, p. 74 à 85.

OLD J., MILNER P., *Positive reinforcement produced by electrical stimulation of septal area and other regions or rat brain,* J. Comp. Physiol. Psychol., 47 : 419-427, 1954.

SPERRY R. W., *Bridging Science and Values – A Unifying view of Mind and Brain.* American Psychologist, 32 n° 4 (April 1977): p. 237-245.

LES MANAGERS DE PROXIMITÉ PRIS EN TENAILLE

Entre la provocation de leurs agents et le désaveu de leur supérieur

Christian Bourion [1]

« *Les revendications de justice sont les principales sources de guerre, autrement dit, si l'on voulait la justice absolue, on serait en état de guerre perpétuelle* ».

Gaston Bouthoul, *Essai de polémologie*, 1976, p. 10

Nous avons créé en 1995 un dispositif permanent d'observations des organisations, effectuées par ceux qui les pratiquent. Ce dispositif réunit au moment de l'étude, 586 Retours d'EXpériences professionnelles (REX) depuis 2002 [2] : chaque acteur organisationnel est invité à produire un récit professionnel à partir de la demande permanente suivante : « *Décrivez par écrit une situation professionnelle actuelle ou un épisode de vie professionnelle important à vos propres yeux, selon vos propres normes* ».

1. Docteur d'État ès Sciences économiques ; Maître de Conférence HDR, Laboratoire GREFIGE-CEREMO, Université Nancy 2 ; directeur de l'Institut Commercial de Nancy, Pôle Lorrain de Gestion ; bourion@univ-nancy2.fr

2. Les récits sur papier ne sont plus utilisés, toute analyse se faisant par ordinateur depuis cette date.

Si on examine ces REX qui sont écrits par ceux qui vivent et travaillent au centre des organisations, on constate que le quotidien est constellé d'incidents critiques, souvent imputables à la pression au travail. L'examen de ces incidents et des réactions qu'ils provoquent montre que l'ensemble résulte d'un écart entre ce qui se passe réellement et ce qui devrait se passer. Si on codifie ces incidents suivant leurs causes, on constate que 85,3 % d'entre eux se produisent indépendamment de l'intentionnalité de l'acteur et qu'ils sont liés à des normes de sécurité, de qualité ou de délai. Ces normes sont parfois formelles, parfois informelles.

« J'avais été nommée responsable, chargée de pallier les aléas liés aux absences des agents ou aux retards... ».

« Le premier objectif était quantitatif : diminuer de 10 % les retards dus à des prises en charge de personnes à mobilité réduite par rapport à l'année précédente ; et diminuer de 30 % les retards au départ dus à des prises en charges de groupes. Le deuxième objectif était qualitatif, il était mesuré par la diminution du nombre de réclamations des « clients particuliers » par rapport à l'année N -1. »

« Le chef me mettait la pression en disant : on m'a demandé ce dossier pour dans une heure, si ce n'est pas fait, je serai obligé de dire que c'est de ta faute et que tu ne fais rien de tes journées. Or, cette argumentation était cohérente puisqu'il s'attribuait tous mes dossiers. »

« Le chef des ventes nous dévoile le nouveau perforateur, le prend délicatement... "Si j'étais encore VRP, je suis certain que j'en vendrais au moins une quinzaine sans forcer" dit-il. Son visage et ses yeux trahissent le plaisir qu'il prenait à s'écouter parler, à montrer que s'il est à sa place, c'est qu'il l'a mérité et qu'il nous lance le défi de faire aussi bien tout en sachant que pour nous petits VRPs, ça va pas être facile ! La provocation est lancée, car ce genre de produit si on en vend cinq ou six dans le mois, c'est bien. »

« J'étais trop lente dans l'exécution de mes tâches... selon lui. (Il fit) toute une liste de commentaires peu élogieux à mon égard, je décidai donc de montrer mes notes à mes collègues qui furent outrés et ne comprenaient pas pourquoi le chef agissait de la sorte. »

UN CONTEXTE DE PAIX SOCIALE FRAGILE

Mais la codification des REX, fait aussi apparaître que 14,7 % de ces « incidents » sont intentionnels. On ne peut plus conserver le concept d'incidents pour les désigner car il s'agit de provocations. Face à ces provocations, les programmes d'exécution, dédiés à la résolution des incidents non intentionnels, perdent leur efficience et peuvent même contribuer à aggraver la situation : aggravation espérée par le promoteur de la provocation. De plus, dans un contexte de « *climat social assez fragile* », tout incident critique peut se transformer en provocation...

C'est pourquoi, le mot d'ordre impératif des N + 1 aux managers de proximité est « *Pas de vagues !* ». Mais ce mot d'ordre complique singulièrement la mission de proximité. En effet, les agents comprennent très vite que ce mot d'ordre leur garantit une plus grande tranquillité, voire un ajustement déférentiel au sens de CROZIER et FRIEDBERG (1977) : l'adoption d'une attitude de *laisser faire* de la part de leur manager. Mais ceci est subordonné à la fragilité du climat social. Dans ces conditions, les agents comprennent que cette fragilité doit être maintenue artificiellement. Dans ce contexte complexe, recadrer un agent qui ne respecte pas le règlement devient une tâche difficile, voire impossible.

« *Dans les couloirs, on désignait l'équipe qui était devenue, depuis peu, la mienne, comme celle où régnait une forme de non-droit. Au nom de la paix sociale, ils pouvaient faire comme bon leur semblait. Certains de mes collègues me souhaitaient bon courage !* »

« *M. fait son travail exprès de travers, voulant pousser le chef dans ses retranchements et provoquer chez lui des colères noires, car elle connaît bien sa personnalité et la manière dont il réagit aux provocations.* »

Le management à deux vitesses

Dans ce contexte, on observe que le traitement managérial des situations critiques est « à deux vitesses », suivant que c'est le niveau (N) ou (N +1) qui est impliqué. Si l'incident est provoqué par un agent, (niveau N -1), c'est le manager de proximité (niveau N) qui doit le traiter. Mais si l'incident se produit entre l'agent et le manager (niveau N), il remonte au N +1 qui doit le traiter. Au nom de la fragilité de la paix sociale, dans 14,6 % des cas, le N +1 désavouera son subordonné, son manager de proximité.

L'affaiblissement organisationnel

S'établit alors un effet de boucle : certains agents comprennent très vite qu'un de leurs comportements, sanctionné par leur manager de proximité, peut donner lieu à un désaveu du N +1, si on menace habilement ce dernier. Et effectivement, en cas de menace sur la paix sociale, le N +1 « lâche » son manager de proximité. Ces désaveux, *a fortiori* s'il y en a successivement plusieurs, imprègnent la mémoire collective et dégradent considérablement la légitimité et l'autorité du manager de proximité. Les plus performants de ces derniers, conscients du processus et capables d'accéder à une autre activité, négocient généralement leur démission en contrepartie d'une sortie « par le haut ». On arrive alors à un effet paradoxal : pratiquer le *surtout pas de vague* accroît *les vagues*. C'est la méthode pour contrer ce processus paradoxal que nous étudions.

« Les 6 agents se sont réunis entre eux. Il faut savoir qu'aucun d'entre eux n'a eu de primes... L'un d'entre d'eux a commencé à remettre en cause ma légitimité en mon absence (j'étais en formation pendant une semaine) notamment auprès du N +1. Les propos tenus étaient les suivants : "que j'avais cassé et déshonoré les agents"... "Que lorsqu'il y avait un problème dans une équipe on pouvait changer les joueurs mais que cela était plus judicieux de changer d'entraîneur quand l'équipe se rebellait contre lui" etc. Lors de mon retour j'ai été prévenu de la situation par mes collègues. Il m'a été rapporté que les agents étaient très véhéments à mon égard quant à l'attribution de la prime et qu'ils remettaient en cause ma légitimité de manager. »

« Ils étaient pourtant nombreux à m'avoir avisée qu'au dernier moment, tout comme ils avaient pu l'expérimenter eux-mêmes, la hiérarchie se défausserait. »

LES PROCESSUS DE RÉSOLUTION

Pour s'en sortir, le manager de proximité doit aiguiser sa capacité à discerner entre ces deux situations : les situations d'erreurs involontaires à faibles risques ou les situations de provocations instrumentales, c'est-à-dire volontaires, à risques élevés.

Ce savoir-faire peut être acquis par auto apprentissage ; il peut aussi faire l'objet d'une approche coaching. Mais le manager de proximité peut aussi faire remonter le problème au manager de rang N +1.

« Cet agent m'a fait cumuler tellement de sentiments que je décidai de ne plus les garder pour moi seule et d'en parler à mon manager. »

Le besoin de développer cette capacité de discernement donne naissance à de nouvelles disciplines qui visent à l'acquisition de nouvelles compétences : *Comment se piloter soi-même ?* Cette nécessité est soulignée par Peter Drucker dans pratiquement chacune de ses dernières publications. Une méthode pour se gérer soi-même est aussi proposée dans *À chacun sa propre entreprise performante !* (CASTAGNÉ *et al.*, 1988), suivie deux ans plus tard de *La cinquième discipline* (SENGE, 1990) : apprendre à apprendre.

Sur le plan de l'aide professionnelle, l'approche par le coaching, propose une aide directe aux managers de proximité, avec l'ouvrage fondateur *Les responsables porteur de sens* (LENHARDT, 1992) et la thèse de Sybil PERSSON-GEHIN (2005).

Sur le plan du traitement du problème de niveau N par le niveau N +1, la stratégie du provocateur est précisément de faire remonter le problème pour piéger le N +1.

« Mon premier collaborateur... me disait qu'il avait tout compris... mais... bêtises et fautes s'accumulaient et je me suis vite rendu compte qu'il ne faisait pas l'affaire. Après plusieurs avertissements... j'ai constitué un dossier... et j'ai demandé un entretien au N +1, nous avons pris la décision de ne pas le garder... Alexandre a décidé de se mettre en maladie jusqu'à la fin de son contrat. »

Les trois processus de résolution dans l'environnement interne

Environnements interne et externe sont employés au sens de MARCH et SIMON (1957). Il s'agit d'élucider la façon dont l'incident s'inscrit dans la représentation mentale de l'acteur, son environnement interne. Quand un incident critique se produit, il émet des signaux. Ceux-ci n'existent pas ex nihilo, ils sont le produit d'une représentation mentale, ce qui devrait se produire, qui sert à observer, ce qui se passe effectivement. Cette comparaison induit une réaction : si l'écart a déjà été rencontré et que le manager possède un programme de rectification le concernant, il le met en place. Dans le cas contraire, le manager passe en activité résolutoire, c'est-à-dire qu'il constate qu'il ne sait pas faire face, qu'il ne domine pas la situation. Cette constatation fait naître une activité psychique émotionnelle (BOURION, 2000) qui peut soit présider à l'élaboration d'un nouveau programme susceptible de redresser la situation (MARCH et SIMON, 1957), soit à des mécanismes de défense.

Le cerveau humain dispose de trois processus de traitement de l'information : les processus dits « reptilien », « limbique » et « cognitif » (SPERRY, 1977 ; MACLEAN & GUYOT, 1990 et LABORIT, 1981). Une fois traité, le signal aboutit au cortex préfrontal ventro-médian (CPVM) (DAMASIO, 1995) où se font la décision et l'action. Les processus de traitement de l'information aboutissent au lobe frontal par deux faisceaux, le PVS [3] et le FMB [4] (OLDS, MILNER, 1954), qui sont respectivement inhibiteurs ou activateurs de l'action. Le traitement reptilien produit une action réflexe. Le traitement limbique produit une émotion qui est mémorisée et le traitement cognitif produit un sens.

Le traitement réflexe de la situation

Le premier mode de traitement constitue un circuit de réponse ultra rapide où l'acteur se contente du premier stade de traitement pour déclencher l'action. Le traitement réflexe présente une grande efficience dans les cas connus, c'est le circuit idéal : c'est un circuit court, rapide et économique. Le traitement « réflexe » de l'information constitue en soi un gain d'énergie, dans la mesure où il permet de déclencher des actes sans qu'il y ait obligation de réfléchir.

Dans les cas inconnus, la mémoire est sollicitée et c'est l'échec de la comparaison avec les cas déjà connus et précédemment identifiés, qui transforme le signal en alerte : une crainte, une appréhension, une peur, une menace. L'intensité de la peur ressentie obéit à la loi de Brown et Katz, Weiner *et al.* (FRAISSE, 1975). Cette loi établit que le déclenchement émotionnel est proportionnel à l'absence de domination de la situation. En d'autres termes, *l'émotion ressentie n'est pas fonction de la difficulté réelle de la situation, mais de l'absence d'expérience.* Ce qui veut dire qu'une situation complexe et dangereuse peut très bien ne pas effrayer le manager, tandis qu'une situation simple et banale mais qu'il ignore totalement peut déclencher une forte peur.

---

3. Son excitation est inhibitrice de l'action.

4. Son excitation est activatrice de l'action.

Les mécanismes de défense

Si l'incident critique déclenche une peur d'une telle intensité que le manager n'est plus en mesure de faire face, il doit se protéger. Dans ce cas, ce dernier déclenche des mécanismes de défense, qui n'ont plus pour but de résoudre *ce qui a fait problème dans la situation externe*, mais de défendre la *situation interne* agressée. Un changement de paradigme intervient alors dans le processus. Ce changement initialise une seconde logique. La légitimité de ces deux logiques est liée à leurs champs respectifs, alors qu'elles sont contradictoires. Dans le champ interne du manager, les mécanismes de défense sont d'autant plus légitimes et fondés qu'il est agressé. Dans les récits d'expériences, le déclenchement des défenses du manager possède un *marqueur précis* facile à repérer : la phrase *« C'est moi le chef ! »*.

« Elle s'est énervée et a mis fin à la discussion avec ces termes "c'est moi le chef, c'est moi qui décide ce qui est bien fait et mal fait". « Je fus convoqué par le chef de service, très énervé et en colère contre moi, alors que je ne savais pas pourquoi. »

« Il a rétorqué qu'il avait le droit de faire ce qu'il voulait... Son monologue a duré cinq bonnes minutes pendant lesquelles j'ai essayé de me défendre en vain, car il s'empressait d'ajouter que je ne devais pas lui répondre, et me rappelait qu'il était le chef, tout cela en criant. Une fois sa crise passée, je suis partie me réfugier dans les toilettes... pour éviter que mes propos ne dépassent ma pensée à ce moment. »

« Il en revenait toujours au même argument : il était le chef et il ne fallait ni le contredire ni lui répondre. »

« Le côté autoritaire de mon management de l'époque était renforcé par le fait qu'en tant que "chef" je ne comprenais pas que je doive expliquer mes décisions et encore moins en discuter ! Après tout, j'étais le chef ! C'est un peu simpliste comme raisonnement mais finalement, ce n'était que la stricte application de ce que j'avais vécu dans les entreprises où j'avais travaillé auparavant : "bosse et tais-toi" ou encore "si t'es pas content, tu sais où se trouve la porte"... Donc, il me paraissait difficilement concevable que le chef soit remis en question par ses agents. Ainsi, ce que j'attendais de mon équipe, je me l'appliquais dans mes relations avec ma hiérarchie. »

Or, l'atteinte de l'objectif obéit à deux contraintes indissociables : *« résoudre des problèmes ? Oui, mais sans en créer d'autres »*. Il en résulte que les mécanismes de défense agissent à l'encontre de l'atteinte des objectifs.

1. Des signaux augmentent d'intensité car la situation se détériore encore.
2. Le manager ne parvient pas à la traiter, il domine de moins en moins la situation.
3. Il a peur. Retour en 1, puis passage en 4.
4. Il déclenche ses réactions de défense pour se protéger.

Dans cette situation particulière, les mécanismes de défense constituent l'abandon du pilotage de la situation, le repli du « système de pilotage » sur lui-même. Il exclut tout apprentissage. Mais il existe un autre mode opératoire qui permet de conserver le contact : utiliser la situation impilotable pour apprendre.

Les mécanismes d'apprentissage et d'intégration

La capacité « cognitive » de traitement met à disposition du manager une forme avancée et très élaborée de traitement de l'information. Le processus complet aboutit au stade du sens et de l'apprentissage de nouveaux programmes d'exécution. L'attitude mentale qui permet de bénéficier de ce processus consiste à interroger ses émotions : *« pourquoi je ressens cela ? »*. Ce nouveau mode va permettre d'acquérir un nouveau savoir, un nouveau programme d'action. Ces acquis permettront ex post de traiter de futures situations identiques, avec de plus en plus d'aisance, voire par réflexe.

1. Des signaux indiquent que la situation se détériore encore.
2. Le manager ne parvient pas à les traiter.
3. Il domine de moins en moins la situation.
4. Il ne déclenche pas ses défenses, se contrôle et passe en situation résolutoire.
5. Il trouve le sens de ce qui s'est passé et perçoit ce qu'il faut faire.
6. Il met en place la solution.
7. De nouveaux signaux indiquent que la situation s'améliore.
8. Il dispose maintenant d'un nouveau programme d'exécution.

<table>
<tr><td colspan="2" rowspan="2">Le manager…</td><td colspan="2">… contrôle la situation interne.</td></tr>
<tr><td>Non</td><td>Oui</td></tr>
<tr><td rowspan="2">… contrôle la situation externe.</td><td>Non</td><td>Déclenchement de la peur (loi de Brown et Katz) et des mécanismes de défense.
« C'est un homme impulsif, au sang chaud. Sa colère le fait littéralement exploser, l est agressif verbalement, violent, il est comme un volcan en éruption et ce qui sort de sa bouche est très dur, voire humiliant ».</td><td>Possibilité d'apprentissage sur l'organisation</td></tr>
<tr><td>Oui</td><td>Possibilité d'apprentissage sur soi.</td><td>Mise en place de solution.</td></tr>
</table>

Tableau 1. les réactions à l'incident critique : défense, apprentissage ou résolution

Les trois processus de résolution dans l'environnement externe

Le traitement managérial semble obéir soit à un autotraitement où le salarié corrige lui-même l'écart, soit l'incident remonte et c'est le manager qui résout le problème. Le processus général est le suivant :

1. Il y a une activité de production de richesse.

2. La **première** boucle de régulation s'appuie sur le niveau de performance exigé par le marché. Elle consiste à acquérir ce niveau de performance exigé par les normes de l'activité. Il s'agit d'une autorégulation.

3. Cette obligation de performance fait apparaître des écarts par rapport aux normes.

4. La **seconde** boucle de régulation consiste à résoudre les problèmes. Il s'agit, pour une part d'une boucle d'autorégulation, si le salarié corrige lui-même ses erreurs ou d'une boucle de régulation externe, si le manager de proximité intervient pour la résolution.

5. Ces solutions mises en place impliquent des changements parfois importants, qui remettent en cause les normes individuelles.

6. La **troisième** boucle de régulation consiste à résoudre des écarts par rapport à une norme professionnelle de façon à ne pas provoquer des écarts intolérables par rapport aux normes individuelles et comportementales.

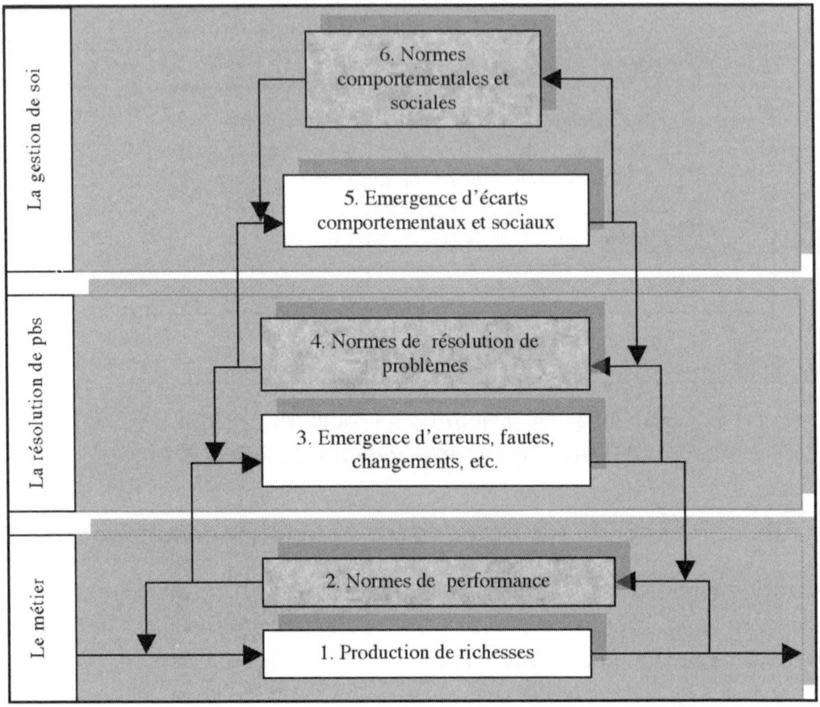

Tableau 2. le modèle cybernétique du management de proximité

« *Enfin, la caissière retourne en arrière-salle pour envoyer sa monnaie par aspiration dans la salle des comptes. S'il y a une erreur, même de vingt centimes d'euro, un mot est affiché en arrière-salle avec le nom de la caissière correspondante, à la vue de tout le personnel. Au bout de trois erreurs, la caissière reçoit un avertissement et au bout de trois avertissements, la caissière est licenciée… Lorsque je faisais le compte de ma caisse en fin de journée, si je m'apercevais qu'il y avait une erreur, j'allais chercher l'argent qu'il manquait dans mon portefeuille afin de ne pas avoir d'avertissement, ce que font toutes les caissières.* »

LA MISE EN ÉCHEC DES PROCESSUS DE RÉSOLUTION PAR LA PROVOCATION

La provocation apparaît comme une violence cachée apparemment « politiquement correcte ». Sa banalisation résulte d'abord d'un phénomène de société, amplifié par les terreaux de l'individualisme et du communautarisme, mais elle est aussi favorisée quand le statut de victime confère tous les droits, l'acteur étant censé ne pas pouvoir instrumentaliser lui-même son statut de victime, afin d'en tirer un profit. Dans le coaching sportif, les joueurs sont entraînés à la gestuelle télévisuelle de la chute qui permet de faire conférer un carton jaune ou rouge au provoqué.

Dans la « population » étudiée, 547 récits sont professionnels, parmi lesquels les 86 récits d'expériences étudiés rapportent des situations où le processus général ne fonctionne plus. Dans ces cas précis, il semble que le traitement neurologique de l'incident critique où, si l'on préfère, la réaction au sein de l'environnement interne à l'incident, joue un rôle plus déterminant que la réaction à l'environnement externe... L'application du modèle managérial produit un affaiblissement, une dégradation, voire une destruction de l'autorité hiérarchique et, éventuellement, la démission ou le licenciement du manager qui n'a pourtant fait qu'appliquer les consignes.

1. Le provocateur agresse le provoqué (démarche instrumentale).
2. Le provoqué passe à l'acte (démarche émotionnelle).
3. Le provocateur obtient le statut de victime (victimisation).
4. Le provoqué est sanctionné (démarche organisationnelle).
5. Le provocateur est indemnisé (démarche organisationnelle).

Les caractéristiques de la provocation

Dans ces cas où il y a provocation, force a été d'admettre que le paradigme de confiance du management ne permet plus de rendre compte de ce qui se passe, car il s'agit d'un acte hostile visant à profiter des apparences. La provocation constitue une stratégie à l'interface des principes du management, de ceux du sport et de ceux de la polémologie (Bouthoul, 1976). En effet, une provocation et un incident critique se présentent à l'identique. C'est l'intentionnalité, invisible et indétectable, qui établit une différence et permet d'attribuer à un incident critique le statut de provocation. Ainsi, la provocation est un *incident déclenché volontairement pour rendre critique une situation*. L'exemple des banlieues où des incendies de poubelles sont allumés pour « caillasser » ensuite les pompiers lors de leurs interventions, constitue un exemple emblématique permettant d'illustrer ce mécanisme guerrier de l'embuscade, quand il fait irruption dans le domaine du management. Les provocations que nous avons étudiées s'apparentent, au niveau conceptuel, à ces actes d'embuscade, mais elles procèdent par un jeu verbal, feutré, complexe et souvent très intelligent, notamment quand elles se déroulent entre acteurs de haut niveau : l'objet est de faire perdre son calme à l'autre, de façon à le pousser à la faute (sans qu'il s'en aperçoive) vis-à-vis du droit ou des medias et sans commettre soi-même la moindre erreur.

« Je lui répète à plusieurs reprises : "C'est bon maintenant arrête, tu me gaves". S., elle-même un peu exaspérée, dit à son tour "C'est bon maintenant C., on a compris", et tout au contraire celui-ci repart de plus belle. Je lui demande enfin fermement de "fermer sa g...". Mais il continue toujours plus. Je me lève derrière mon bureau et lui lance "ferme ta g... ou je te...". Il se lève à son tour et me reprend aussitôt moqueur : "Ou tu quoi ? Tu vas me casser la g... à la sortie ?". À ce moment là impossible de savoir ce qui m'est passé par la tête, les émotions sont plus fortes que la raison. Je saute par-dessus mon bureau, et l'attrape sans dire un mot par la chemise pour le jeter par la fenêtre tout tremblant qu'il était. Cela je m'en souviens en revanche très bien, même si je ne peux pas me l'expliquer ; je me suis dis en moi "J'vais l'éjecter par la fenêtre cet e..., au moins il fermera sa g..." ??? S. se jette alors sur nous en criant "arrête Jacques, c'est exactement ce qu'il cherche" ».

Ce processus s'appuie sur la possibilité de provoquer un *dérapage-réflexe* du manager, dérapage expliqué par le modèle neurologique précédent. Ce *dérapage-réflexe* doit permettre au provocateur de mettre en cause la légitimité managériale, soit avec le recours des médias, soit avec celui de la justice, soit avec le recours des deux. S'il n'est pas du tout éthique, il en demeure néanmoins que ce processus « intelligent » est complexe, au sens de Morin et Le Moigne (2002) : le manager croit posséder la maîtrise du processus *« Incident critique => intervention => Réparation de l'incident »*, alors que l'acte provocatoire qui s'est insinué discrètement dans le processus, dévie radicalement sa trajectoire, de façon à ce que le processus devienne *« Incident => intervention => remise en cause de l'intervention du manager => démission »* (Bourion, 2001). La provocation aboutit donc à une prise de contrôle d'un processus de pilotage organisationnel, au profit du provocateur et au détriment de l'organisation, mais pour cela, il faut que le manager perde son calme et fasse une faute.

L'objectif de la provocation

Sans la faute du provoqué, le provocateur est impuissant. Il doit faire naître chez son adversaire un réflexe agressif (Fros, 2003). Pour cela, il faut que la provocation ne permette pas au *« provoqué »* de prendre conscience de la manœuvre, c'est-à-dire d'effectuer un traitement cognitif de la situation. Il doit le mettre dans un tel état nerveux qu'il ne peut plus provisoirement accéder à ses capacités intelligentes. Il faut qu'il déclenche ses réflexes belligènes de façon à ce que ces derniers le mettent dans son tort absolu, que ce soit aux yeux des medias ou à ceux de la justice. Comment va-t-il s'y prendre ?

« Quand je craquais, je déballais tout ce que j'avais sur le cœur, et je n'y mettais pas les formes. Donc, souvent, je heurtais mon entourage, personnel et professionnel. »

L'étude sur *Le statut pluriel de l'acteur* (Bourion, 2006) a montré que chaque professionnel travaille, pense et décide simultanément avec plusieurs statuts, acquis dans des champs différents et non professionnels, liés au couple, à la famille, à la religion, au territoire, etc. Le provocateur va tirer parti de ce statut pluriel, en ce sens qu'il va s'attaquer à une croyance fondamentale figurant dans un de ces champs non professionnels, mais susceptible de déclencher une réaction violente dans le cadre du champ professionnel. Il s'agit généralement d'une croyance essentielle et très personnelle, celle où son sentiment de légitimité est le plus fort, là où le N +1 est le plus fier, là où il se croit le plus solide, là où il n'a vraiment rien à se reprocher, là où la surprise sera la plus grande. C'est à cet endroit intime, qui n'est généralement pas « mentalement » défendu, car le responsable le croit solide et « imprenable », que le provocateur va bénéficier de l'effet de surprise maximum et il est plus que probable que, pris par surprise, le réflexe politiquement et médiatiquement incorrect se déclenche.

Dans la surprise provocatoire, le manager peut s'exprimer, éventuellement par écrit, sous le coup de l'indignation. Ce faisant, il fournit *la pièce manquante* au provocateur, qui n'avait rien dans son dossier pour étayer sa thèse. Cette pièce va permettre au *« provocateur »* d'avoir recours à la presse ou de l'assigner en justice, c'est selon. Enfin, si la réaction du provoqué est dans le champ de l'actualité ou si le provoqué est un homme public, l'article de presse peut très bien être relayé par d'autres medias, puis par le journal de 20 heures et le lendemain, par les journaux européens. Le provocateur aura pleinement réussi…

Quelques exemples de provocations

Nous présentons en premier un cas emblématique, c'est-à-dire un cas qui illustre l'ensemble du processus.

« Des mails incessants inondent le forum universitaire au cours de ce printemps 2003, comme autant de provocations à des manifestations de soutien. Un enseignant ne supporte plus ces courriels. Dans un premier temps, il répond point par point puis se décide à intervenir auprès du président de l'université pour faire interdire les envois. En réponse à sa demande, le président donne la possibilité de désactiver la liste afin de ne plus recevoir les mails en question. Insatisfait, l'enseignant fait remonter sa requête au ministre, requête dans laquelle il glisse, tout à la fin de la lettre, une terrible provocation (procès d'intention). La demande redescend par la voie hiérarchique et revient au président, qui lit la lettre jusqu'à la dernière phrase. Ulcéré face à la violence injustifiée à son encontre, il donne l'ordre de supprimer la messagerie de l'enseignant. Fort de cette décision, ce dernier attaque alors en justice et convoque le quotidien local... ».

1. Le provocateur effectue une demande écrite auprès du N +1.

2. La réponse du manager N +1 est un refus.

3. Ce refus l'autorise à s'adresser à un niveau supérieur N +2. Le provocateur lui écrit alors une nouvelle lettre et place tout à la fin[5], une petite phrase « assassine ».

4. Cette petite phrase en fin de texte n'est pas perçue par le niveau N +2, dont le travail est d'orienter la lettre pour traitement vers le service habilité : il est probable qu'il n'ait pas lu la lettre jusqu'au bout et celle-ci redescend par la voie hiérarchique.

5. Le niveau « N +1 » lit la lettre jusqu'au bout. Indigné, époustouflé, il perd le contrôle de ses émotions et prend une sanction réflexe inappropriée.

6. Armé de preuves, le provocateur appelle la presse et assigne ensuite N +1 en justice.

---

5. Il anticipe un réflexe de base de tous les cadres de niveau supérieur : surchargés, ils ne lisent que le début de la lettre pour savoir de quoi il s'agit et pouvoir la transférer au service compétent avec instruction pour traiter le dossier.

Dans ce second exemple, le chef qui prend un nouveau poste est très attaché aux règles, la provocation consiste à le mettre en cause sur ce registre…

« Alors que j'effectuais mes premières tournées d'accompagnement pour me présenter à mes agents, j'ai fait la connaissance de Michel. Il a commencé par me dire "tiens, les chefs travaillent le samedi maintenant ?". L'accueil était des plus froids, (alors que) j'étais persuadée d'être le chef dont tout agent aurait rêvé. »

Un peu plus tard, le chef tente la stratégie de la sympathie de proximité : la provocation de son agent consiste à lui renvoyer l'image, dans un autre champ, d'une personne cruelle, tout en s'exprimant avec un manque de respect évident…

« Tout sourire… j'engageais la conversation sur un domaine qu'il affectionnait : l'élevage des cochons : "Le porcelet, est un animal difficile à élever. Il faut lui couper les dents, la queue et le castrer". Ce sur quoi, il me répondit "ça te plairait à toi qu'on te coupe les seins ?" Premier électrochoc ! Je suis restée sans voix ! J'avais compris qu'il fallait garder des distances. »

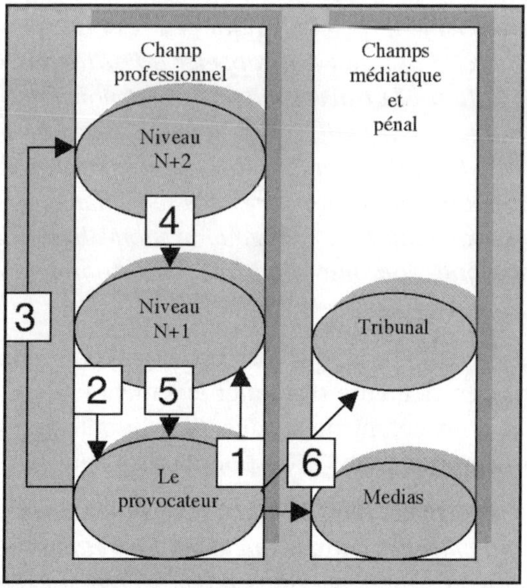

Tableau 3. le mécanisme hiérarchique de la provocation

Dans le troisième exemple, l'accusation de harcèlement est utilisée par une DRH pour obtenir le licenciement d'un chef de magasin : *« (Mon N+1) me dit de me défendre, de voir un avocat... Le jour de l'entretien, j'apprends qu'on m'accuse de harcèlement sexuel, de menaces vis-à-vis du personnel, de tenue négligée, de comportement anti-commercial. J'apprends que la DRH et sa fille ont organisé une réunion avec une partie des membres de mon équipe et un délégué du personnel. Certaines personnes ont été briefées... allant jusqu'à mentir »*. NDA : il sera licencié avec des indemnités d'une importance inhabituelle, puis la DRH le sera plus tard, mais sans indemnité, quand sa provocation sera découverte par le DG.

Dans ce quatrième cas, une tentative de suicide avec lettre est instrumentalisée dans un tract syndical pour obtenir le licenciement de deux membres de la hiérarchie : *« flicage, incompétence des managers, injustice, acharnement des contrôles...tous ces propos (tentent) d'argumenter ce qui, pour eux, est du harcèlement moral (car) Melle M (qui) a fait une tentative de suicide... a laissé une lettre... nommant deux responsables : l'assistante du chef de service et moi-même »*.

Dans ce cinquième exemple, le salarié accuse de harcèlement son directeur commercial et obtient son licenciement, mais fait l'objet de représailles : *« Ce harcèlement psychologique est essentiellement dû à mon Directeur Commercial qui s'est fait rappeler à l'ordre par le PDG (et a été) remercié. Mes relations de travail redeviennent normales... (Mais) on me rend mon portable de travail complètement vidé de tous ses fichiers. (Quatre années de travail m'ont été retirées) ; on me demande de reconstituer un nouveau portefeuille ; tous mes dossiers clients Alsace me sont retirés sans aucune explication ; on augmente mon objectif et on divise mon secteur géographique ; on me supprime mes commissions pendant six mois »*, etc.

Dans ce sixième cas, provoqué par un enfant, un jeune surveillant de proximité est mis en demeure d'annuler la sanction et de s'excuser publiquement auprès d'un enfant de 13 ans. Son humiliation est produite par un système où l'autorité, dénuée de pouvoir, ne veut pas de vagues.

« Écoutez M., vous n'êtes pas habilité à fouiller les cartables des élèves. Les parents peuvent demander votre licenciement à l'établissement si vous persistez à maintenir la sanction ! Nous n'irons jamais jusque là, mais bon, afin d'éviter tout conflit...et puisque vous avez fauté...ne vaut-il pas mieux... » « Il est hors de question que je cède à leur chantage ! Noël mérite

ces heures et il le sait ! » « Ce n'est pas Noël ! Ce sont les parents qui ne veulent pas que cet incident figure dans le dossier scolaire de leur fils, voilà tout ! » « Je veux bien m'excuser auprès des parents pour mon geste (la fouille) et tenter de le leur expliquer mais en aucun cas je n'annulerai la sanction ! Si je l'annule pour Noël, dans ce cas je l'annule pour tous les élèves ? Ce n'est pas possible ! » Voyant que je ne voulais pas céder, les CPE appelèrent les parents qui prirent rendez-vous le lendemain avec moi. En rentrant chez moi, j'étais bouleversé ! La facilité avec laquelle les CPE me demandèrent d'annuler la sanction m'a désespéré. Qui me portait le moins de respect ? Noël ou les CPE ? Annuler la sanction c'était pour moi comme excuser le manque de respect de Noël ! C'était intolérable ! À 11 h 00 le lendemain, les parents de Noël ainsi que lui-même m'attendaient déjà au bureau. Après quelques brèves explications et remise en contexte des CPE, je m'excusais auprès des parents pour le traumatisme de Noël, occasionné par la fouille du sac. N'appréciant guère mon sens de l'humour, peut-être perdu au cours de la fouille du cartable, le père de Noël me dit : « Ce n'était pas notre sac mais celui de Noël : il me semble plus naturel que vous présentiez vos excuses à Noël ! » Aussi confus que moi, Noël balbutia quelque chose comme : « C'est pas la peine ! » « C'est tout à fait normal étant donné qu'il ne te fait pas de cadeaux pour tes heures de retenue ! », lui répondit sa mère… J'avais l'impression qu'on m'avait réduit au niveau d'un enfant de 13 ans. »

Dans ce septième cas, un scripteur rapporte que la provocation à base de « harcèlement » fait à son tour l'objet de contre-mesure de précaution en formant les responsables à ne pas se laisser piéger par ces situations.

« J'ai appris incidemment que le leader charismatique et le médiatique fils de ce mouvement d'indépendants avaient fait suivre à leurs adhérents, lors d'un séminaire, une formation sur les « nouveaux risques sociaux » (engendrés par le harcèlement) et que l'ouvrage cité plus haut leur avait été remis ».

Dans ce huitième exemple, c'est le manager qui utilise le concept de harcèlement à son profit, pour se faire respecter.

« Notre responsable avait désormais la possibilité de recourir au conseil de discipline, c'est pourquoi il comptait bien l'utiliser cette année pour marquer les esprits. Nous étions tous assez surpris… En sortant de la réunion, mes camarades et moi avions bien compris que le harcèlement téléphonique faisait référence à ce qui s'était passé lors de notre petite soirée. Je dois

avouer que j'étais très embêtée, jamais je n'aurais pensé avoir fait preuve de méchanceté ce soir-là. Je ne pouvais pas imaginer qu'une histoire aussi futile pouvait aller aussi loin. »

Dans ce dernier exemple, il s'agit de pathologie.

« *J'apprends que je suis le troisième en dix-huit mois à prendre le poste. Mes prédécesseurs n'ont pas tenu le coup face aux attaques incessantes du fondé de pouvoir. J'aurai même droit à cette phrase "Maintenant que tu es là, tu vas être la nouvelle tête de turc du fondé, on te souhaite bon courage". J'étais averti... C'est à partir de ce moment que petit à petit le harcèlement a commencé.* »

On peut parler de processus managérial, puisqu'il s'agit d'une régulation organisationnelle. Mais on peut aussi parler de processus cybernétique, puisqu'il s'appuie sur la prévision d'un réflexe qui permet de prendre le contrôle du pilotage. Mais on peut aussi parler de processus polémologique, puisque le processus fait passer d'une situation de paix à une situation de guerre. Voici quelques autres illustrations :

« *Quand le client avait été livré et qu'on ne parvenait pas à se faire payer, on écrivait une lettre sur papier à en-tête qui lui réclamait le double de la somme en question. Alors, fou de rage, le client répondait que ce n'était pas 6 000, mais seulement 3 000 qu'il devait. Avec cette reconnaissance de dettes écrite et signée, on pouvait engager les poursuites.* »

« *Maintenant je me rends compte que mes remarques n'étaient ni plus ni moins que des provocations dénuées de tous sens logique, mais il fallait que je conteste l'autorité, car je voulais montrer que j'existais.* »

« *Les clients hautains jouent aussi souvent la provocation avec les serveuses et j'ai parfois eu du mal à garder mon calme par rapport à des remarques désobligeantes car je suis de nature à ne pas me laisser me marcher sur les pieds.* »

« *Avec du recul, je m'aperçois que ce stagiaire m'a fait prendre conscience que j'étais en train de prendre ces différentes provocations pour moi en tant que personne avec tout ce que ça comportait comme conséquences alors qu'elles étaient destinées pour la majorité au responsable hiérarchique que je représentais et, par là même, la direction.* »

« *Mon responsable éprouvait un vrai plaisir à me rabaisser en public, croyant que son attitude le valorisait, j'ai agi par irritation mais également par provocation. Je lui ai fait comprendre que puisqu'il s'était engagé envers le client, il devait assumer ses responsabilités et trouver par lui-même une solution satisfaisante. Je lui ai clairement fait comprendre que je savais quelle était l'unique solution compte tenu des routines à appliquer et qu'il était hors de question de la lui communiquer.* »

Le rôle des medias

En management de proximité, le domaine du harcèlement moral, qui a été fortement médiatisé, notamment après la publication d'un ouvrage (HIRIGOYEN, 1998), s'est vu débordé par le développement spectaculaire de stratégies intentionnelles (GIUST, 2002) où le but était de provoquer le harcèlement. Il s'est avéré bien difficile de *démêler le vrai du faux* (HIRIGOYEN, 2001). L'émergence, sur le plan juridique, du concept de harcèlement moral permet de sanctionner de simples paroles, pourvu qu'elles soient répétitives et présentent certaines caractéristiques définies par la loi. Dans la « population » de nos 530 récits de vie, 68 occurrences emploient cette *représentation mentale* pour désigner des *conversations conflictuelles de proximité.* Tout d'abord, le battage médiatique est désigné comme principale source de cette déconstruction d'une *simple conversation* et de sa reconstruction mentale en *harcèlement moral.*

« *Aujourd'hui je peux mettre un terme pour nommer... ce phénomène : harcèlement au travail. Je l'ai découvert... au travers des médias. (Cette vision) m'était complètement inconnue au moment des faits.* »

« *C'est en lisant un article dans le* Nouvel Observateur *qui utilisait le terme de "harcèlement moral"... que je réalisai ma situation et la spirale dans laquelle j'étais entrée. J'avoue que je fus soulagée d'apprendre que... bon nombre de personnes se trouvaient dans ma situation sur leurs lieux de travail.* »

« *Je décidai de m'informer un maximum sur le harcèlement moral et je lus plusieurs témoignages de victime..., je pris les choses en main et décidai de suivre les conseils des victimes.* »

« *À l'époque, le harcèlement n'était pas aussi médiatisé qu'aujourd'hui, et je n'arrivais pas à mettre un mot sur le problème que je subissais. Cependant, je souffrais de plus en plus de cette situation, je suis tombée malade progressivement, jusqu'à ne plus manger et ne plus dormir. Je devins de moins en moins féminine car je devinais que ce n'était pas que le lien filial qu'il recherchait.* »

LES PRÉCONISATIONS

Les disparitions des traditionnels principes d'unité de temps et d'unité de lieu dans l'exercice de la communication de proximité favorisent la lutte contre la provocation. Pour répondre au provocateur, il ne faut pas faire de faute. Pour cela, la condition sine qua non est d'éviter de répondre quand on a envie d'exploser. La seconde préconisation est de tenir compte de la traçabilité des messages dans le choix du canal de communication et dans le choix du contenu du message. Quand on a soi-même commis l'erreur, la troisième est de ne pas changer de canal au cours du processus : en particulier, ne pas accepter de débriefer par courriel un entretien qui s'est mal déroulé.

Ne pas répondre (ni écrire) tant que l'on a envie d'exploser

Pour ne pas répondre, l'agressé doit faire émotionnellement abstraction du contenu, qu'il s'agisse de menaces, d'insultes, ou d'insinuations[6]. L'absence de réponse signifie : « *Quand vous serez calmé, nous pourrons travailler !* ».

« *À aucun moment je n'ai répondu à la moindre tentation ou provocation, pour ne pas rentrer dans ce cercle vicieux. Ce que je réalise seulement, c'est l'idée d'avoir grandi un peu plus professionnellement, émotionnellement et mentalement.* »

« *Face à une telle provocation, un petit cercle s'était formé, attendant de voir si le chef allait se « déculotter » ou s'il ferait preuve d'autorité et d'équité. Il est vrai que certains de mes collègues, au nom de "la paix sociale", acceptent n'importe quoi.* »

« *L'individu et la fonction sont réellement deux personnes différentes, la seconde étant en quelque sorte la personne morale, et ma plus belle fierté est de ne pas avoir répondu à la provocation des syndicats, ce qui m'a valu de bonnes crises de nerfs !!!* »

« *Ou alors ne pas répondre du tout à ce qui était pour moi une provocation. Sur le moment, je décidai de ne pas répondre.* »

---

6. Dans une entreprise privée, une personne envoyant de tels courriels sera licenciée mais dans le public, elle ne risque pratiquement rien.

« Je n'arrivais vraiment pas à m'imposer, ce qui influençait évidemment le comportement des autres envers moi. Je n'ai pas réagi assez rapidement à cette attitude, si bien que j'ai rapidement perdu toute autorité sur lui. Dès sa première provocation, j'aurais dû... lui faire comprendre qu'il devait m'écouter et me respecter du fait de ma position. »

« Mais compte tenu des événements de la veille, je devais "me tenir à carreau" car une demande express de ma part aurait été perçue comme de la provocation, de plus j'aurais certainement manqué de diplomatie, ce qui aurait encore plus envenimé cet incident. »

« Elle venait me narguer ouvertement. Je la détestais pour toutes les raisons du monde. Aujourd'hui, elle me téléphona pour me proposer de venir boire un café avec elle... Je pris cette invitation comme une provocation. Évidemment je répondis par la négative. »

Ne faire que ce qui minimise les risques

Dès que les signaux reçus balisent une situation inacceptable, les défenses se déclenchent : fouiller le cartable d'un élève est interdit par le législateur qui ne veut pas de vagues et la presse est friande de tout ce qui touche ce domaine. Il existe un acte qui déclenche immanquablement le courroux de l'agent recadré : c'est le courriel de recadrage musclé dont un double est envoyé à un niveau hiérarchique supérieur : cette méthode signe le passage d'une situation de paix à une situation de guerre.

Choisir soigneusement le canal adapté au message de recadrage

Il faut discerner l'impact du canal : est-ce que le canal est individuel ou collectif ? Le courriel, par exemple doit d'abord être considéré comme un canal collectif, puisque le message qu'on lui confie peut être renvoyé à des milliers de personnes, presque instantanément : il ne présente donc aucune garantie vis-à-vis de la discrétion et constitue un outil de contre-performance pour tous les messages dont le fondement d'efficacité réside dans le fait qu'un seul destinataire doit en avoir connaissance. Ensuite, au niveau de la traçabilité, il est pratiquement l'équivalent d'une lettre recommandée. Il importe donc de savoir déterminer ce qui ne peut pas être traité par courriel.

À l'autre bout du continuum, l'entretien mené de façon inopinée dans le couloir constitue un canal totalement informel, permettant de dire les choses simplement en évitant de les dramatiser, avec pour seul risque une rumeur qui demeure locale. Très souvent, l'entretien informel permet de faire passer des messages qu'il est impossible de transmettre par un canal formel. Un autre aspect est le fait de rechercher un impact en profondeur sur une personne donnée : il faut éviter de lui parler en public, mais en face à face. Un autre élément est le recul : le courriel permet de travailler le contenu du message en profondeur et de prendre beaucoup de recul. L'entretien en face à face ne le permet pas, il ne permet pas non plus de mémoriser les données. Dans le tableau 4, sont mis en évidence l'efficience théorique du canal vis-à-vis de la traçabilité du message et de la recherche de dominance de l'émetteur.

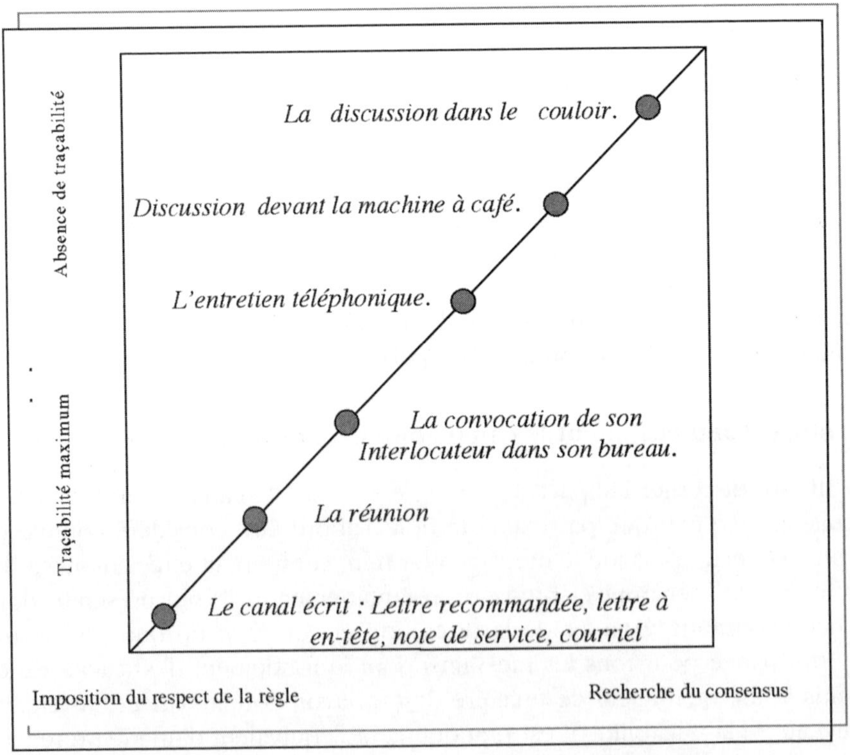

Tableau 4. Choisir un canal pertinent pour communiquer

« Je décidais de déclencher l'entretien et de crever l'abcès. Un matin, lorsqu'elle arriva, je lui proposai d'aller boire un café en tête-à-tête en lui précisant que j'avais à lui parler. Elle sentait bien qu'il y avait quelque chose qui n'allait pas car on ne prenait plus jamais le café ensemble, et ce depuis pas mal de temps. Auparavant, je lui aurais dit ce que je pensais d'elle, seule à seule, où devant d'autres personnes, sans y mettre les formes... Je me maîtrisais mieux et l'entretien en fut la preuve. Je lui dis ce que j'avais à lui reprocher, calmement et posément. »

« Au lieu de leur donner en main propre, je leur ai donc glissé le document dans leur boîte à lettres professionnelle, sous enveloppe nominative et je suis partie... Le lundi de mon retour... on me raconte que c'est l'effervescence, que mon document de présentation des résultats avait eu l'effet d'une bombe. La direction régionale s'était emparée de l'affaire et avait dû recevoir les représentants syndicaux. Ceux-ci menaçaient de faire grève si l'ordre n'était pas donné de retirer tous les tableaux de résultats de tous les points de ventes de la région... »

Le recadrage par courriel ne contiendra que le rappel des règles, sans jamais contextualiser la situation ou la faute : le rappel des règles sous-entend qu'elles ont été transgressées, tandis que la nomination des fautes constitue une accusation sans preuves.

Ne pas changer de canal au cours du recadrage ou du débriefing

Le courriel est un canal de communication dont la traçabilité est pratiquement équivalente à une lettre. Il en résulte que de telles pièces écrites peuvent très vite se retourner contre leurs auteurs. S'il est encore difficile de définir précisément toutes les contingences de ce canal, on dispose toutefois de suffisamment d'observations pour mettre en garde contre son usage dans certaines situations à haut risque. La plus courante est celle où une situation est évoquée dans une conversation inopinée et donne lieu à un échange de paroles musclées, qu'un des interlocuteurs envisage de débriefer par échange de courriel. Il y a donc un changement de canal au cours du processus de résolution de problème. Supposons que le N +1 se soit emporté sur un chantier contre un de ses collaborateurs qui a commis une erreur et a employé dans son vocabulaire quelques mots familiers... Le soir, son collaborateur lui envoie un courriel relatant les faits : toute réponse confirmatoire du N +1 constitue une pièce permettant de faire « glisser » le problème, par exemple, en le faisant remonter le long de la hiérarchie ou même de le faire traiter par un tribunal. C'est pourquoi le collaborateur, surpris, va recevoir une réponse qui nie les faits :

« Je ne vois pas de quoi tu parles ? » suivi de *« Peux-tu préciser ? »*. Ce à quoi il recevra une réponse des plus évasives, du type : *« Ne te fais pas de souci, j'ai entièrement confiance en toi ! »*, etc.

Voici un exemple emblématique de ce type de situation où le choix du canal est déterminant pour la résolution de problème : après une réunion, un collaborateur « N » fait état dans un courriel adressé à son « N +1 » d'une de ses prises de position, qui constitue une perte de contrôle émotionnel manifeste... Son courriel se termine par : *« Mais peut-être peux-tu m'expliquer ta réaction ? »*. Réponse du N +1 : *« J'avoue ne pas comprendre du tout le sens de ton mail. De quoi parles-tu ? Merci de m'expliquer »*. Réponse de N : *« Mais tu ne réponds pas à ma question ? Merci de me répondre »*. Réponse du N +1 : *« Comment veux-tu que je réponde à une question que je ne comprends pas ? »*. Réponse de N : *« Ta réponse est très claire. Je t'en remercie »*. Réponse du N +1 : *« On en reparle un de ces jours... Bon WE »*.

« N +1 » perçoit dès le début le danger que présente une reconnaissance de son erreur comportementale, fortement contextualisée. Il prétend donc ne pas comprendre la question et demande un supplément d'information. À la lecture de cette demande, « N » prend conscience que « N +1 » peut chercher à le piéger : il ne répond pas à la demande, pour se contenter de réitérer la question. « N +1 » réitère son refus en argumentant de sa non compréhension. La non-réponse de « N +1 » est maintenant perçue par « N » comme une réponse, à savoir qu'une telle explication ne peut pas avoir lieu par courriel et « N » remercie alors de l'absence de réponse en passant sur le plan du sens *« Je te remercie de ta réponse »*. « N +1 » propose alors le retour au canal oral : *« On en reparle un de ces jours »*. Tout le dialogue est paradoxal, mais satisfait le principe de légitimité : éviter de faire une faute. Interrogés, les protagonistes ont confirmé que derrière les deux ordinateurs qui communiquaient, se sont produites de véritables montées émotionnelles, dont ils n'ont pourtant rien laissé transparaître dans les courriels échangés, sans doute grâce au caractère différé qu'autorise la communication par courriel.

EN CONCLUSION

En conclusion, la mission du management de proximité concerne principalement la gestion des nœuds conflictuels issus des écarts entre normes organisationnelles soumises à la performance et maintenant à la légitimité. Mais cette gestion, sous le joug de l'injonction « Pas de vagues » doit être menée de façon à maintenir une régulation de l'ambiance de travail, facteur de réussite : *« Au cours de ces deux années en tant que superviseur, je me suis rendu compte d'une chose primordiale : "c'est le chef qui fait l'ambiance". C'est peut-être une évidence, mais une équipe qui tourne, c'est une équipe heureuse »*. En effet, les vagues sont des signaux d'un mal-être organisationnel collectif. Pour éviter de les provoquer, l'apparition d'incidents critiques doit donner lieu à une intervention, tandis qu'une provocation, attitude qui cache un mal-être individuel, ne doit pas donner lieu à une réponse résolutoire.

Le mal-être, source de l'agressivité, est certes inhérent à la nature humaine condamnée dès son origine par le *Pentateuque*, mais plusieurs types d'organisations favorisent l'émergence des facteurs belligènes. En tête de celles-ci, les secteurs public et politique qui excluent le recours au licenciement, comme facteur de régulation et voient se généraliser les stratégies de provocation. Les dirigeants reconnaissent l'impuissance générée par cette double contrainte et proposent à leurs cadres de proximité, de pratiquer un management à deux vitesses…

« Mon dirigeant me prévenait. Ici, il y a de bons et de mauvais agents. Il ne faut pas perdre du temps et de l'énergie inutilement avec ceux dont on sait déjà qu'ils resteront des mauvais. Ces termes exacts étaient "on ne fait pas des chevaux de course avec des chevaux de trait". Il semblait accepter cet état de fait et ne plus chercher à améliorer les choses. »

Il existerait toutefois une troisième voie, permettant de cadrer l'émotionnel en évitant les vagues : l'établissement de codes de conduites dont le contenu soit tel que chacun s'accorde à reconnaître son bon sens et sur lesquels managers et agents pourraient s'appuyer. Le code de conduite agirait comme une entité virtuelle désincarnée, dans la régulation de la relation duelle…

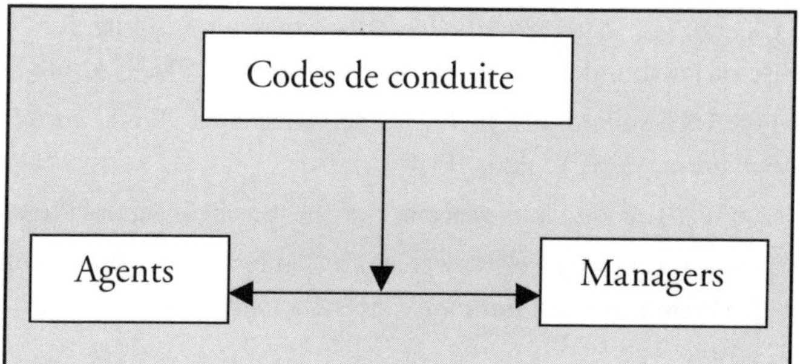

Dès lors, cette discipline rentre dans la rationalité limitée et dans la complexité. Elle ne peut plus se contenter de modélisation où seul le champ professionnel serait concerné, dans une relation binaire de cause à effet.

Les nouveaux modèles devront intégrer les codes de conduite régulant simultanément dans plusieurs champs et des logiques multiples liées aux rétroactions, ce qui fait que la discipline devra recourir à *l'intelligence de la complexité,* au sens de MORIN et LE MOIGNE (2002) si elle veut contribuer un tant soit peu à la survie organisationnelle.

Bibliographie

ARGYRIS C. (1957), *Personality and Organization: The conflict between system and the individual,* Harper and Row.

ARGYRIS C., SCHON D. (1978), *Organizational Learning: A Theory of Action Perspective,* Addison-Wesley Publishing.

BOURION C. (2006), "Le statut pluriel des acteurs. Modélisation des décisions et des actions décrites au sein des récits de vie" *La Revue des Sciences de Gestion,* N° 217, janvier - février 2006, 123-137. – (2005), « Styles hiérarchiques et jeunes diplômés », *L'Expansion Management Review : Best of Business Reviews,* N° 118, Septembre 2005, 97-105. – (2001), *Les abus de pouvoir,* Éd. ESKA, 297 p.- *La logique émotionnelle,* (2000), Éd. ESKA, 347 p.

BOUTHOUL G. (1976), *Essais de polémologie, Guerre ou paix ?,* Denoël, Gonthier.

CASTAGNÉ M., COMBES, GAGNÉ, LANGEVIN, SARTORI D., (1988), *À chacun sa propre entreprise performante au sein de l'entreprise,* Édition Publi-Union, 340 p.

CROZIER M., FRIEDBERG E. (1997), *L'acteur et le système,* Paris, Seuil, 436 p.

DAMASIO A. R. (1995), *L'erreur de Descartes,* Ed. Odile Jacob.

EHRENBERG A. (1996), *Le culte de la performance,* Hachette Pluriel.

FLANAGAN J.C. (1954), *The critical incident,* American Institute for Research and University of Pittsburgh, *Psychological Bulletin,* Vol. 51, N° 4, July, 1954.

FRAISSE P., (1975). *Les émotions.* In P. Fraisse et J. Piaget (Eds). *Traité de psychologie expérimentale.* Vol. V. Paris, PUF.

FROST P. J. (2003), *Toxic Emotions at Work,* Harvard Business School Press, février 2003.

GIUST A. C. (2002), D'un inacceptable à l'autre, ou les avatars du harcèlement moral au travail, *Revue Internationale de Psychosociologie,* Vol. VIII, n° 19, Automne 2002, 87-110.

PERSSON-GEHIN S. (2005), *Contribution à la connaissance du phénomène coaching en entreprise.* Thèse de doctorat, IAE, Université de Nancy 2.

HIRIGOYEN M. F. (1998), *Le harcèlement moral,* Paris, Syros – (2001), *Malaise dans le travail. Harcèlement moral - démêler le vrai du faux,* Paris Syros.

LABORIT H. (1981), *Inhibition de l'action,* Masson, 214 p.

LENHARDT V. (1992), *Les responsables, porteurs de sens, culture et pratique du coaching et du team building,* Inseep.

MACLEAN P. D., GUYOT R. (1990), *Les trois cerveaux de l'homme* textes traduits de l'américain – Notes et commentaires de Roland Guyot, Robert Laffont, 367 pages.

MARCH J. C., SIMON H. A. (1958), *Organizations,* John Wiley and Sons, New York, traduit par J. C. Rouchy et G. Prunier par *Les organisations,* 1974, Dunod, 253 pages.

MILGRAM S. (1974), *Soumission à l'autorité,* Nouvelles éditions Calmann Lévy, 272 p.

MORIN E., LE MOIGNE J.-L. (2002), *L'intelligence de la complexité,* L'Harmattan.

OLD J., MILNER P. (1954), *Positive Reinforcement Produced by Electrical Stimulation of Septal Area and other Regions of Rat brain,* J. Comp. Physiol. Psychol., 47 : 419-427.

SENGE P. (1991), *La cinquième discipline,* First. Traduit de *The Fifth Discipline,* 1990, Publisheg by Doubleday, a division of Bantam Doubleday Dell Publishing Group, Inc.

SPERRY R. W. (1977), Bridging Science and Values – A Unifying view of Mind and Brain. *American Psychologist,* 32 n° 4 (April) : p. 237 – 245.

STRAUSS A., CORBIN J. (2004), *Les fondements de la recherche qualitative. Techniques et procédures de développement de la théorie enracinée,* Res Socialis, Academic Press Fribourg, 343 p.

THÉVENET M. (2004), *Quand les petits chefs deviendront grands,* Éd. d'Organisation. 2003, *Management, une affaire de proximité.* Éditions d'Organisation - 2000, *Le plaisir de travailler : Favoriser l'implication des personnes.* Éditions d'Organisation, 269 pp.

WICKERT F. (1947, 1953) *Psychological Research on Problems of Redistribution.* Washington: U. S. Government Printing Office, 1947. (AAF Aviat. Psychol. Program Res. Rep. N° 14.), Received November 10, 1953.

PRATIQUES DES SANCTIONS-RÉCOMPENSES

Dans le cadre du Management public et de la responsabilité sociale des organisations

Françoise Goter[1]

Le principe de responsabilité sociale fonde l'ensemble des missions des organisations de service public. En effet, il influence la nature des missions de ces organisations, qui doivent être au service du public, mais également la manière de servir. Trois caractéristiques, communes à l'ensemble des organisations de service public, appelées « lois de Rolland » (1878), permettent de qualifier l'ensemble des services publics :

« La soumission de tous les services publics aux trois grands principes de ***continuité****, d'****égalité*** *et de* ***mutabilité****, légués par l'École du service public, établit et garantit leur spécificité par rapport aux activités privées. Le principe de continuité repose sur l'idée que la prise en charge d'une activité par l'administration implique l'existence d'un besoin social impérieux à satisfaire [...] Le principe d'égalité devant les services publics et la traduction et l'extension aux activités matérielles de l'administration du principe d'égalité juridique devant la loi et les règlements posé par la Déclaration de 1789 [...] Enfin, le principe de mutabilité implique que les prestations fournies au public soient toujours adaptées à ses besoins : si les circonstances changent, si les usagers présentent de nouvelles exigences, les services publics doivent s'y conformer. Les services publics sont soumis à la « loi du progrès », c'est-*

1. Docteur ès sciences de Gestion, IAE de Lyon, Université Lyon 3, Centre de recherche ISEOR, goter@iseor.com

à-dire que leurs prestations doivent sans cesse augmenter en qualité comme en quantité. » (CHEVALLIER, 2003) [2]

Les organismes de tutelle confèrent *a priori* une valeur ajoutée discriminante aux organisations de service public dans la prise en compte et la prise en charge des besoins du public. D'autre part, les conditions de mise en œuvre des politiques publiques deviennent de plus en plus difficiles. Les exigences du public sont plus variées et plus élevées qu'auparavant. De nombreux auteurs, comme BARTOLI [3] (2005) constatent que « de plus en plus le citoyen, l'opinion publique, le parti syndical ou politique, le groupe associatif… attendent de l'acteur public et de l'élu politique une prise en compte de ses responsabilités et un « rendu compte » vis-à-vis de la société ». Le comportement de l'usager change pour tendre vers celui de consommateur. Deux travaux le montrent :

- « Le citoyen usager de l'administration et client de l'entreprise entend être traité de la même façon dans ces deux mondes. » (LOBET-MARIS, NIGOT et HENIN, 2002) [4]
- « Le comportement des usagers a changé, en devenant de plus en plus semblable à celui des consommateurs ordinaires. » (CHEVALLIER, 2003) [5]

S'il paraît évident que la nature des missions des organisations de service public, leurs finalités, impliquent un certain niveau de responsabilité sociale de la part des agents, qu'en est-il du **rôle et** de la **place du management public** dans ce domaine ? Dans la première partie de cet article, nous proposons de revenir sur la définition du management public et de voir dans quelle mesure ce champ de recherche semble être en lien direct avec le principe de responsabilité sociale des entreprises et, plus particulièrement, des organisations de service public. Dans une seconde partie, nous illustrons nos propos sur l'impact de la responsabilité sociale sur les

---

2. CHEVALLIER J., *Le service public*, Presse Universitaire de France, Que sais-je ?, 2003, 128 p, pp. 94-96. C'est nous qui mettons en gras.

3. BARTOLI A., *Le management dans les organisations publiques*, Dunod, 2005 (1997, 1re édition), 419 p., p. 383.

4. LOBET-MARIS C., NIGOT S. ET HENIN L., « Valorisation des résultats de recherches COST. Des guichets uniques en quête de gestion », *Services fédéraux des affaires Scientifiques, Techniques et Culturelles*, 2002, 184 p., p. 11. C'est nous qui mettons en gras.

5. CHEVALLIER J., *Le service public… op. cit.*, p. 76.

pratiques managériales publiques à partir de plusieurs études de cas portant sur des décisions de sanctions-récompenses.

MANAGEMENT PUBLIC : UN VECTEUR DE RESPONSABILITÉ SOCIALE

Dans cette première partie, nous voyons en quoi la définition du management public intègre le principe de responsabilité sociale de l'entreprise (RSE) et en quoi ce lien sert au fonctionnement des organisations en général, et des organisations de service public en particulier, ainsi qu'à leurs pratiques managériales.

Management public : histoire et définition

Il serait difficile de présenter l'avis de tous les auteurs sur la définition du management public car il existe actuellement une multiplicité de conceptions. Avant de présenter les deux principaux courants de pensée, nous tenons à mettre en avant deux définitions qui nous semblent particulièrement intéressantes. La première approche que nous avons retenue est celle de BEZES (2005) montrant, à partir d'un parallèle historique, l'évolution des définitions. La deuxième démarche retenue est celle de LAUFER (1992), car, sans correspondre totalement à notre vision, elle s'en rapproche dans le sens où **ce sont les pratiques managériales** (décisions stratégiques, choix d'un mode de fonctionnement...) **plus que le statut d'une organisation** qui font que le management est public. Ces pratiques managériales sont d'un caractère particulier étant donné l'influence plus ou moins forte de l'espace public.

Les recherches de BEZES[6] (2005) sur le développement de la gestion publique en France l'amènent à opposer deux visions du management public, une **vision historique** d'une discipline constituée « d'emprunts hétérogènes à l'économie (économie du *public choice*, théorie des coûts de transaction et théorie de l'agence), à la gestion et au management des entreprises privées (POLLITT, 1990) » et une **vision contemporaine** présentant le

6. BEZES P., « L'état et les savoirs managériaux : essor et développement de la gestion publique en France », in *30 ans de réforme de l'État. Expériences françaises et étrangères : stratégies et bilans*, sous la direction de LACASSE F. et VERRIER P.-E., Dunod, 2005, 246 p., p. 10 et p. 16.

management public « comme une doctrine de gestion publique à la fois cohérente, universelle, apolitique et internationale ».

Pour LAUFER[7] (1992) « le management public n'est pas le management du secteur public, mais ce que devient le management quand une organisation, quel que soit son statut juridique, connaît une crise de légitimité », car pour l'auteur la gestion d'une crise implique une intervention des managers dans l'espace public. Il l'explique en ces termes : « Désormais, ce n'est plus la main invisible du marché qui définit les prix et les quantités offertes sur le marché mais à la **main visible des managers**[8]. Les actions des entreprises affectent donc l'équilibre des marchés (quand ce n'est pas l'équilibre écologique de la société), elles affectent donc la cité, elles sont **publiques de fait.** De ce fait, l'entreprise entre dans le champ du politique et le management de l'entreprise devient public ».

Pour le **premier courant de pensée**, ce sont les pratiques managériales du secteur public qui donnent lieu à un type particulier de mode de management. Cette conception du management implique une séparation manichéenne entre le management privé et public. Sur ce point, nous rejoignons la position de KRIEF[9] (1999) : *« … il est difficile de raisonner selon une coupure nette entre le secteur privé et public, les frontières n'étant pas étanches, mais les deux secteurs se situant plutôt dans un continuum »*.

Le **second courant** fait référence, lui, à une *« science administrative »*, certains parlent aussi de *« culture administrative »*. Cette approche cherche *« à découvrir et mettre en œuvre les méthodes les plus rationnelles et les plus efficaces de l'organisation, en vue d'accomplir dans des conditions optimales, une tâche donnée »*[10]. Cette vision du management public le rend également spécifique aux administrations publiques.

---

7. LAUFER R., « Sur ce qu'il y a de nouveau en management public », Actes de la 4e École d'Été sur l'Organisation, 11-18 juin 1992, in Le service public ? La voie moderne, 1995, 314 p., p. 33 et p. 39.

8. CHANDLER A. D., *La Main Visible du Manager*. Paris, Economica, 1989. Cité par Laufer (1992).

9. KRIEF N., *Les pratiques stratégiques des organisations sanitaires et sociales de service public. Cas d'expérimentation*, Thèse de doctorat en sciences de gestion, Université Lumière Lyon 2, février 1999, 397 p.

10. CHEVALLIER J., *Science administrative*, 1986, Presses Universitaires de France, Thémis, 607 p., pp. 45-46. Cité par Krief N., *Les pratiques stratégiques des organisations sanitaires et sociales de service public…*, op. cit., p. 80.

LAUFER et BURLAUD (1980)[11] *« ont défini le management public comme* ***une méthode****, le secteur public étant un lieu d'application de cette méthode ».*

Dans cette approche, à laquelle nous adhérons, *le management public correspond en fait à une branche (cf. ensemble de techniques et de méthodes) du management observable plus particulièrement dans les organisations publiques mais qui peut se trouver également dans d'autres types d'organisations.*

De même VAYROU[12] explique que : *« Le management public est d'abord du* ***management****. La distinction public/privé ne suffit pas toujours à identifier sa logique de fonctionnement. Une grande entreprise privée peut se rapprocher du fonctionnement d'un service public en raison de la taille de ses structures, en raison de sa bureaucratisation »*. L'auteur lance également une piste sur les origines du management public dans les administrations, il propose une réflexion sur l'introduction de la rationalité managériale dans les administrations.

ORANGE[13] (1999) précise que le management public est une **discipline** qui « émerge difficilement tant d'un point de vue théorique que pratique ou institutionnel ». L'auteur donne plusieurs raisons à ces difficultés :

1) *« les fondements en sont imprécis. Chaque discipline possède des textes fondateurs sur lesquels les courants théoriques se sont développés ; le management public n'en possède guère »* ;

2) on oppose au management public, un management privé. *« S'il s'agit de gérer des organisations publiques, le management privé offre des réponses pour autant qu'il sache respecter des finalités différentes lorsqu'il opère dans un univers non marchand. S'il s'agit de concevoir et de mettre en œuvre les politiques publiques des diverses institutions, d'autres disci-*

---

11. LAUFER R. et BURLAUD A. *Management public, gestion et légitimité*, Dalloz, 1980, 337 p., pp. 29-56, cité par Krief N., *Les pratiques stratégiques des organisations sanitaires et sociales de service public...*, op. cit., p. 81. C'est nous qui mettons en gras.

12. VAYROU C. *Le management public : discours et fonctions*, Travaux et recherches PANTHÉON-ASSAS Paris II, 1995, 117 p., p. 39 et 42. C'est nous qui mettons en gras.

13. ORANGE G. « Management public », in *Encyclopédie de la gestion et du management*, sous la direction de Le Duff R., Orange G., Vailhen C.-A., Dalloz, 1999, 1644 p., pp. 743-747, p. 743.

plines – droit, sciences administratives, sciences politiques, sociologie, économie – manifestent leurs compétences ».

Selon ORANGE, trois approches peuvent prétendre fonder le management public : *« administration publique, économie publique et gestion publique ».* BEZES [14] (2005) indique que plusieurs travaux sont venus « théoriser (et légitimer) la compatibilité entre gestion, politiques publiques et évaluations (GIBERT, 1983 ; GILBERT, ANDRAULT, 1984) ». Pour autant, *« l'ambiguïté n'est pas levée sur le point de savoir si le management public est un ensemble de connaissances ou simplement une méthode d'approche des problèmes ».* L'étude du management public nous montre que s'il entre dans le champ scientifique, il rencontre malgré tout des difficultés à se fonder en tant que discipline.

Management public et responsabilité sociale

Dans la première section, nous avons pu voir l'intérêt d'une approche du management public en tant que pratiques managériales d'un caractère particulier étant donné l'influence plus ou moins forte de l'espace public. En France, Gibert est un des fondateurs du management public en tant que champ de recherche, aussi il nous semble important de présenter sa définition et de nous positionner sur chacun de ses points. Nous marquons par des signes les éléments de définition qui nous rapprochent (+) ainsi que ceux qui nous éloignent (–) de la définition de l'auteur.

(+) Pour GIBERT [15] (1994) comme Laufer (1992) et pour nous : **le caractère public s'obtient dans la démarche de se tourner vers le public**.

(–) Notre vision du management public s'écarte de celle de Gibert lorsque l'auteur soutient que l'opposition public-privé interdit la légitimation par l'efficacité et que la finalité externe, publique, suffit à légitimer les organisations de service public :

« au contraire de R. LAUFER et A. BURLAUD, pour qui le management des organisations privées se rapproche de celui des organisations publiques,

---

14. BEZES P., « L'état et les savoirs managériaux : essor et développement de la gestion publique en France »..., *op. cit.*, pp. 16-17.

15. GIBERT P., « Ménager la publicitude », Les Petits Déjeuners « Confidences », débats organisés par l'*Association des Amis de l'École de Paris du management*, séance du 27 avril 1994, 8 p., p. 2. C'est nous qui mettons en gras.

parce que l'un et l'autre deviennent publics au sens propre du terme, c'est-à-dire qu'ils se font sous les yeux et le jugement du public » (GIBERT, 1994).

(–) Il nous semble que selon Gibert, le management est dit public si les buts de l'organisation sont orientés vers l'extérieur : *« je suis de ceux qui pensent que le public a une* ***finalité*** *externe, [...] il veut changer ou préserver des états de la société, alors que les organisations privées cherchent plutôt quelque chose en elles-mêmes »*. Plus récemment, il nous semble que Gibert[16] (2004) confirme sa vision du management public en le définissant au sens large comme une notion à deux facettes *"parentes et complémentaires : le management des organisations publiques ou encore « management public stricto sensu" d'une part, le management des politiques publiques d'autre part » ;* et en précisant que la *« véritable finalité du management public est de faire en sorte que les politiques publiques atteignent leurs objectifs »* et qu'il *« vise à agir sur le système social »*.

D'autres définitions du management public semblent être à la fois attachées aux finalités des organisations et aux modalités d'intervention des managers. Celle qui est proposée par LE DUFF et ORANGE[17] (1998) nous paraît correspondre à ce cas de figure. En effet, pour les auteurs, *« il est possible de reconstruire un management public qui s'appuie sur les besoins collectifs en reconsidérant les* ***objets*** *et les acteurs qui concourent à leur production et en s'interrogeant sur les* ***valeurs*** *qui les fondent »*.

Qualifier un management de public en se référant à la finalité de l'organisation ne semble pas être la meilleure démarche, car **ce qui définit le management ce sont les actes des managers** (encadré 1). Il paraît plus approprié de regarder les actes des managers pour savoir si nous pouvons les qualifier de « public » et non les objectifs de l'organisation. Cette définition tend à montrer que le management n'est pas source de spécificités des organisations publiques.

(+) Nous comprenons tout de même les arguments de GIBERT (1994) notamment lorsqu'il donne l'exemple d'une grande entreprise : elle « doit

---

16. GIBERT P. « Le management public », in Comprendre le management, Les formes du management, *Cahiers français*, n° 321, juillet-août 2004, pp. 58-63, pp. 58, 61, 63.

17. LE DUFF R. et ORANGE G. « Des objets et des valeurs en management public », in Valeur, marché et organisation, actes des XIVes *Journées nationales des I.A.E.*, tome 1, Nantes, 1998, coordonnées par Bréchet J.-P., Presses académiques de l'ouest, 576 p., p. 495. C'est nous qui mettons en gras.

être une bonne citoyenne » mais cela n'oriente pas ses « actions quotidiennes ». (–) Pour « répondre » à cet argument, nous sommes tentée de dire que la fréquence des actes de management ne modifie pas pour autant la nature de ses actes.

> Encadré 1 : Définition du mot « management » et lien avec le public
>
> Le management est défini par la **conduite**, la **direction** d'une entreprise et comme un ensemble de techniques d'organisation et de gestion (le Petit Robert). Le dictionnaire précise que ce mot est d'origine anglaise et a été donné par Fayol en 1921. Il indique que le mot « manager » date de 1865 et vient du verbe anglais *to manage* traduit par « manier, diriger ». Le manager est celui qui veille à l'organisation matérielle ou qui s'occupe particulièrement de la vie professionnelle et des intérêts des personnes. C'est un chef, un dirigeant, un entraîneur. Le verbe « manager » date de 1927 et signifie « mener, diriger une affaire ». Pour Marco[18] (2005), le management est une science susceptible de progrès mais, parce que c'est plus qu'une science, il peut aussi stagner.

(–) Gilbert (1994) précise également que la gestion publique « *s'internalise*, c'est-à-dire qu'elle oublie son vrai but en termes d'impact sur la société et se limite à poursuivre des objectifs seconds, souvent quantifiés, qu'elle met en avant, notamment dans ses relations avec les tutelles ». Nous ne pensons pas que les relations des organisations de service public avec leur tutelle les éloignent du public car nous considérons justement que **les tutelles représentent les intérêts du public**.

Ces éléments nous permettent de justifier la première partie de notre définition du « management public » : *actes de management impactés par le domaine public.*

Nous pensons que le management public peut aussi se définir comme le management *à l'écoute de son public.* Ce deuxième élément explique le premier élément de notre définition, à savoir, les actes du managers.

18. Marco L., « Progrès ou stagnation du management ? », in *Nouvelles avancées du management*, L'Harmattan, 2005, 272 p., p. 9.

Cette idée d'écoute du public nous semble également pouvoir s'illustrer au niveau macro à travers le lien entre le management public et le principe de bienveillance de l'État présenté par Adam Smith (Claustre, 2005)[19].

Cette partie de notre définition tend à invalider les possibilités d'opposition des organisations publiques et privées. À ce niveau, notre définition comprend plusieurs sous-entendus que nous voulons éclaircir et qui sont liés à notre activité de recherche-intervention au sein d'organisations publiques et privées :

- Elle est construite de telle manière qu'elle puisse désigner, selon le contexte, les deux types de public d'une organisation : le public externe et interne. Par exemple, écouter les besoins de son personnel, c'est faire du management public, sauf que dans ce cas le public est « interne » à l'entreprise.
- Nous souhaitons volontairement que notre définition n'exclue aucun type de public, car nous considérons que les frontières dites « internes » et « externes » de l'organisation sont floues, voire n'existent pas. Pour nous, l'organisation n'est pas une « boîte », nous conservons alors les notions « interne » et « externe » surtout dans un souci de repères et de communication.
- Nos seuls critères sont donc (1) l'existence d'une forme d'« écoute » ; (2) que cette écoute soit destinée à une entité considérée comme un « public », que ce soit un « client » ou un « fournisseur ». À l'image de la méthode d'évaluation rétroaction 360° pour le personnel, nous pensons que le public qui concerne le management d'une organisation est multiple.

Pour synthétiser notre définition, nous dirons que *le management public correspond aux actes de management qui collectent ou tiennent compte des besoins du public, interne (personnel...) ou externe (usager...), de l'organisation.*

Notre définition du management public intègre aussi le principe de **dépendance**. En effet, la nécessité d'être à l'écoute et sous influence du public représente une forme de dépendance mais cette dépendance existe

---

19. Claustre V., « Pourquoi étudier les grands auteurs en Management public ? », séminaire RECEMAP, 2-3 juin 2005, Lyon, animateur de l'atelier n° 1, introduction à la contribution de Martineau R. sur l'œuvre de « Adam Smith ».

dans toute forme de liens ou de relations entre deux éléments, individus ou organisations. Selon PUGH *et al.* (1969 b) « Plus la dépendance est forte et plus elle incite l'organisation à développer un fonctionnement structuré et centralisé » (MINTZBERG, 1978)[20]. Pour les mêmes motifs (écoute et influence du public), nous pensons que le management public implique le principe de **prudence**. Pour expliciter cette idée nous faisons référence aux travaux de Mintzberg[21] (1978) :

« *l'existence de forces de contrôle externes induit l'organisation à être particulièrement prudente dans ses actions, et à les formaliser parce qu'elle doit pouvoir les justifier vis-à-vis de l'extérieur* ».

Dans le cadre de notre définition du management public, **les organisations de service public trouveraient leur légitimité dans la qualité de leur management public**, c'est-à-dire dans la capacité de ses managers à prendre les bonnes décisions pour son public dans le cadre d'un pilotage efficace de la mise en œuvre de ces décisions.

Management public et fonctionnement des organisations de service public

Faire le lien entre le management public et le principe de responsabilité sociale nous conduit à examiner les facteurs qui vont influencer les actions réalisées par le manager public soit dans le cadre de son écoute des besoins publics, soit par rapport à la réponse qu'il souhaite leur apporter. Les travaux de Gibert[22] (2004) nous renseignent sur la nature de ces facteurs. Pour l'auteur, transposer la notion de management à la sphère publique a quatre principales limites, elles sont d'ordre :

- *politique* : opposition entre les valeurs de la rationalité de gestion, besoin de « clarté des choix et des objectifs », besoin de constance, et celles de la rationalité politique, « la nécessité d'un certain flou pour gouverner, [...] la « réactivité à tout phénomène susceptible de remettre en cause la légitimité du pouvoir ».

---

20. MINTZBERG H. *Structure et dynamique des organisations*, Éditions d'Organisation, 2003, traduction française de *The structuring of organizations*, Prentice-Hall, 1978., 434 p., p. 260.

21. Ibid, p. 261.

22. GIBERT P. « Le management public », in *Comprendre le management, Les formes du management...*, *op. cit.*, p. 59.

- *idéologique* : certains principes de gestion dérogent aux notions d'égalité et de considérations redistributives.

  « la gestion publique est imprégnée, quels que soient les pays, de considérations redistributives importantes qui n'ont pas leur véritable pendant dans la gestion des entreprises et qui obligent à intégrer les conséquences redistributives de toute modernisation de la gestion publique dans l'étude de l'opportunité comme des modalités de celle-ci. »

- *cognitif* : « L'**absence** au sein de l'administration **de spécialistes des méthodes modernes de gestion** n'est qu'imparfaitement pallié par le recours à des contractuels ou par la spécialisation [...] de fonctionnaires [...]. Il en résulte une certaines **difficulté d'exercice de la maîtrise d'ouvrage du changement managérial**. »

- *technique* : la **finalité de certains outils de gestion**, comme celle du profit, de la rentabilité..., pose des problèmes d'adaptation.

Nous souhaitons détailler l'influence politique sur les actions des responsables publics. Si les actions publiques manquent d'efficacité, ce n'est peut-être pas que l'agent qui est en cause mais également les directives politiques. Il est donc important d'étudier les points d'inefficacité liés aux **intentions politiques**. Il est devenu courant pour les chercheurs et praticiens en politiques publiques de souligner les écarts entre le discours et les actes des hommes politiques. Il semble que cette « maladie » puisse rejaillir sur l'organisation, l'entreprise très intellectuelle, peut ne jamais passer à la décision et vivre de ses déclaratifs.

EXEMPLE DE LIEN ENTRE MANAGEMENT PUBLIC ET RESPONSABILITÉ SOCIALE À TRAVERS LES PRATIQUES DE SANCTIONS-RÉCOMPENSES

Dans cette partie, nous montrons dans quelle mesure il nous semble que le management public, partant de notre définition, en lien avec la responsabilité sociale des acteurs, joue le rôle de contrainte ou d'opportunité dans le choix (nature, importance) des managers ou les attentes de l'agent en termes de sanctions-récompenses.

Explicitation du lien management public et sanctions-récompenses

Rappelons qu'en termes de sanctions-récompenses, les décisions managériales servent à sanctionner l'inefficacité ou récompenser l'efficacité des acteurs. Un des critères permettant de juger de l'importance de l'efficacité ou de l'inefficacité va être le **niveau de responsabilité** de l'acteur. Dans le cas des agents publics, il est jugé particulièrement élevé. À travers l'exemple de *« deux professions du service public, central et municipal, ingénieurs et enseignants »,* VERPRAET [23] (2001) démontre en quoi les réformes et situations nouvelles aboutissent à une démultiplication des responsabilités publiques. Si de manière générale il existe plusieurs natures de responsabilités (encadré 2), les responsabilités les plus communes à l'ensemble des agents sont les responsabilités politiques, administratives et juridiques. Il est possible de dire que ces responsabilités sont toutes d'ordre social étant donné qu'elles s'exercent vis-à-vis du public, citoyen, usager ou consommateur.

Encadré 2 : « **Les champs de la responsabilité** » [24] - cas de l'enseignement

- **Philosophique** : cf. « L'impératif catégorique » de Kant, « L'heuristique de la peur » de H. JONAS ;
- **Moral** : se sentir personnellement responsable de ses actes au regard de sa conscience.
- **Politique** : le gouvernement est responsable devant le Parlement, solidarité gouvernementale…
- **Administratif** : l'Inspecteur d'Académie est responsable du système éducatif départemental (il est compétent pour...). La Commune est compétente pour la construction et l'entretien des écoles ;
- **Pédagogique** : enseigner selon les instructions et programmes officiels, établir un projet d'école, un projet d'établissement ;

23. VERPRAET G., « La grammaire de la responsabilité publique : professionnelle, organisationnelle, institutionnelle », revue *Politiques et Management public*, volume 19, n° 1, mars 2001, pp. 185-201, pp. 187-188.

24. Source : « Les champs de la responsabilité », site Internet http://pedagogie.ac-toulouse.fr

- **Juridique** : r*esponsabilité civile* : celui qui est responsable doit réparer sur le plan civil les préjudices et dommages qu'il a causés. Non-exécution d'une obligation contractuelle. – *Responsabilité pénale* : il s'agit de répondre de ses actes délictueux ou criminels devant la société, devant le juge pénal. – *Responsabilité administrative* : l'agent public est responsable des dommages qu'il a causés aux administrés ou à l'administration en cas de faute personnelle. L'administration est responsable des fautes de service ayant causé un préjudice ou un dommage.

La définition du management public que nous avons choisi de donner impacte les décisions managériales en générale et les pratiques de sanctions-récompenses en particulier. En effet, **si *a priori*, la nature des sanctions-récompenses ainsi que leur importance font l'objet d'une réglementation juridique précise** (encadré 3), **il nous semble qu'elles diffèrent de manière significative selon le degré de prise en compte de l'influence du public** (externe ou interne) **dans un acte de management**. Une première illustration peut être dans le degré de prise en compte par le manager des attentes et intérêts du public (externe) relatifs à une meilleure gestion des deniers publics.

Encadré 3 : La responsabilité pénale des agents publics[25]

1. *Cas de responsabilité pénale des agents publics*
   Les infractions intentionnelles (abus d'autorité, manquements au devoir de probité, gestion de fait et usurpation de fonctions, atteintes à la confiance publique) ; **les infractions non intentionnelles** (infractions pénales générales, infractions pénales spécifiques)

2. *Établissement de la responsabilité pénale des agents publics*
   La détermination de l'agent pénalement responsable (appréciation du lien de causalité entre la faute et le résultat dommageable : la détermination des auteurs du dommage, conditions de l'irresponsabilité

25. DESMONS E., *La responsabilité pénale des agents publics*, Presse universitaire de France, 1998, 128 p., sommaire.

pénale de l'exécutant, détermination du responsable au sein de la hiérarchie) ; **l'harmonie relative du droit pénal avec le droit disciplinaire** (doctrine et les limites du devoir d'obéissance du fonctionnaire, réception du devoir de désobéissance par le droit positif) ; la responsabilité pénale des personnes morales autres que l'État (principe, responsabilité pénale des personnes morales et responsabilité pénale des personnes physiques)

3. *Conséquences de la mise en cause pénale d'un agent public*
Les répercussions professionnelles d'une mise en cause pénale (répression pénale et disciplinaire, incidences d'une condamnation pénale sur la carrière) ; **la protection des agents publics** (principe de la protection des agents publics, étendue et les modalités de la protection des agents publics)

Nous avons conscience que l'influence des textes juridiques sur la nature des décisions de sanctions-récompenses est forte. À tel point que dans le cas des **collectivités territoriales**, une décision managériale comme le fait de ne pas donner de prime, qui peut naturellement être perçue par l'agent comme une sanction, est interprétée par les textes comme ne s'agissant pas d'une sanction :

« *La diminution ou le retrait total d'une prime jusqu'alors attribuée à un agent ne figurent pas dans la liste dressée par l'article 89 [...] et ne peuvent être assimilés de facto à une sanction.* »[26]

Malgré cette prégnance des textes, qui représente en fait l'influence du statut public de l'organisation ou de l'agent sur ce qui doit être considéré comme une sanction-récompense, il s'agit pour nous de voir, à travers des exemples concrets, dans quelle mesure l'**influence du domaine public** peut être plus importante que la réglementation.

26. Article du 20 juin 2005, « Le non-versement d'une prime n'est pas une sanction », *La Gazette des communes*, n° 1795 – 79. « Les sanctions disciplinaires sont définies par l'article 89 de la loi 84-53 du 26 janvier 1984 portant dispositions statutaires relatives à la fonction publique territoriales. Elles sont réparties en quatre groupes, selon une gradation allant de l'avertissement jusqu'à la révocation. »

Ces éléments de réflexion nous conduisent à penser que la définition du management public, en lien avec le principe de responsabilité sociale, peut offrir un angle d'attaque intéressant dans le cadre de la compréhension des organisations, étant donné le rôle de l'espace public [27] dans les décisions managériales, dans les compétences exigées des agents et dans leurs actions. Nous retiendrons deux conséquences :

- **le niveau de responsabilité** des managers et des agents vis-à-vis du public impacte les pratiques de sanctions-récompenses. Autrement dit, plus la faute de l'agent a des conséquences néfastes sur le public, plus la sanction peut être importante (ex. : une sanction est spécifique lorsque l'erreur est celle d'un magistrat ou d'un policier car souvent la gravité de leur erreur devient importante du fait des répercussions et des réactions du public) ;

- **l'étendue et l'ascendant de l'espace public** rendent les liens plus ou moins importants entre les avancées de la discipline et ses conditions d'utilisation au sein des organisations. Nous pensons que ces liens existent toujours quelle que soit la discipline mais qu'ils seront plus importants si, et c'est le cas du management public avec les organisations de service public [28], c'est une discipline qui est fortement mobilisée et remise en question [29]. En temps normal, seules les parties prenantes internes « classiques » (direction, encadrement, personnel) d'une organisation peuvent intervenir sur les décisions de sanctions-récompenses. Lorsque les sanctions-récompenses s'inscrivent dans le cadre d'un management public, leur évolution se trouve influencée à la fois par les acteurs internes de l'organisation et par les acteurs externes (usagers et ses représentants, institutions, autres organisations de service public). La réaction du public peut amener les managers à modifier leurs décisions de sanctions-récompenses.

Nous choisissons de détailler l'influence de la réaction du public externe (citoyens) et non interne (agents). La figure suivante représente de manière

---

27. L'espace public correspond à ce qui touche les usagers et leurs représentants. On peut voir cela comme une pression supplémentaire pour les managers. Cette idée nous amène à poser les questions suivantes : peut-on comparer cette pression à celle qu'exerce un actionnaire ? Est-elle identique ? Peut-on toujours parler de management public ?

28. Cf. notamment depuis la multiplication des réformes.

29. Au sens positif du terme.

schématique, d'une part, l'importance du management public sur le système économique et social sociétal et, d'autre part, l'impact du domaine public sur le management public. Concernant l'influence des décisions des managers sur le domaine public, nous sommes tentée de faire référence, en plus des écrits de BURLAUD et LAUFER, à la position de PERROUX (1975)[30] pour qui **l'individu modifie son environnement sous l'effet de l'énergie** :

« *L'agent se transforme lui-même par l'expérience (learning) et transforme autrui, en l'influençant dans son proche environnement. L'énergie de transformation est inégale entre les agents. Leurs relations sont un mixte d'échanges libres et de rapports de force.* »[31]

De notre côté, il nous semble intéressant d'explorer comment le comportement des acteurs publics modifie les pratiques de sanctions-récompenses. À travers plusieurs études de cas, nous mettons en avant l'impact de l'opinion publique sur les décisions managériales, voire juridiques le cas échéant.

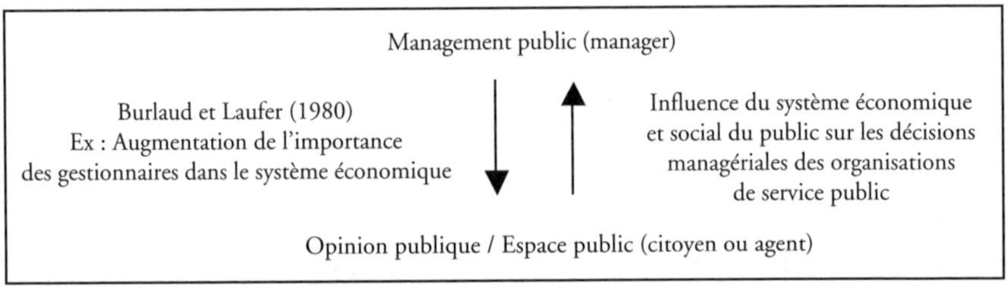

Figure 1. Influence réciproque entre management public et espace public

Cas d'étude

À partir de **quatre cas** que nous avons **retenus dans l'actualité**, nous tentons de montrer comment les organisations publiques et privées gèrent l'impact du domaine public dans leurs décisions de sanctions-récompenses. Nous tenons à montrer en quoi les décisions tiennent compte de

30. PERROUX F., *Unités actives et mathématiques nouvelles : révision de la théorie de l'équilibre économique général*, Dunod, 1975, 274 p.

31. SAVALL H., « Vers une transcendance des deux grands courants de la pensée économique : l'œuvre de François PERROUX », in *François Perroux. Le centenaire d'un grand économiste*, collectif, coordonné par BARRE R., BLARDONE G. et SAVALL H., Economica, 2005, 170 p., pp. 147-148.

l'opinion publique, en plus de la réglementation en vigueur. **La décision de sanctions-récompenses est plus ou moins importante selon l'intérêt que porte l'opinion publique à cette décision et sa capacité à agir sa position**. Dans les articles que nous présentons, l'opinion publique est soit directement visible, soit se distingue à partir des avis partiaux de l'auteur de l'article. Transposée à des cas internes, la décision de sanction-récompense justifiée ou non, prend surtout en compte le niveau de transparence de la décision vis-à-vis du public interne et externe de l'organisation.

Les différents cas que nous présentons montrent le rôle de l'espace public, notamment par l'intermédiaire de la médiatisation de l'affaire, dans la proportion des sanctions-récompenses.

Dans la **première étude** que nous proposons, alors que la réglementation de l'établissement public de type socio-éducatif indique l'exclusion de l'agent en cas de violence physique envers les enfants, l'usager « victime » de la faute professionnelle de l'agent ne paraît pas être fortement représenté. Au final, la sanction a été annulée alors qu'elle était initialement de deux ans d'exclusion sans sursis pour une fessée affligée à un enfant de 11 ans.

Cas d'étude n° 1 (source : *la Lettre du cadre territorial*, site territorial.fr)

Statut / Carrière (08/07/2005) – **Châtiment corporel : quelle sanction infliger ?**

Administrer une fessée « déculottée » à un enfant mineur d'un centre de rééducation est fautif mais ne peut légitimer la lourde sanction d'exclusion de deux ans. Un enfant de 11 ans accueilli dans un centre de rééducation avait accusé un cadre socio-éducatif de l'établissement de lui avoir infligé une fessée « déculottée ». Le cadre en question avait reconnu avoir donné une fessée à l'enfant mais niait l'avoir dévêtu. L'intéressé avait alors fait l'objet d'une sanction disciplinaire d'exclusion de deux ans sans sursis. La juridiction administrative a relevé que **l'agent avait enfreint le règlement de l'établissement** qui interdisait tout acte de violence physique envers les enfants accueillis (en application du code de l'action sociale et des familles). Toutefois, il a été considéré qu'à supposer même que soit établi le fait que la fessée ait été administrée « déculottée », « la **sanction** prononcée est, dans les circonstances de l'espèce, manifestement **disproportionnée au regard des faits reprochés** ». La décision de sanction a été annulée. (TA Nancy - 16 novembre 2004 - n° 040 1164 - X).

Le **deuxième cas** d'étude renforce le constat de la première. Deux articles rapportent le cas d'un agent de police ayant commis une faute dans l'exercice de ses fonctions en blessant lourdement un enfant avec son arme. Pour l'instant, une enquête est en cours, seuls des excuses ont été présentées et aucune sanction particulière n'a été attribuée à l'agent concerné. À travers un des articles relatant les faits, il est possible de voir la réaction du public : « *...Il faut que la sanction soit exemplaire et que le public le sache* ». Dans cette situation, l'opinion publique n'est représentée que par un petit groupe de citoyens et semble avoir peu d'influence sur la décision de sanctions.

Cas d'étude n° 2

La lettre du cadre territorial – **Flash-ball : un jeune perd un œil**

« Un jeune homme de 15 ans qui s'était réuni avec des amis dans un immeuble désaffecté a perdu un œil après avoir été touché par le tir d'un flash-ball d'un policier qui aurait oublié d'enclencher la sécurité. L'IGPN a été saisie. Le directeur de la sécurité présente ses excuses pour ce "malencontreux incident". »

Le Courrier de Mantes (13/07/2005) – **Un adolescent perd son œil : bavure policière ou accident ?**

[...] L'adolescent a reçu à bout portant une balle de caoutchouc tirée par un policier armé d'un flash-ball. [...]

Un des témoins : [...] « *...Il faut que la sanction soit exemplaire et que le public le sache* » [...]

La police : « C'est une triste affaire, un accident malheureux », reconnaît le directeur départemental de la sécurité publique [...]. « Le gardien de la paix est âgé de 26 ans. Il est habilité à l'usage du flash-ball depuis 2004. Il a été entendu lors de l'enquête interne. Il regrette terriblement ce qui s'est passé. »

Le directeur départemental de la sécurité publique confirme que l'arme n'était pas en position de sécurité. « Il est vrai que lorsqu'on court, avec cette arme, on prend des risques et que la sécurité doit être enclenchée par mesure de protection », ajoute-t-il.

La **troisième étude** porte sur les indemnités de départ allouées à l'ex-PDG de Carrefour ainsi que celles remises à l'ex-PDG d'Alstom. La lecture de l'article montre que la réaction du public (« au cœur d'une polémique », « Face à l'émoi provoqué », « l'émotion croissante ») dans le cas de Carrefour a contraint le PDG à se justifier publiquement et que la pression médiatique de la première affaire a incité le second PDG à refuser une partie de ses indemnités.

Cas d'étude n° 3 (source : LExpansion.com)

22/04/2005 – **Indemnités de départ : l'ex-PDG de Carrefour dans la tourmente**

[…] L'ex-PDG de Carrefour est au cœur d'une polémique, après les révélations sur ses indemnités de départ : 9,8 millions d'euros, plus une « retraite chapeau » qui a conduit Carrefour à provisionner 29 millions.

Face à l'émoi provoqué par l'ampleur de ses indemnités de départ, [D.B.] contre-attaque. Depuis la Chine, […] l'ex-PDG de Carrefour, débarqué en février dernier pour ne pas avoir su remonter le cours de Bourse du distributeur, a dénoncé un « amalgame ». Il a voulu rappeler qu'il « n'a pas touché 38 millions d'euros », la somme par qui le scandale est arrivé quand, mercredi, le nouveau patron de Carrefour, [L.V.d.V.], a révélé aux actionnaires les conditions de départ de son prédécesseur. [D.B.] a expliqué, sans rire, que les trois ans de salaire qui lui ont été versés, soit 9,8 millions d'euros, n'étaient « pas un cadeau » parce qu'il s'était engagé à ne pas « travailler dans un métier proche de Carrefour pendant quatre ans ». Quant au reste, c'est-à-dire la fameuse « retraite chapeau » pour laquelle Carrefour a provisionné 29 millions d'euros, il ne les touchera que progressivement, année après année. Il s'agit en fait d'un complément à sa pension, versé chaque année, et équivalent à 40 % de son dernier salaire – une pratique traditionnelle, mais dont les conditions sont plus avantageuses que d'ordinaire. Ces 29 millions d'euros correspondent à une durée de vie de 85 ans, alors que l'espérance de vie d'un homme en France est actuellement de 77 ans. [D.B.], qui en a aujourd'hui 58, pourrait donc toucher moins, mais aussi davantage.

[...] Devant la pression médiatique, l'ex-PDG d'Alstom avait été contraint, à l'automne 2003, de rendre les 4,1 millions d'euros qu'il avait reçus lors de son départ, alors qu'il avait laissé un groupe au bord de la faillite. Reste que l'émotion croissante suscitée par les émoluments astronomiques de [D.B.] pourrait l'obliger à changer d'avis. À droite comme à gauche, la classe politique a réagi violemment. [F. H.] a réclamé une loi pour interdire les « retraites chapeaux ». [P. C.], président UMP de la commission des lois à l'Assemblée, a annoncé qu'il allait déposer un amendement à la loi Breton pour que les indemnités de départ soient soumises à l'approbation de l'assemblée générale des actionnaires. Même certains des collègues patrons de [D.B.], à l'instar d'un [Y. J.], candidat à la présidence du Medef, se déclarent choqués. La polémique pourrait même déborder sur le terrain judiciaire. L'Appac, association des petits porteurs actifs, a en effet annoncé qu'elle envisageait de « porter plainte pour abus de bien social ». Cette stratégie avait été expérimentée avec succès dans le cas de [J.-M. M.].

Le **quatrième cas** expose les différentes sanctions prononcées à l'encontre d'agents de La Poste qui ont séquestré des cadres d'un centre de tri. Des sanctions juridiques indiquent, selon la plus ou moins grande participation des agents, des cas de transfert, d'exclusion temporaire et de licenciement. L'opinion publique semble dans ce cas être représentée par plusieurs syndicats de fonctionnaires réagissant aux décisions prononcées à l'encontre des agents. Une récente décision du tribunal, suspendant l'exclusion de certains postiers, semble montrer que les actions des organisations syndicales ont eu un impact sur les décisions de sanctions, en effet le tribunal administratif a estimé que « les sanctions étaient "de nature à bouleverser les conditions d'existence" des postiers suspendus en les privant de ressources »[32].

32. Article paru le 26 août 2005, « Le tribunal suspend l'exclusion des postiers », Le nouvel Obs.com

Cas d'étude n° 4 (source : Le Monde.fr)

29/07/05 – **Nouvelles sanctions contre des postiers de Bègles**

La direction régionale de La Poste de Bordeaux a annoncé, vendredi 29 juillet, sa décision de licencier un contractuel et d'exclure temporairement trois agents qui avaient « *séquestré* » des cadres du centre de tri de Bègles fin mai 2005. Les exclusions vont de un à six mois.

Quatre autres agents se voient sanctionnés par un déplacement d'office dans un rayon de 30 km. Cette décision intervient une semaine après la réunion du conseil local de discipline de La Poste, une commission paritaire constituée de représentants de la direction et du personnel. [...]

Six autres agents avaient déjà été exclus le 13 juillet par le conseil national de discipline pour des durées allant de trois mois à deux ans. Neuf des postiers ont, par ailleurs, été mis en examen pour « *séquestration de plusieurs personnes* », après une plainte de la direction.

Les syndicats SUDd-PTT, CGT et CNT-PTT, qui ont mené ces dernières semaines des actions et des mouvements de grève pour protester contre les sanctions, avaient dénoncé par avance le possible licenciement de F., 31 ans, l'agent contractuel qui a été le plus lourdement sanctionné par la direction.

Les militants parlent d'une « *criminalisation* » de l'action syndicale. Une accusation que rejette La Poste. L'entreprise dénonce les méthodes des syndicalistes mis en cause, étrangères selon elle à sa conception du dialogue social.

Le directeur du centre de tri de Bègles et quatre de ses adjoints, avaient été retenus une vingtaine d'heures par les postiers protestant contre un plan de réduction des effectifs. L'intervention du GIPN (groupe d'intervention de la police nationale) avait mis fin à leur action.

Ces cas montrent que l'importance de l'opinion publique (l'administré « isolé », médias, organisations syndicales...) influence le niveau et la nature des sanctions-récompenses. **Il existe un jugement pénal et public des sanctions-récompenses**. Dans leur ouvrage, Savall et Zardet (2005) présentent de nombreux exemples concrets des difficultés de « sanctions face aux défauts d'application des normes »[33] et de réaction de l'opinion publique vis-à-vis des sanctions-récompenses prononcées :

« Relaxe de dirigeants sur des salaires jugés excessifs »

« la société de défense des petits actionnaires déclarait à l'issue du verdict du procès Mannesmann que "ce qui n'est pas pénalement condamnable n'est pas forcément moralement recevable". »

Ces constats nous amènent à proposer une représentation schématique **des pratiques de sanctions-récompenses**, en ajoutant parmi les critères clés permettant de considérer l'efficacité d'une sanction-récompense sur les performances des acteurs, celui de la prise en compte par le manager de la réaction du public interne et externe sur la sanction ou la récompense attribuée (figure 2).

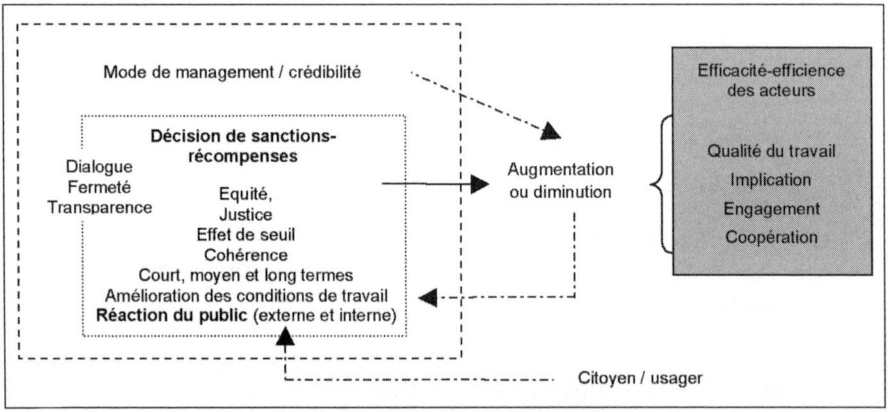

Figure 2. Impact de la responsabilité sociale sur les sanctions-récompenses

33. SAVALL H. et ZARDET V., *Tétranormalisation, défis et dynamiques*, Economica, 2005, 195 p., p. 83.

Bibliographie

BARTOLI A. *Le management dans les organisations publiques*, Dunod, 2005 (1997, 1re édition), 419 p.

BEZES P. « L'état et les savoirs managériaux : essor et développement de la gestion publique en France », in *30 ans de réforme de l'État. Expériences françaises et étrangères : stratégies et bilans*, sous la direction de Lacasse F. et Verrier P.-E., Dunod, 2005, 246 p.

CHANDLER A. D. *La Main Visible du Manager.* Paris, Economica, 1989. Cité par Laufer (1992).

CHEVALLIER J. *Le service public*, Presse Universitaire de France, Que sais-je ?, 2003, 128.

CHEVALLIER J. *Science administrative*, 1986, Presses Universitaires de France, Thémis, 607 p.

CLAUSTRE V. « Pourquoi étudier les grands auteurs en Management public ? », séminaire RECEMAP, 2-3 juin 2005, Lyon, animateur de l'atelier n° 1, introduction à la contribution de Martineau R. sur l'œuvre de « Adam Smith ».

DESMONS E. *La responsabilité pénale des agents publics*, Presse universitaire de France, 1998, 128 p.

GIBERT P. « Ménager la publicitude », Les Petits Déjeuners « Confidences », débats organisés par l'*Association des Amis de l'École de Paris du management*, séance du 27 avril 1994, 8 p.

GIBERT P. « Le management public », in Comprendre le management, Les formes du management, *Cahiers français*, n° 321, juillet-août 2004, pp. 58-63.

KRIEF N. *Les pratiques stratégiques des organisations sanitaires et sociales de service public. Cas d'expérimentation*, Thèse de doctorat en sciences de gestion, Université Lumière Lyon 2, février 1999, 397 p.

LAUFER R. « Sur ce qu'il y a de nouveau en management public », Actes de la 4e École d'Été sur l'Organisation, 11-18 juin 1992, in Le service public ? La voie moderne, 1995, 314 p.

LAUFER R., BURLAUD A. *Management public, gestion et légitimité*, Dalloz, 1980, 337 p.

LE DUFF R., ORANGE G. « Des objets et des valeurs en management public », in Valeur, marché et organisation, actes des XIVes *Journées nationales des I.A.E.*, tome 1, Nantes, 1998, coordonnées par Bréchet J.-P., Presses académiques de l'ouest, 576 p.

Lobet-Maris C., Nigot S., Henin L. « Valorisation des résultats de recherches COST. Des guichets uniques en quête de gestion », *Services fédéraux des affaires Scientifiques, Techniques et Culturelles*, 2002, 184 p.

Marco L. « Progrès ou stagnation du management ? », in *Nouvelles avancées du management*, L'Harmattan, 2005, 272 p.

Mintzberg H., *Structure et dynamique des organisations*, Éditions d'Organisation, 2003, traduction française de *The structuring of organizations*, Prentice-Hall, 1978., 434 p.

Orange G. « Management public », in *Encyclopédie de la gestion et du management*, sous la direction de Le Duff R., Orange G., Vailhen C.-A., Dalloz, 1999, 1644 p.

Perroux F., *Unités actives et mathématiques nouvelles : révision de la théorie de l'équilibre économique général*, Dunod, 1975, 274 p.

Savall H., « Vers une transcendance des deux grands courants de la pensée économique : l'œuvre de François Perroux », in *François Perroux. Le centenaire d'un grand économiste*, collectif, coordonné par Barre R., Blardone G. et Savall H., Economica, 2005, 170 p.

Savall H., Zardet V., *Tétranormalisation, défis et dynamiques*, Economica, 2005, 195 p.

Vayrou C. *Le management public : discours et fonctions*, Travaux et recherches PANTHÉON-ASSAS Paris II, 1995, 117 p.

Verpraet G. « La grammaire de la responsabilité publique : professionnelle, organisationnelle, institutionnelle », revue *Politiques et Management public*, volume 19, n° 1, mars 2001, pp. 185-201.

Source : « Les champs de la responsabilité », site Internet :

http://pedagogie.ac-toulouse.fr

Article du 20 juin 2005, « Le non-versement d'une prime n'est pas une sanction », *La Gazette des communes*, n° 1795 – 79. « Les sanctions disciplinaires sont définies par l'article 89 de la loi 84-53 du 26 janvier 1984.

Article paru le 26 août 2005, « Le tribunal suspend l'exclusion des postiers », Le nouvel Obs.com.

LES EFFETS DE LEVIER

dans l'apprentissage du management de proximité

Héloïse CLOET[1], *Hervé SAINT AUBERT*[2]

« Ces outils qui mettent les salariés sur le grill »[3]. Ce genre de titres accrocheurs sème un vent d'inquiétude chez tout salarié qui découvre les nouveaux modes d'évaluation (360°, assessment) en feuilletant la presse spécialisée. En dehors de capter l'attention, ils suscitent une réflexion sur la valeur ajoutée des innovations managériales en termes d'évaluation mais aussi d'accompagnement telles le 360° feedback, le coaching... Celle-ci doit être menée en tenant compte des facteurs explicatifs de leur émergence : les évolutions environnementales et organisationnelles ainsi que celles des rôles et des compétences attendues chez les populations clefs des entreprises ainsi qu'en précisant leurs conditions de mise en œuvre. Ceci est un pré-requis pour comprendre en quoi la combinaison de l'évaluation et du coaching peut être un puissant levier d'apprentissage individuel, collectif et organisationnel.

---

1. A.T.E.R en gestion, Université Panthéon Sorbonne (Paris I), Doctorante en Gestion des Ressources Humaines sous la direction des Professeurs J. Rojot et F. Bournois, cloet.heloise@wanadoo.fr

2. Vice-Président de CCinternational, cabinet conseil en organisation et ressources humaines. Il est co-auteur de l'ouvrage « Au cœur de l'entreprise » paru en 1999 aux éditions Village Mondial et a publié de nombreux articles au sein de publications professionnelles. Il a fait ses Études à l'Institut d'Études Politiques de Paris et à l'Université de Paris II (maîtrise en sciences économiques). Il a une expérience professionnelle en ressources humaines et en commerce dans une entreprise industrielle du secteur de l'automobile. hsaintaubert@hsa.fr

3. Liaisons Sociales Magazine (2002), « Ces outils qui mettent les salariés sur le grill », juin, p. 18-23.

LES ÉVOLUTIONS ENVIRONNEMENTALES ET ORGANISATIONNELLES

Les évolutions environnementales

L'environnement actuel des entreprises est de plus en plus exigeant, complexe, incertain. Au regard de la typologie d'EMERY et TRIST (1963), il est qualifiable de champ turbulent. Si le champ turbulent des aviateurs s'explique principalement par des variations de pression, celui des entreprises s'explique plutôt par la « surpressurisation. » La mondialisation des marchés et des entreprises, l'essor des N.T.I.C abolissent les frontières spatio-temporelles, la concurrence et l'activité s'intensifient. La diffusion des informations et des innovations s'accélère, son coût diminue. Le cycle de vie des produits comme celui des compétences se raccourcit (PROBST *et al.*, 1992)... Autre facteur de pression s'exerçant sur les entreprises : les attentes, parfois, souvent, antagonistes des stakeholders, en particulier celles des stakeholders primaires (CLARKSON, 1995) : les actionnaires, les clients, les salariés, les fournisseurs, la société civile.

Les actionnaires exercent une pression sur les dirigeants de sorte que l'un des objectifs stratégiques prioritaires de l'entreprise soit la création de valeur pour l'actionnaire (BOURNOIS, ROJOT, SCARINGELLA, 2003). L'offre surpassant la demande, le consommateur entend bien que l'on prenne en compte ses fantaisies. L'époque où Ford pouvait s'écrier qu'il ne ferait que des voitures noires fait office d'âge d'or pour les nostalgiques des périodes de vente facile. Aujourd'hui, le consommateur est à courtiser, à conquérir. Il s'attend de plus en plus à ce qu'on lui offre des produits de qualité, diversifiés et personnalisés. Les fournisseurs, eux-mêmes pressurisés par leurs clients, sont eux aussi, bien souvent, dans une logique d'âpre conquête et cherchent à développer des partenariats afin d'intégrer au mieux les contraintes de leurs clients. Parallèlement, les relations salariés-employeurs évoluent. Le niveau de formation des salariés augmente. La capacité à apprendre durablement et plus vite que les autres étant un avantage compétitif (BOURNOIS, ROJOT, SCARINGELLA, 2003), les entreprises ont de plus en plus à manager le savoir. Par ailleurs, les mentalités autocentrées des jeunes générations, moins dévouées et soumises que leurs aînés (CRAINER, DEARLOVE, 1999) ainsi que la pénurie des hauts potentiels accentuée par le papy boom (CRAINER, DEARLOVE, 1999) font de ces populations des enjeux de gestion (BOURNOIS, ROJOT, SCARINGELLA, 2003 ; CRAINER, DEARLOVE, 1999). L'entreprise devient « à la carte » (BOUCHIKI, KIMBERLY,

1999). On doit de plus en plus viser un équilibre entre la menée à bien de la stratégie d'entreprise et ce qui est important pour les individus qui la composent, c'est-à-dire la réussite de leur vie, professionnelle et personnelle (HESTERLEY, DERR, 1998 ; GIDDENS, 1991) Ceci implique le partage du pouvoir et des problèmes de la direction avec son personnel ainsi qu'une personnalisation du milieu du travail (BOUCHIKI, KIMBERLY, 1999). Enfin, la société civile, reléguée par les institutions attend de plus en plus que l'entreprise fasse preuve de responsabilité sociale (FROOMAN, 1999).

Ces évolutions, caractéristiques de l'époque postmoderne iront en s'accentuant. C'est, en effet, ce qui résulte d'études prospectives (MARQUARDT, BERGER, 2000). Dans la mesure où l'environnement évolue et que les entreprises sont tout à la fois actrices du changement et affectées par celui-ci, leurs structures évoluent.

Les évolutions organisationnelles

Les temps modernes associés à Charlie Chaplin aux prises avec la chaîne de montage et au personnage de Kafka se débattant contre l'administration judiciaire [4], sont plus globalement caractérisés par l'organisation pyramidale et la bureaucratie mécaniste qui puisent leurs fondements dans les travaux de TAYLOR (1911) et de WEBER (1922). Souvent décriées à cause de leurs lourdeurs, ces organisations ont été porteuses de gros progrès en leurs temps (ROJOT, 2003) : un extraordinaire effort de rationalisation, élément adjuvant à l'essor industriel et au développement économique, la capacité à gérer des individus en grand nombre, la diminution du népotisme au profit de la compétence... Aujourd'hui, en cette période postmoderne, elles ne sont toutefois plus adaptées à l'environnement majoritaire (BURNS, STALKER, 1966). Face à celui-ci, elles manquent d'adaptabilité et de réactivité. Aussi sont-elles remplacées par de petites structures décentralisées, organisées en centres de profit. Les structures s'aplatissent, les échelons hiérarchiques diminuent. Les organisations matricielles, en réseaux, en mode projet se font de plus en plus nombreuses (HESTERLEY, DERR, 1998). La coordination internationale, le recentrage sur le cœur de métier ainsi que l'outsourcing s'intensifient (FALCOZ, 2003).

Tout comme pour les perspectives d'évolutions environnementales, les évolutions organisationnelles envisagées vont dans le sens du renforcement des évolutions précitées. Les frontières interorganisationnelles et

4. KAFKA F., *Le Procès*.

intraorganisationnelles devraient continuer à s'estomper. Des structures complexes de type néomatriciel devraient se développer (GALAMBAUD, 2002 ; MARQUARDT, BERGER, 2000).

Au-delà des spécificités de chaque type d'organisations passées, actuelles et futures, la tendance évolutionnelle correspond donc au passage d'une organisation pyramidale à une organisation organique (BURNS, STALKER, 1966). Ces organisations ont valeur d'idéaux types. Leurs caractéristiques, en accord avec l'évolution de l'environnement peuvent être synthétisées de la façon suivante[5] :

←→

Environnement très stable **Environnement dynamique, changeant**

	Structures mécanistes	**Structures organistes**
Division du travail	Différenciation spécialisée en tâches fonctionnelles. Structure pyramidale	Réajustement et redéfinition continus à travers l'interaction avec les autres. Définition large des fonctions. Le problème doit être traité
Intégration des tâches individuelles à l'ensemble de l'organisation	Tâches spécifiques, circonscrites, pas mises en perspective par rapport au fonctionnement global de l'organisation	Placées et mises en perspective par rapport aux enjeux globaux de l'organisation. Contribution à l'objectif commun
Type de contrôle	Contrôle hiérarchique	Structuré en réseau
Type d'autorité	Formelle, c'est-à-dire hiérarchique Les supérieurs dictent les opérations et les comportements à avoir	Structurée en réseau. Située là où se trouve la connaissance. Le centre de l'autorité est donc changeant en fonction des problèmes à résoudre
Attribution des droits et des obligations	Liée à la fonction, elle est précise	
Circulation de l'information	Par les voies hiérarchiques	Dans tous les sens, structurée en réseaux
Détention de l'information	Les enjeux généraux de l'organisation sont seulement connus au sommet de la hiérarchie	L'omniscience n'est plus systématiquement attribuée à la direction

→

5. Tableau de synthèse réalisé à partir de ROJOT J. (2003), Théorie des organisations, Éditons Eska.

Suite

	Structures mécanistes	Structures organistes
Contenu des communications	Ordres, directives, décisions	Aide, informations
Type d'interactions	Verticales	Latérales surtout
Qualités recherchées chez les salariés	Loyauté, obéissance	Engagement, implication dans l'organisation
Critères de reconnaissance, de valorisation	Expérience Connaissances et qualifications acquises à l'intérieur de l'organisation. La position dans l'organisation	Adaptabilité, flexibilité. Expertise, connaissances. Affiliation dans les milieux industriels, commerciaux et techniques extérieurs à l'organisation. Engagement dans l'organisation, implication

Tableau 1. Les caractéristiques des structures mécanistes et organistes

La synthèse de ces évolutions environnementales et organisationnelles fait apparaître que celles-ci ont pour corollaire une évolution des rôles et des compétences dévolues aux hommes et aux femmes d'entreprises. Voyons plus précisément de quoi il s'agit.

LES ÉVOLUTIONS DE RÔLES ET DE COMPÉTENCES

Zoom sur ceux des populations jugées clefs par les organisations

Les évolutions de rôle et de compétences liées aux évolutions environnementales et organisationnelles précitées diffèrent en fonction du niveau hiérarchique des acteurs de l'entreprise. Précisons qu'aujourd'hui, l'évolution verticale de carrière correspond essentiellement à la voie managériale. Le leadership pipeline modèle (Charan, Drodder, Noel, 2001) retrace cette ascension en insistant sur les étapes et les transitions clefs d'une carrière : individual contributor, manager, manager of managers, functional manager, business manager, group manager, Enterprise manager. Il met en évidence le parcours des principales populations jugées clefs par les organisations [6] : les managers et les top managers (Hesterley, Derr, 1998 ; Bartlett,

6. Les autres populations jugées clefs par les organisations sont les experts de très haut niveau et, dans une moindre mesure, les chefs de projet.

GHOSHAL, 1997, 1994). La terminologie a volontairement été conservée en langue anglaise car les référentiels anglo-saxons tendent à s'imposer du fait de la mondialisation (MELKONIAN, 2002).

Les rôles attendus chez le top management peuvent être résumés comme suit :

Les activités et les tâches clefs	**La principale valeur ajoutée**
– Challenging embedded assumptions while establishing a streching opportunity horizon and performance standards – Institutionalizing a set of norms and values to support cooperation and trust – Creating an overarching corporate purpose and ambition	– Creating and embedding a sense of direction, commitment and challenge to people throughout the organization

Tableau 2. Les rôles attendus chez le top management (BARTLETT, GHOSHAL, 1997 p. 96)

Ces rôles sont sous-tendus par des compétences « soft ». Ils montrent que le management et/ou le leadership (LÉVY-LEBOYER, 2001 ; PETERS et AUSTIN, 1985 ; KOTTER 1990 ; et MOSLEY, PIETRI et MEGGINSON, 1996) sont les sésames de la direction d'entreprise. Aussi convient-il de s'intéresser plus spécifiquement à ces thématiques.

Les théories sur le leadership et le management

Les théories sur le leadership font partie des « incontournables » pour tout chercheur en sciences sociales (ROJOT, 2000 ; TOULOUSE, 1986). L'intérêt, le succès et les excès que connaît ce thème peuvent être résumés par ce que KETS DE VRIES (1995, p. 20) déclare à son sujet : « L'étude du leadership lui-même, qui est au moins aussi ancienne que la République de Platon, occupe toujours les colonnes des revues d'histoire, de psychologie, de sciences politiques et des revues traitant de l'entreprise ». La classification des travaux le concernant relève donc souvent « du casse-tête ». Elle apparaît multiple. Afin d'insister sur l'impact des évolutions environnementales et organisationnelles récentes sur les réalités managériales, nous distinguerons les théories dites « classiques » des théories contemporaines.

Les théories « classiques » sur le leadership et le management comportent trois principales approches : l'approche centrée sur les traits (STOGDILL,

1974), celle centrée sur les comportements (Blake Mouton, 1964 ; Likert, 1961) et enfin, celle centrée sur la situation (Tannenbaum, Schmidt, 1973 ; House, 1971 ; House, Mitchell, 1974 ; Fiedler, 1967 ; Hersey, Blanchard, 1977).

D'après l'approche centrée sur les traits, un leader efficace se distingue des leaders inefficaces grâce à ses caractéristiques individuelles. Celles-ci se répartissent en six catégories : les caractéristiques physiques, l'environnement social, l'intelligence, la personnalité, une forte motivation pour certains types de tâches, les habiletés sociales et interpersonnelles.

Cette approche se heurte à deux principales limites : le manque de validations empiriques d'une part, le fait de ne pas prendre en considération la variabilité des situations dans lesquelles le leader doit savoir faire preuve de ses capacités d'influence d'autre part.

L'approche centrée sur les comportements a mis en évidence que le comportement des managers varie selon deux dimensions indépendantes : l'orientation vers l'atteinte des objectifs, la production, les tâches à effectuer et l'orientation vers les personnes. Celle-ci se traduit, dans le comportement du manager, par un intérêt porté aux collaborateurs, par la volonté de créer un climat de travail sous-tendu par la confiance, le respect et le soutien mutuel. La combinaison de ces dimensions fait apparaître cinq styles de management : autocratique (orienté vers les résultats, pas vers les personnes), paternaliste (orienté vers les personnes, pas vers les résultats), anémique (orienté ni vers les résultats, ni vers les personnes), démocratique (orienté conjointement vers les résultats et les personnes) et enfin intermédiaire (sorte de compromis entre les deux orientations).

Cette approche a deux principaux intérêts. Premièrement, elle permet de positionner les managers en fonction de leur style de management (tels qu'ils se perçoivent mais aussi éventuellement tels qu'ils sont perçus). Deuxièmement, elle permet de dégager des axes de progrès en regard du style de management démocratique qui peut être considéré comme un idéal. Malgré son indéniable utilité opérationnelle, cette approche présente comme limite majeure l'absence de prise en compte de paramètres situationnels comme : le niveau de compétence des subordonnés, leur degré de motivation, le niveau de cohésion des membres de l'équipe, la personnalité de ses membres...

Contrairement à l'approche centrée sur les comportements, l'approche centrée sur la situation ne cherche pas à ériger un « one best way managérial ». Elle défend l'idée qu'un leader est efficace si son comportement est adapté à la situation dans laquelle il se trouve. Pour y parvenir, il convient tout d'abord d'effectuer un diagnostic de situation. Selon les différents partisans de cette approche, les grilles de lecture des situations varient. Certaines sont plutôt axées sur des variables propres au leader : son degré d'expérience, son niveau de connaissances, sa préférence pour un style de management donné... D'autres mettent surtout l'accent sur des facteurs propres aux subordonnés comme leur volonté d'assumer des responsabilités et de participer au processus de décision, leur niveau de compétence, leur locus de contrôle... D'autres enfin s'attachent surtout à des facteurs propres à la situation comme la nature du problème à résoudre, la culture organisationnelle, le temps alloué à la prise de décision...

Cette approche, en prenant en considération le contexte, pallie donc les principales critiques faites aux approches précédentes. Elle tient compte du contexte dans le but de pouvoir s'y adapter mais aussi, éventuellement, dans le but de le transformer. La connaissance des facteurs situationnels permet, en effet, au leader, d'influer sur ces facteurs afin de rendre la situation plus conforme à son style de leadership préférentiel. Elle présente toutefois l'inconvénient de ne pas prendre en compte les évolutions environnementales et organisationnelles récentes qui impactent les réalités managériales.

Avant de présenter les théories contemporaines sur le leadership et le management, théories plus à même de démontrer le nécessaire alignement entre évolutions environnementales, organisationnelles d'une part et les rôles et les compétences attendus des personnes clefs des organisations d'autre part, il est souhaitable de rappeler que le bon usage des théories sur le leadership et le management procède plus de l'agrégation ou de la constitution d'une grande « boîte à outils » que de la substitution. Les théories « classiques » demeurent effectivement utiles et utilisées. Tel un ophtalmologue qui choisit ses lentilles en fonction des besoins visuels de ses patients, il s'agit de se référer à l'approche la plus susceptible de répondre à l'angle de vue recherché.

De nombreuses recherches contemporaines sur le leadership prennent le charisme comme variable centrale d'analyse (Burns, 1978 ; Bass, 1985 ; Conger, Kanungo, 1987 ; Sashkin, 1988 ; Nanus, 1992). Le paradigme dominant devient néocharismatique. Ceci instaure une distinction majeure entre leadership et management, termes jusqu'alors assez interchangeables, et donne au leader un rôle transformationnel en plus d'un rôle transactionnel. Le leadership n'est plus, en effet, qu'un aspect du management (Lévy-Leboyer, 2001). De plus, contrairement à ce dernier qui comprend des dimensions administratives, symboles d'ordre et de stabilité, héritées de Fayol (1916), il véhicule une dimension dynamique propice au changement (Kotter, 1990). Ce point est illustré par le tableau suivant :

Leader	Manager
Établissement d'une orientation Développer une vision pour l'avenir et des stratégies pour la réaliser. Imprimer un mouvement, un changement constructif.	**Planification et définition du budget** Mettre en place des objectifs pour le mois ou pour l'année qui vient. Établir des étapes détaillées et un calendrier pour atteindre les objectifs. Allouer des ressources.
Informer à tous les niveaux Communiquer l'orientation aux équipes et à l'ensemble des stakeholders pour construire un engagement et des objectifs communs.	**Organisation et staffing** Définir une structure organisationnelle et des postes pour réaliser le programme de travail. Pourvoir les postes, déléguer le travail. Mettre en place des systèmes de contrôle du travail par rapport au planning.
Motivation et incitation Transmettre de l'énergie aux collaborateurs pour se maintenir dans la bonne direction en dépit d'obstacles.	**Contrôle – Résolution des problèmes** Contrôler l'avancée du travail par rapport au planning. Évaluer les écarts et résoudre les problèmes.

Tableau 3. Les oppositions entre leader et manager (adapté de Kotter[7])

Quant à l'adjonction d'un rôle transformationnel à un rôle transactionnel, il convient de rappeler que le leadership est « traditionnellement » considéré comme une transaction. Selon les résultats et le comportement de ses subordonnés, le leader les récompense ou les sanctionne au moyen d'augmentations salariales, de primes, de réprimandes, de mesures disciplinaires… Leur relation est fondée sur un échange de type contribution/rétribution, d'où la conception « transactionnelle ». Face à cette conception

7. Kotter J. (1990) J. "What leaders really do", *Harvard Business Review*, May-June, p. 113-130.

transactionnelle, la conception transformationnelle fait office d'utile complément. La vision transformationnelle du leadership développée par BASS (1990) comprend effectivement 4 dimensions particulièrement pertinentes pour évoluer dans un environnement « turbulent » : le charisme, l'inspiration, la considération et la stimulation.

Le charisme : le charisme aide le leader à définir une vision de l'organisation. Il favorise également l'identification des subordonnés au leader.

L'inspiration : cette dimension fait du leader une source d'inspiration pour ses subordonnés. Elle les incite au dépassement de soi et à la participation active au succès de l'organisation.

La considération : cette dimension se concrétise par la consultation des subordonnés lors de la prise de décision, par la prise en considération des différences individuelles entre les subordonnés. Elle se traduit aussi par un rôle de mentor auprès de ceux qui manifestent un besoin de soutien pour se développer.

La stimulation : cette dimension qualifie les actions du leader propices à l'évolution des subordonnés en termes de valeurs, de croyances et de techniques utilisées dans la résolution de problèmes...

Cette dernière dimension met en exergue une autre caractéristique des théories du leadership contemporaines : la prise en compte de l'intériorité des individus (HENRIET, 1993). C'est ainsi, par exemple, que KETZS DE VRIES (1994) s'intéresse au « théâtre intérieur des leaders » ; sorte de scénario inscrit en eux depuis l'enfance et qui détermine le cœur de leur personnalité, leur perception de la réalité et leurs comportements. C'est ainsi également que certains chercheurs se sont intéressés aux correspondances possibles entre efficacité du leadership et intelligence émotionnelle ; notion popularisée par GOLEMAN (2002), centrée notamment sur la connaissance et la gestion des émotions et modélisée de façon plurielle (GOLEMAN, 1998 ; MAYER, SALOVEY, 1997 ; BAR-ON, 1997; COOPER, SAWAF, 1997). Leurs travaux montrent effectivement que l'intelligence émotionnelle participe à l'efficacité du leadership. Les apports de l'intelligence émotionnelle à l'efficacité du leadership peuvent être synthétisés par le biais du tableau suivant.

Rôles du leader efficace	Apport de l'intelligence émotionnelle
Développer une vision de l'organisation partagée par ses membres et orientée vers la réalisation d'objectifs.	– Amélioration du processus de traitement de l'information. – Créativité accrue grâce à un état affectif positif (bonne humeur). – Connaissance des émotions permettant au leader d'évaluer leur impact sur son propre jugement. – Capacité d'influencer les émotions des suiveurs et d'encourager leur ouverture au changement.
Insuffler aux autres les connaissances nécessaires à la compréhension des activités et des comportements au travail.	– Amélioration de la prise de conscience et de la connaissance des problèmes rencontrés. – Création d'un climat émotionnel positif favorable à l'apprentissage.
Engendrer et maintenir l'enthousiasme, la sérénité et l'optimisme dans l'organisation ainsi que la coopération et la confiance mutuelle.	– Capacité d'évaluation et d'influence du climat émotionnel des suiveurs. – Capacité de distinguer les émotions exprimées par les suiveurs de celles qu'ils ressentent en réalité. – Proposition de solutions constructives susceptibles de créer et de maintenir un haut niveau de confiance mutuelle et de coopération. – Qualités interpersonnelles du leader.
Développer la flexibilité dans les processus de décision et de changement.	– Connaissance des émotions permettant d'agir sur celles qui interfèrent avec le processus de décision, et sur celles qui le facilitent. – Possibilité de reconsidérer un changement en cours, de proposer des solutions alternatives. – Possibilité de résoudre plusieurs problèmes à la fois du fait d'une perception accrue des liens existants parmi des informations divergentes.
Établir et maintenir une identité organisationnelle véhiculant du sens.	– Rôle des émotions pour repérer des normes et valeurs. – Le succès d'un management symbolique dépend en grande partie de l'expression émotionnelle. – La gestion de la culture organisationnelle est liée à la gestion des émotions.

Tableau 4. Contributions de l'intelligence émotionnelle à l'efficacité du leadership (d'après GEORGE 2000)[8]

8. GEORGE J.M. (2000) "Emotions and leadership: the role of emotional intelligence"; *Human Relations,* 53 : 8, p. 1027-1055.

Les rôles et les compétences attendus aujourd'hui chez les populations clefs des organisations, précédemment décrits par l'exploration des théories afférentes au management et au leadership mettent en exergue l'importance des capacités à susciter et conduire le changement, à véhiculer du sens à l'action, à animer et gérer des équipes... Le temps du commandement et de la gestion purement administrative est révolu. Les compétences « soft » deviennent un complément indispensable aux compétences techniques, voire les supplantent par leur importance dans certains cas.

Les évolutions environnementales, organisationnelles ainsi que celles qui sont attendues en termes de rôles et de compétences chez les populations clefs font apparaître la nécessité de « manager le changement et de changer le management » (Hunot, 2003). C'est dans cette optique que se sont mis en place des nouveaux modes d'évaluation et d'accompagnement.

NOUVEAUX MODES D'ÉVALUATION ET D'ACCOMPAGNEMENT : 360° FEEDBACK ET COACHING

Le 360° feedback

Le 360° feedback est un mode d'évaluation qui permet à l'évalué, généralement un manager de haut niveau, un dirigeant (Melkonian, 2002 ; Lepsinger, Lucia, 1997), ou encore un chef de projet, de recevoir du feedback sur ses performances, anonymement par les principaux niveaux avec lesquels il travaille (Ghorpade, 2000). Le terme de performance est à comprendre au sens élargi. Il comprend tout à la fois les résultats rétrospectivement observables et les comportements managériaux mis en œuvre pour les obtenir. L'accent est toutefois porté sur ces derniers (Waldman, Atwater, Antonioni, 1998 ; London, Smither, 1995). Les principaux niveaux avec lesquels l'évalué travaille correspondent à son ou ses responsable(s) hiérarchique(s), dans le cas d'une organisation matricielle, à ses pairs, ses collègues [9] et à ses subordonnés. Certains cas incluent également les fournisseurs et les clients, on parle alors de 540° feedback. À cette évaluation multi-sources est généralement jointe une grille d'autoévaluation afin

9. Dans notre acception, les pairs se distinguent des collègues. Ils ont tous le même niveau hiérarchique que l'évalué mais les pairs, contrairement aux collègues n'ont pas de relations professionnelles directes et régulières avec lui. Communément, les collègues font partie du même service ou du même comité de direction que l'évalué.

que l'évalué puisse comparer sa perception avec celles de ses principaux interlocuteurs (HANDY, DEVINE, HEATH 1996).

Ce mode d'évaluation a pour origine l'évaluation des cadets par leurs camarades dans la prestigieuse Académie de West Point au début des années 60 (MELKONIAN, 2002). Son émergence est aussi à mettre en relation avec les évaluations « bottom up », telles les enquêtes de climat social préconisées par le mouvement des relations humaines et le développement organisationnel (WALDMAN, ATWATER, ANTONIONI, 1998). Ce n'est toutefois que dans les années 80 que l'usage du 360° est popularisé dans les grandes entreprises américaines. À l'aube du XXIe siècle, le 360° y est bien implanté. Parmi les 500 entreprises recensées par *Fortune* en 1996, presque toutes l'utilisent. Celles-ci dépensent d'ailleurs, chaque année, des milliards de dollars pour mettre en œuvre cet outil (YAMMARINO, ATWATER, 1997). Après les États-Unis, le 360° a poursuivi son extension dans le monde anglo-saxon. Il a gagné le Royaume-Uni dès le début des années 90 et s'y développe depuis. Il a touché la France un peu plus tard, au milieu des années 90. Ce fut d'abord le fait de multinationales anglo-saxonnes désireuses de transplanter en France ce mode d'évaluation déjà en place dans d'autres pays (LÉVY-LEBOYER, 2000). Puis il parvint même à gagner les emblèmes de l'industrie française.

Au regard des évolutions environnementales, organisationnelles, de rôles et de compétences attendus précitées, ce développement s'explique par la nécessité de développer les compétences « soft », la pertinence de l'outil dans les organisations organiques où la seule évaluation hiérarchique perd de son sens (LONDON, BEATTY, 1993).

À ces explications majoritairement avancées dans la littérature académique et par les entreprises peuvent être ajoutées des raisons sur lesquelles on communique moins (MELKONIAN, 2002) : l'effet de mode, les comportements mimétiques motivés par la volonté de ne pas se démarquer des concurrents, la pression des consultants qui voient en ce mode d'évaluation un sésame pour développer des prestations d'accompagnement, coaching individuel, teambuilding... (WIMER, NOWACK, 1998), la pression des actionnaires, heureux de disposer d'un nouvel outil pour évaluer les dirigeants.

Ces explications d'ordre général peuvent être affinées en s'intéressant à la diversité des usages et des finalités du 360° ainsi qu'en précisant les effets positifs qui en sont attendus.

Le 360 ° peut servir deux buts principaux (ANTONIONI, 2000) conjugués ou distincts (MELKONIAN, 2002) : le développement et/ou l'évaluation des individus. Dans le premier cas, les individus sont censés développer leurs compétences soft à partir des feedbacks qu'ils ont reçus. Leurs résultats gardent généralement un caractère confidentiel. Dans le second cas, le 360° peut être lié au système de rémunération et à celui de gestion des carrières, utilisé dans le cadre de l'entretien annuel. Les résultats du 360° ne sont pas confidentiels, la hiérarchie et/ou les ressources humaines y ont accès.

Le 360° peut également être utilisé dans un cadre collectif ou dans un cadre individuel (MELKONIAN, 2002). Dans un cadre individuel, l'usage du 360° est ponctuel. Il concerne des individus considérés dans leur singularité, pas une « population de managers ». Ceux-ci sont évalués par le biais d'un 360° pour répondre à un besoin précis d'évaluation et ou de développement en vue d'une éventuelle promotion par exemple. Dans un cadre collectif, toute une population de managers est concernée. L'objectif est généralement d'évaluer et de faire progresser des managers d'un même niveau hiérarchique au regard d'un référentiel de compétences et de valeurs promues par l'organisation. Ce cas de recours est, par exemple, celui que l'on observe fréquemment dans les grands programmes de leadership.

La combinaison des dimensions individuelle et collective du recours au 360° avec ses deux principales finalités permet d'aboutir à une typologie porteuse de sens pour les entreprises comme pour les individus. Celle-ci peut être représentée sous la forme cartographique suivante :

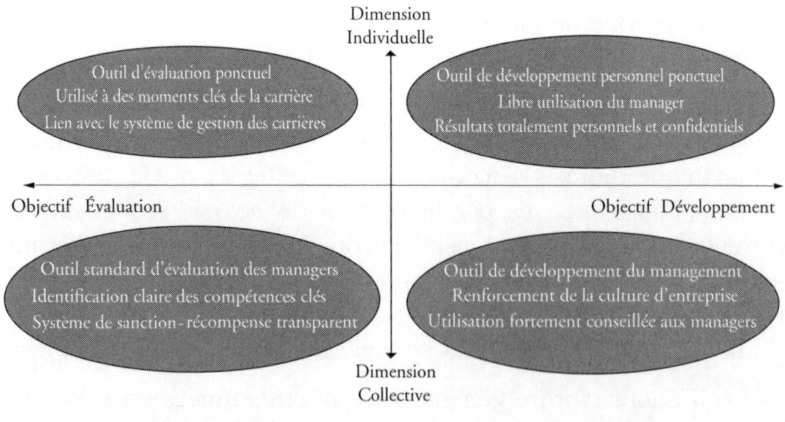

Figure 1. Cartographie des usages du 360° [10]

10. MELKONIAN T. (2002), L'appréciation managériale des cadres supérieurs et dirigeants : en quête de justice, de soutien et d'exemplarité, Thèse de doctorat, Université de Paris II, p. 88.

Les bénéfices escomptés de l'usage du 360° sont nombreux. Le 360° feedback offre à la personne évaluée des informations complémentaires à celles que fournissent les évaluations traditionnelles (ASFORD, 1993). Effectivement ces dernières portent principalement sur les résultats et sur les moyens de les améliorer alors que le 360° s'intéresse principalement aux compétences managériales mises en œuvre pour obtenir les dits résultats et aux moyens de les développer. L'instauration de ce type d'évaluation dévolu aux compétences « soft » représente aussi un signal fort pour les populations qu'il touche : les managers doivent se soucier de leurs compétences « soft ». Celles-ci sont désormais jugées fondamentales par leur environnement professionnel, elles impactent les évolutions de carrière (LONDON, SMITHER, 1995 ; ANTONIONI, 1996 ; ANTONIONI 2000, LÉVY-LEBOYER, 2000). Le 360° aide donc les managers à prendre conscience de ce que l'on attend d'eux, du sens dans lequel ils doivent évoluer. Si cette prise de conscience se fait au regard des compétences managériales recherchées, celles du référentiel de compétences établi en vue de l'évaluation, elle se fait aussi lors de la prise de connaissance de la synthèse du feedback multi-sources. Celle-ci leur fait, en effet, prendre conscience de l'image que leurs principaux interlocuteurs ont d'eux, de leurs points jugés forts et de ceux jugés faibles dans leurs relations professionnelles. Elle leur procure donc des axes de progrès comportementaux (LÉVY-LEBOYER, 2000 ; HANDY, DEVINE, HEATH, 1999 ; LONDON, SMITHER, 1995, LONDON, BEATTY, 1993). Pour que les axes de progrès comportementaux ainsi dégagés soient suivis d'effets notoires, que le manager se développe dans la direction souhaitée par son environnement professionnel tout en bénéficiant d'un plus grand sentiment d'épanouissement professionnel, il est toutefois nécessaire que le 360 ° permette au manager de modifier l'image qu'il a de lui-même, objectif difficile à évaluer et, le cas échéant à atteindre (LONDON, SMITHER, 1995 ; ALEXANDER, 2001 ; LÉVY-LEBOYER, 2000). Pour l'organisation, enfin, le 360° est un puissant outil de gestion du changement (HANDY, DEVINE, HEATH, 1999). En centralisant les résultats des personnes évaluées par 360°, elle a une vision claire des compétences existantes en plus de celles qu'elle recherche. En renouvelant périodiquement les évaluations 360°, elle a connaissance de la vitesse d'évolution des managers.

À la vue des bénéfices que la mise en place d'un 360° peut générer, la préconisation de cet outil se comprend. Des effets pervers sont cependant possibles. Aussi convient-il d'insister sur les conditions de réussite de sa mise en œuvre.

Ce mode d'évaluation n'implique pas forcément une remise en question et une volonté d'évolution. Par conséquent on constate qu'après avoir été évalués par 360°, certains managers ne changent pas d'un iota leurs comportements. Ils refusent la remise en cause, la nécessité de développement et tout engagement dans une démarche formelle de progrès (Maurer, Mitchell, Barbeite, 2002). Ce rejet peut être individuel ou collectif. Dans le cas où il est collectif, la population de managers peut se lier pour éviter la douleur de la remise en cause et des efforts de développement. En décriant la valeur ajoutée de l'outil, en arguant de la nature peu fiable des données recueillies, les managers peuvent neutraliser la finalité de changement et de développement du 360°. L'outil est alors réduit à une pure dimension administrative (Handy, Devine, Heath, 1999). *A contrario*, l'évaluation 360° peut affecter les comportements au point que les managers deviennent des experts de la gestion de leur image, qu'ils « fassent campagne » au mépris de la nécessité de prendre des décisions difficiles et impopulaires à la vue du bien de l'entreprise (Handy, Devine, Heath, 1999).

Afin d'augmenter les chances que le 360° apporte les bénéfices recherchés, certaines conditions de mise en œuvre sont à respecter.

Bien qu'il existe encore peu de recherches sur le développement des managers suite à un 360° feedback (Fletcher, Baldry, 1999 ; Maurer, Mitchell, Barbeite, 2002), il apparaît toutefois que des facteurs individuels (London, Smither, 1995 ; Ghorpade, 2000) comme des facteurs environnementaux (Noe, Wilk, 1993 ; Maurer, Tarulli, 1994 ; Ghorpade, 2000, Melkonian, 2002) freinent ou favorisent l'engagement dans des activités de développement managérial. Parmi les facteurs individuels, on note notamment l'influence de l'âge, de celles de la confiance en ses capacités de progrès, des croyances sur l'inné et l'acquis… Quant aux facteurs environnementaux, on peut citer comme conditions de succès : une communication claire de la part de l'organisation sur les objectifs de la mise en place du 360° (évaluation et/ou développement) (Wimer, Nowack, 1998 ; Ghorpade, 2000) et sur sa population cible (dimension individuelle ou collective), la cohérence des décisions concernant les finalités poursuivies, l'administration et la restitution du 360°, l'instauration de processus de soutien à la démarche consistant en des systèmes de sanctions/récompenses justes et équitables dans le cadre de l'évaluation, en l'offre de moyens de développement : formation, accompagnement… (Wimer, Nowack, 1999, Maurer, Mitchell, Barbeite, 2002). L'influence positive d'un climat de confiance, d'ouverture et de partage est également mentionnée (Ghorpade, 2000 ;

MAURER, MITCHELL, BARBEITE, 2002). Enfin, on insiste plus globalement sur l'importance des perceptions de justice procédurale, de soutien organisationnel (KONOVSKY, PUGH, 1994 ; MELKONIAN, 2003) ainsi que sur celles de soutien hiérarchique et d'exemplarité (MELKONIAN 2003).

La mise en place de processus d'accompagnement à la démarche 360° feedback apparaît donc comme un élément favorisant le développement des compétences « soft » des managers. Parmi ces processus, le coaching, sous toutes ses formes pourrait jouer un rôle clef. Après avoir défini cet accompagnement multi-facettes, nous expliciterons en quoi son couplage au 360° peut être considéré comme un puissant levier d'apprentissage. Cette explicitation s'appuiera sur les apports de la littérature et sur la présentation d'un cas réel où la combinaison d'outils d'évaluation et de dispositifs d'accompagnement s'est révélée être un puissant levier de développement individuel, collectif et organisationnel.

Le coaching

La Société Française de Coaching propose une définition générale, la plus consensuelle possible, du coaching. Selon elle, le coaching est « une pratique d'accompagnement des personnes ou des équipes pour le développement de leurs potentiels et de leurs savoir-faire dans le cadre d'objectifs professionnels. » Derrière cette définition fédératrice, se cachent de multiples conceptions et de multiples formes de coaching. Retracer l'historique du coaching en donne déjà un premier aperçu.

Le coaching provient des États-Unis. Il a pénétré les entreprises françaises depuis une quinzaine d'années. Il a eu le vent en poupe les toutes dernières années du XXe siècle et les 2, 3 premières du XXIe. Il connaît actuellement en France une période de stabilisation [11]. Les raisons invoquées pour expliquer son essor sont principalement l'essoufflement des formations traditionnelles au management, la demande croissante d'adaptabilité et plus généralement la demande de savoir être en plus du savoir technique (DELIVRÉ, 2002). À ses débuts, comme toute « profession » naissante, il fut le produit d'initiatives isolées. Celles-ci rencontrèrent le succès, aussi le coaching fut vite perçu comme un créneau à exploiter. La plupart des cabinets offrant des prestations comme l'outplacement, les bilans de

11. ELTCHANINOFF M.D., (2005), « Coaching, la fin de l'eldorado ? », *Courrier Cadres* n° 1591-21 juillet.

carrière, les bilans de compétences... insérèrent le coaching dans leur offre de services. Au sein des entreprises, des personnes furent dévolues à temps plein ou à temps partiel au soutien et au développement de leurs collaborateurs. Ainsi émergèrent les figures de coach interne et de manager coach (ROUSSILLON, 2002). Du fait de cet engouement pour le coaching, il devint nécessaire d'encadrer sa pratique, d'établir des critères de professionnalisme (normes, code de déontologie...) C'est à cette fin qu'a été créée en 1996 la Société Française de Coaching. Aujourd'hui, elle est concurrencée par d'autres organisations qui cherchent à s'imposer comme instance de référence (Syntec évolution professionnelle, la branche française d'International Coaching Federation...). Ces organisations ont pour missions principales la structuration et la promotion du coaching. En dépit de ces efforts de structuration et de promotion, le coaching n'a pas encore une image bien identifiée, des formes et des usages bien circonscrits. Son image reste liée aux métiers connexes à partir desquels il a pris son essor, ses conceptions et ses usages demeurent fort multiples. Aussi s'agit-il de souligner le dénominateur commun des diverses formes que peut prendre le coaching ainsi que de rappeler ses parentés avec les différents courants de gestion avant d'en présenter des typologies.

Le coaching recouvre des pratiques visant à initier et à faciliter des changements de comportements et de croyances en vue de meilleures performances individuelles et collectives. [Le terme de performance est à comprendre ici au sens élargi. Il comprend la performance économique, (rentabilité, compétitivité), la performance organisationnelle (compétence, cohérence, efficience,) et la performance sociale (synergie, implication des salariés, développement des potentiels, qualité de vie au travail) (FERICELLI, SIRE, 1996).] C'est une approche du changement essentiellement centrée sur les personnes et les équipes qui s'inscrit dans la mouvance du développement organisationnel (BURKE, 1982 ; BEER, WALTON, 1987), du développement personnel et managérial. Ce dernier est « une démarche d'accompagnement des personnes dans une évolution de leurs modes de relations avec les autres, avec les groupes, avec les situations et avec eux-mêmes. » (ROUSSILLON, 2001, p. 42). Il est insufflé par deux courants principaux et parallèles. Le premier tire sa source des recherches en psychothérapie et en psychologie. Le second provient de l'univers du conseil. Son essor date des années 70. Il s'est d'abord orienté vers la dynamique de groupe puis vers l'A.T, la PNL, les jeux de rôles, les séminaires « outdoors ». (ROUSSILLON, 2001). Le coaching en est la forme la plus récente et la plus personnalisée.

Après avoir présenté le dénominateur commun des différentes pratiques de coaching et ses parentés gestionnaires, il est souhaitable de dresser une typologie des formes et des usages qu'il peut prendre en entreprises. Ceci permet d'appréhender concrètement de quoi il s'agit.

Premièrement, le coaching peut être interne ou externe, individuel ou collectif. Lorsque le coaching est externe, il est réalisé par un prestataire de services extérieur à l'entreprise. *A contrario*, le coaching interne est réalisé par un coach salarié de l'entreprise. Certains considèrent le coaching interne comme un coaching de deuxième génération répondant à une logique de démocratisation (BAYAD, PERSSON, 2005). Le coaching interne est effectivement beaucoup moins coûteux que le coaching externe puisque d'aucuns jugent le coût d'un coaching externe comme à peu près équivalent à celui occasionné par la formation d'un coach interne. Le coût représente donc un avantage comparatif indéniablement favorable au coaching interne. Cependant, la prise en compte d'une pluralité de variables comme le degré de proximité culturelle, celui de la connaissance de l'entreprise, le positionnement face aux enjeux de pouvoir... partagent les avis. Certains sont des adeptes du coaching interne tel IBM, d'autres du coaching externe. D'autres encore sont favorables à une approche combinée de ces deux types de coaching jugés avant tout complémentaires (COSTES, JULIEN, 2001). C'est le cas, par exemple de Renault, la SNCF, EDF, Rank Xeros, Arthur Andersen, Ernst and Young... (BAYAD, PERSSON, 2005 ; RICHET, 2005). Ce point est d'ailleurs démonstratif de différences culturelles puisqu'en France, la préférence va au coaching externe alors que les entreprises anglo-saxonnes investissent surtout le coaching interne (BAYAD, PERSSON, 2005 ; VERNAZOBRES, 2005). Dans le même ordre d'idées, les pays anglo-saxons sont plus favorables au « manager coach » que la France (BAYAD, PERSSON, 2005 ; VERNAZOBRES, 2005). Le « coaching management » est une forme de coaching interne où le coach n'a pas pour fonction exclusive celle de coacher mais endosse un double rôle celui de coach et celui de manager. En France, effectivement, où la distance hiérarchique est forte (D'IRRIBARNE, 1989 ; HOFSTEDE, 1980 ;1991), ces deux rôles sont majoritairement jugés incompatibles (ROUVIN, 2004 ; DEVILLARD, 2001 ; MALAREWICZ 2003...) Le manager est considéré comme le « garant de l'opérationnel » (DEVILLARD, 2001), un « donneur d'ordres, un évaluateur de performances » (GIFFARD, 2003), alors que le coach est avant tout vu comme « un parrain de croissance » (DEVILLARD, 2001), « un facilitateur, un pédagogue. » (GIFFARD, 2003). Cette opposition peut toutefois être dépassée si on considère qu'un manager a aussi pour rôle celui d'aider ses collaborateurs à se développer et qu'à cette fin quelques compétences de coach peuvent lui être utiles (CHAVEL, 2003 ; DELIVRÉ 2002, FOURES 2003...).

Lorsque le coaching est individuel, le coach travaille avec une personne. Lorsque le coaching est collectif, le coaching travaille généralement avec une équipe. Dans ce cas, on parle de coaching d'équipe. Ces deux types de coaching exigent des compétences en partie distinctes. Le coaching d'équipe, à la différence du coaching individuel, nécessite, en effet, la connaissance et la maîtrise des processus de groupe (DELIVRÉ, 2002, LENHARDT, 2002, DEVILLARD, 2005). Sa valeur ajoutée porterait notamment sur sa capacité à démultiplier les effets du coaching individuel (ROUSSILLON, 2002), à ne pas heurter l'évolution d'un individu en proie à l'inertie d'un système qui le comprend, qui contrecarre ses initiatives. Il permettrait également une meilleure prise en compte de la complexité (CARDON, 2003). Certains assimilent volontiers coaching d'équipe et team-building (LANG, 2002 ; VERGNE-CORDONNIER, 2003). D'autres s'y opposent en invoquant que le team-building est une intervention de plus courte durée (STACKE, 2000 ; GIFFARD, 2003), voire une opération ponctuelle visant essentiellement la connaissance mutuelle des membres d'un groupe, l'émergence d'un esprit d'équipe (CARDON 2003).

Après avoir décrit les principales formes concrètes que le coaching peut prendre en entreprises, dressons une typologie susceptible de permettre de mieux cerner ses finalités et ses leviers d'action en faveur du changement. Pour ce faire, nous nous référerons à une typologie qui met l'accent sur les bénéfices que les coachés peuvent escompter (DEVILLARD, 2001).

- Le coaching de résolution

Le but du coaching de résolution est de libérer le potentiel d'un individu en proie à une difficulté ponctuelle ou récurrente tels : un manque d'assertivité, une mauvaise gestion du stress... Les techniques issues des thérapies brèves (Analyse Transactionnelle, P.N.L., Analyse Systémique...) sont souvent utilisées pour ce type de coaching.

- Le coaching de développement

Le coaching de développement vise à tirer le meilleur parti de ses qualités idiosyncrasiques. Il vise généralement aussi l'acquisition de compétences sociales et de compétences transverses, autrement dit, le développement des fameuses compétences « soft » ou managériales. Ce type de coaching a généralement lieu lors de nouveaux défis comme une prise de fonctions, en particulier si celles-ci sont à teneur managériale. Ce type de coaching peut déboucher sur du coaching d'équipe.

- Le coaching stratégique

Le coaching stratégique est destiné aux dirigeants et aux équipes de direction. Sa finalité est d'aider à la compréhension, au pilotage et à la transformation de l'entreprise (MAISONS, 1999). Ce type de coaching exige du coach de bonnes compétences en diagnostic de structure en plus de compétences psychologiques et managériales (DELIVRÉ, 2002).

Si le coaching, à l'instar du 360°, est porteur d'effets susceptibles d'accroître les capacités des individus à s'adapter aux exigences environnementales et organisationnelles, il est, là encore, comme le 360°, aussi porteur d'effets pervers. Premièrement, le coaching est une profession non réglementée. Comme il n'y a pas de barrières à l'entrée, il n'est absolument pas garanti que les personnes se déclarant coach aient les compétences requises pour exercer cette activité. Secondement, le coach peut chercher à installer le coaché dans une situation de dépendance afin de s'assurer une « rente de situation ». Troisièmement, le coach peut être membre d'une secte désireuse de s'infiltrer dans les entreprises ou à la solde de concurrents pensant obtenir par son intermédiaire des informations confidentielles. Peuvent aussi se poser des difficultés concernant la finalité du coaching. Celui-ci peut être utilisé dans un but de contrôle social (ROUSSILLON, 2002). Le coach peut, en effet, être instrumentalisé par le prescripteur. « De plus en plus les dirigeants veulent rentrer dans la tête des salariés pour pouvoir les soigner s'ils ne pensent pas comme eux. » (ROCHE, 2003). À l'inverse, le coaching peut se faire au mépris des intérêts de l'entreprise qui pourtant le financent. Dans ce cas, il peut prendre des allures de pur développement personnel ou de thérapie aux frais de l'entreprise. Les problèmes liés à la finalité du coaching renvoient au contrat tripartite qui lie le coach, le coaché et le prescripteur ainsi qu'aux objectifs déclarés du coaching. Réaliser un coaching en fonction des priorités de développement dégagées lors d'évaluations telles le 360° peut résoudre en grande partie ce problème. La combinaison de dispositifs d'évaluation et d'accompagnement peut effectivement être un puissant levier d'apprentissage individuel, collectif et organisationnel. Le cas suivant le prouve.

ÉTUDE DE CAS

Présentation du cas

Il s'agit d'une entreprise[12] fabriquant des produits de grande consommation à haute teneur d'innovation. Sa stratégie est celle de la différenciation concurrentielle. C'est une filiale d'un groupe anglo-saxon. Elle a une forte croissance depuis 10 ans. Son effectif a plus que doublé. Ses résultats économiques témoignent de bonnes performances. Une récente enquête d'opinion réalisée auprès de l'ensemble du personnel montre également que :

- 69,9 % des membres de cette entreprise se déclarent satisfaits d'y travailler.
- Les 2 critères jugés les plus motivants lorsqu'on y travaille sont :
  - l'intérêt du travail (cité par 61 % des répondants)
  - l'ambiance qui règne dans l'entreprise (citée par 53 % des répondants)
- Les 2 principaux critères de mécontentement sont :
  - les opportunités de carrière
  - la rémunération

Concernant les facteurs de motivation, le résultat portant sur l'intérêt du travail est corroboré par une réelle implication des salariés dans la recherche d'atteinte des objectifs de résultats et de processus (le nombre de personnes se déclarant intéressées par le fait de participer à des groupes de travail visant l'amélioration du fonctionnement de l'entreprise s'élève à 71 %, celui se déclarant participer activement à l'atteinte des objectifs d'intéressement est de 88 %). Ce résultat est aussi à mettre en regard avec la relation hiérarchique car celle-ci a généralement une forte valeur explicative de l'intérêt que l'on porte à son travail. Les résultats relatifs aux relations hiérarchiques font apparaître que les responsables directs sont perçus par leurs subordonnés comme justes avec eux à 75 %, acceptant l'erreur (non la faute) à 81 %, facilement disponibles pour les écouter à 71 % et compétents à 72 %. Les subordonnés déclarent également pouvoir

12. Pour des raisons de confidentialité, les éléments de reconnaissance de l'entreprise ont été modifiés ou tus.

compter sur le soutien de leur responsable direct à 75 % et avoir pu s'exprimer librement lors de l'entretien fixant leurs objectifs à 71 %, lors de l'entretien d'évaluation de performance à 64 %. Par ailleurs, 71 % des répondants déclarent avoir bénéficié d'un entretien de milieu d'année.

Outre la qualité des relations hiérarchiques et l'attitude manager coach des responsables directs, ceci montre que dans cette entreprise, l'entretien d'évaluation est considéré comme réellement important tant par les évaluateurs que par les évalués et les ressources humaines, chose rare. Effectivement, la plupart des recherches sur l'évaluation montre que l'entretien d'évaluation est une forte source d'attentes chez les évalués. Lorsque celui-ci est « bâclé », les personnes évaluées ressentent d'assez vives frustrations : de l'anxiété, de l'insatisfaction, de l'injustice (BURKE, WEITZEL & WEIR, 1978 ; BURKE & WILCOX, 1969 ; FLETCHER & WILIAMS, 1976 ; GRELLER, 1975 ; GRELLER, 1978 ; KORSGAARD & ROBERSON, 1995 ; KORSGAARD *et al.*, 1996 ; TAYLOR *et al.*, 1995). *A contrario*, les évaluateurs vivent généralement ce moment avec détachement, voire désintérêt sans se rendre compte de l'impact de leur comportement. Ceux-ci ont, en effet, tendance à s'imaginer que les entretiens d'évaluation qu'ils mènent sont participatifs, motivants, porteurs de perspectives de progrès alors que les évalués ont généralement l'impression que ces mêmes entretiens sont vagues, approximatifs et peu utiles (FULK, BRIEF & BARR, 1985 ; ILGEN, PETERSON, MARTIN & BOESCHER, 1981 ; NEMEROFF & WEXLEY, 1979). Le manque d'implication des managers dans l'évaluation de leurs subordonnés peut s'expliquer par différentes raisons. Premièrement les managers ne voient généralement pas de lien significatif entre les notations données à leurs subordonnés et les augmentations et les promotions accordées à ces derniers (NAPIER, LATHAM, 1981). Aussi, quelle différence y a-t-il à leurs yeux entre des évaluations riches et travaillées et celles faites « à la va-vite ». Secondement, beaucoup ne sont pas formés à cet exercice (LOCHER, TEEL, 1977 ; GOSSELIN, MURPHY, 1994 ; TREPO, ESTELLAT, OIRY, 2002) bien que la science ait démontré que la formation joue favorablement sur la qualité et l'efficacité de l'évaluation (IVANCEVITCH, 1982 ; TAYLOR *et al.*, 1995 ; GELLERMAN & HODGSON, 1988).

Quant au second facteur de motivation, l'ambiance, il est lui aussi à analyser à partir des relations hiérarchiques, mais également à partir de celles au sein de l'équipe, entre les équipes, entre les différentes divisions et fonctions. L'esprit d'équipe existe incontestablement au sein de cette entreprise ! 69 % des répondants estiment qu'une véritable coopération existe au sein de leur équipe. 59 % que la charge de travail y est équitablement répartie. 84 % qu'ils peuvent y exprimer leurs idées. 64 % jugent que la coopération interéquipe est bonne. 61 % que l'esprit d'équipe existe dans l'entreprise. Enfin, 85 % déclarent pouvoir communiquer facilement avec tout le personnel de l'entreprise. L'interprétation du second facteur principal de motivation nécessite aussi la prise en compte des variables portant sur les perceptions de justice, de respect, sur la confiance. 88 % des personnes de cette entreprise s'estiment respectées, 66 % d'entre elles pensent que leurs idées sont écoutées et prises en compte. 68 % estiment que leur travail est apprécié à sa juste valeur. 52 % déclarent pouvoir parler de ce qui ne va pas sans crainte. 85 % perçoivent un alignement entre les paroles et les actes de la direction.

Vis-à-vis des principaux facteurs de mécontentement, à la vue du secteur d'activité, les situations de plafonnement de carrière verticale n'ont rien d'étonnant. Cela ne met pas en cause la gestion de l'entreprise, jugée d'ailleurs satisfaisante à 70 %. Quant au mécontentement portant sur la rémunération, il convient de préciser que dans la majorité des enquêtes, la rémunération fait l'objet de critique du personnel sans que celui-ci soit particulièrement mal payé à la vue de comparaisons géographiques et sectorielles.

Autre caractéristique notoire de cette organisation, une forte culture de recherche d'amélioration continue. En témoignent l'instauration d'une boite à idées, la récompense et la mise en œuvre d'idées permettant à l'entreprise d'économiser ou de gagner plus d'argent, la mise en place de systèmes ayant fait preuve de gain d'efficacité dans les secteurs où la concurrence est féroce et l'amélioration continue une condition de survie comme c'est le cas, par exemple, chez les équipementiers automobiles. L'attestent également les dispositifs d'évaluation mis en place et leur couplage avec des dispositifs d'accompagnement.

L'enquête d'opinion précitée est réalisée tous les deux ans depuis près de 10 ans. Elle est toujours suivie de restitutions. Celles-ci sont faites au comité de direction, aux groupes de travail chargés de perfectionner le fonctionnement de l'entreprise et plus globalement à l'ensemble du personnel. Ces restitutions font l'objet d'un échange entre le personnel et les consultants ayant réalisé l'enquête, garants de la maîtrise de l'outil qu'est l'enquête et de la confidentialité du processus. Le personnel peut ainsi bien comprendre la façon dont les données ont été traitées, les résultats et s'approprier ces derniers. L'étape d'appropriation des résultats par les membres de l'entreprise débouche sur la mise en œuvre de plans d'amélioration décidés à différents niveaux : le comité de direction, les groupes de travail, les managers et leurs équipes... Les résultats des plans d'amélioration sont évaluables d'une enquête d'opinion sur l'autre.

Ce dispositif d'évaluation, d'aide à la compréhension et à l'appropriation des résultats et de mise en œuvre de plans d'action est complété par d'autres dispositifs davantage axés sur les personnes et les équipes.

Nous avons déjà mentionné le soin accordé aux entretiens d'évaluation dans cette entreprise. Il reste à mentionner à ce sujet que les entretiens d'évaluation de performance et de détermination des objectifs sont complétés par un entretien visant à déterminer le ou les formations les plus appropriées pour chaque salarié. Cette procédure a permis d'améliorer de façon notoire, entre 2004 et 2006, les résultats de l'enquête d'opinion concernant le chapitre formation. Plus de 70 % des répondants déclarent, en 2006, avoir reçu suffisamment de formation pour remplir leurs tâches.

En plus de ce type d'évaluation traditionnelle, l'entreprise a mis en place un 360° feedback accompagné de séances de coaching. Le 360 ° feedback touche tous les membres du comité de direction ainsi que leurs rapporteurs directs. Il vise le développement. Les résultats sont restitués de façon confidentielle à chaque personne évaluée en tête à tête par le consultant. Par la suite la personne évaluée partage les résultats clefs avec les personnes qu'elle a sollicitées pour l'évaluer. Elle peut aussi, si elle le souhaite partager certains de ses plans d'actions avec son supérieur hiérarchique et/ou les ressources humaines. L'outil 360° choisi correspond à un questionnaire. Il présente une grille d'autoévaluation et une grille d'évaluation destinée aux « observateurs » autrement dit, les responsables directs, les pairs, les collègues et les subordonnés. Ceci présente l'intérêt de permettre à la personne évaluée de comparer sa propre perception avec celles de son entourage. Autre caractéristique de l'outil, celle de fournir des résultats étalonnés à partir de larges bases de données présentant comme variables discriminantes : le secteur d'activité, la taille de l'entreprise, la région du monde concernée, la position hiérarchique de la personne évaluée et celles de ses évaluateurs... Ceci permet à la personne évaluée de connaître le positionnement de ses résultats par rapport à son environnement compris au sens large. L'outil présente aussi la particularité de proposer une évaluation des comportements en général et des comportements contextualisés. Ainsi après avoir défini ce que l'on entend par délégation, évaluer à quel point la personne délègue à partir d'une échelle de mesure, peut-on demander dans quelle(s) situation(s) la personne délègue le plus, le moins (situation de crise, au quotidien en période dite normale…). La combinaison de ce genre de questions permet d'approfondir l'analyse. Les questions du deuxième type présentent l'avantage de se rapporter à des situations concrètes. Les questionnaires d'auto-évaluation et d'évaluation ont par ailleurs été choisis en regard d'un questionnaire dit d'attentes. Celui-ci rempli par les membres du comité de direction a permis de dégager des priorités en termes de comportements managériaux. Il a donc permis de constituer un référentiel utile pour analyser les résultats et dégager des axes de progrès désirés par le manager et l'entreprise.

En dehors de l'attention accordée au choix de l'outil, il a été fait très attention à la communication préalable à son instauration. Ses finalités ont été très clairement explicitées. Les modes d'administration et de restitution ont été choisis en totale cohérence avec ses finalités. Les personnes allant participer au 360° ont été sensibilisées à la manière la plus pertinente d'aborder l'outil. On a, par exemple, insisté auprès d'eux sur le fait que les informations fournies par un 360° sont avant tout à considérer comme une aide pour se développer, que les caractéristiques d'un profil sont d'ordre comportemental et que les comportements sont, dans une certaine mesure, modifiables afin de gagner en efficacité, que les scores jugés hauts ou bas ne sont pas en soi bons ou mauvais, qu'ils sont à mettre en regard avec les attentes organisationnelles…

Autre point jugé clef auquel il a été accordé une très grande attention : la restitution. La restitution des résultats a eu lieu en tête à tête en deux séances. Elle a été complétée par des séances de coaching a proprement parler lorsque le besoin s'en est fait sentir. Elle a été menée par un consultant maîtrisant parfaitement les clefs de lecture de l'outil, formé aux techniques du feedback et plus globalement aux techniques de coaching. Ainsi le consultant a-t-il pu effectuer une restitution progressive des résultats, en prenant en compte les capacités plus ou moins grandes à recevoir du feedback de la personne évaluée. La restitution a fait l'objet d'un échange débouchant sur une interprétation fondée et partagée et sur des plans d'action répondant aux critères S.M.A.R.T. S pour spécifique, M pour mesurable, A pour attractif pour la personne qui entreprend le plan d'action, R pour réaliste et T pour déterminé dans le temps (Grant, Green, 2001). Un changement de comportement a en effet d'autant plus de chance de perdurer s'il apporte rapidement un bénéfice à celui qui s'est engagé dans cet effort. Il peut aussi nécessiter la remise en cause de certaines croyances

(Lenhardt, 1992). C'est pourquoi, il est souhaitable que le consultant accompagnant la personne évaluée dans la compréhension et l'appropriation de ses résultats ainsi que dans le développement de nouveaux comportements managériaux dispose de compétences de coach (compétences pour analyser l'intrapsychique, les relations interindividuelles…). Cet accompagnement individuel a été poursuivi par un coaching de l'équipe de direction. Au cours de celui-ci, les membres du comité de direction ont travaillé sur le profil médian de l'équipe de direction résultant de la prise en compte de tous les 360° individuels. Certains résultats clefs de ce profil médian sont représentés par le schéma suivant.

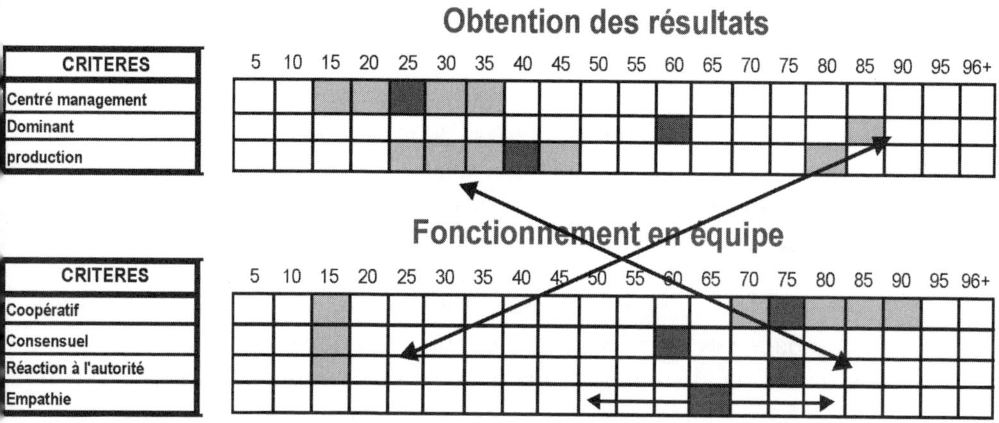

La case noire représente le profil médian, les cases grises différentes concentrations. Il apparaît donc que nombre de top managers ont un management très « team » autrement dit centré sur les personnes et qu'ils pourraient marquer une plus forte exigence sur les résultats, la production.

Ce type de constats a permis de compléter le référentiel des priorités managériales, de mettre en place des plans d'actions collectifs. Leurs résultats, tout comme ceux des plans d'actions individuels pourront être évalués par ceux qui les ont mis en œuvre lors d'un prochain 360°. C'est ainsi que le 360° et le coaching seront parfaitement intégrés à un processus d'amélioration continu et que le couplage de dispositifs d'évaluation et d'accompagnement représente un puissant levier d'apprentissage individuel, collectif et organisationnel.

Les principaux enseignements à tirer de ce cas

- Le couplage d'outils d'évaluation (enquête d'opinion, entretien d'évaluation, 360° feedback) et de dispositifs d'accompagnement (« coaching d'organisation » ou aide à la compréhension et à l'appropriation des résultats de l'enquête d'opinion, coaching individuel, coaching d'équipe et coaching management) peut se révéler un puissant levier de changement et d'apprentissage individuel, collectif et organisationnel.
- Les effets d'apprentissage sont renforcés et démultipliés par le fait d'agir de façon conjointe et cohérente aux niveaux : individuel, collectif et organisationnel.
- Tirer parti des résultats d'une évaluation de type enquête d'opinion, 360° feedback nécessite une restitution de qualité et la mise en œuvre de plan d'actions « S.M.A.R.T. ».
- La réussite de la mise en place d'un 360° est impactée par la communication précédant son introduction (clarté sur les finalités, la population cible envisagée mais aussi conseils prodigués sur la façon adéquate d'aborder l'outil). La réussite de sa mise en œuvre est également favorisée par la cohérence entre les finalités annoncées et les modes d'administration et de restitution du 360°, par l'existence préalable de relations de confiance au sein de l'organisation, l'exemplarité de la direction… Les conditions de réussite de la mise en place d'un 360° évoquées dans la littérature sont donc corroborées par ce cas.
- Il apparaît également que les bons résultats économiques de cette entreprise ainsi que sa culture, très ouverte au feedback, axée sur l'amélioration continue ont facilité sa mise en œuvre, que son efficacité est améliorée par la qualité de l'outil choisi et par les processus de suivi et bouclage instaurés (coaching et nouvelle évaluation à 360° pour mesurer les progrès accomplis).

Bibliographie

ALEXANDRE G. (2001), « L'évaluation "360°" : Que faire du goût des autres ? », *Études Entreprise & Personnel*, n° 214.

ANTONIONI D. (1996), "Designing an effective 360-degree appraisal feedback process", *Organizational Dynamics*.

ANTONIONI D. (2000), “360-degree Feedback: for a competitive edge”, *Industrial Management,* May-June.

ASHFORD S.J. (1993), “The feedback environment : an exploratory study of the use”. *Journal of Organizational Behavior, 14,* p. 201-224.

BAR-ON R. (1997), *Emotional Quotient Inventory. Technical manual,* Psychological Assessment Resources

BARTLETT C., GHOSHAL S. (1997), “The myth of the generic manager: new personal competencies for new management roles”, *California Management Review,* vol. 40, n° 1, p. 92-116.

BARTLETT C., GHOSHAL S. Nov/Dec., (1994), “Changing the role of top management: beyond strategy to purpose”, *Harvard Business Review,* vol. 72, n° 6, p. 79-90.

BASS B.M. (1985), *Leadership and performance beyond expectations,* New York, Free Press.

BASS B.M. (1990), « From Transactional to Transformational Leadership: Learning to Share the Vision », *Organizational Dynamics,* hiver, p. 19-31.

BAYAD M., PERSSON G. (2005), « Le coaching au service de la transformation managériale », in *Revue Internationale de Psychosociologie,* Vol. 11, n° 25, Automne, p. 63-91.

BEER M., WALTON A. (1987), « Organization Change and Development ». *Annual Review of Psychology,* n° 38, p. 339-367.

BLAKE R.R., MOUTON J. (1964), *The Managerial Grid,* Gulf Publishing Co., Houston, Texas.

BOUCHIKI H., KIMBERLY J.R. (1999), “L’entreprise à la carte : un nouveau paradigme de gestion pour le XXIe siècle », Montréal, *Revue Gestion,* vol. 24, n° 3, automne, p. 114-121.

BOURNOIS F., ROJOT J., SCARINGELLA J.L. (2003), *RH Les meilleures pratiques des entreprises du CAC 40,* Éditions d’Organisation.

BURKE R.J., WEITZEL W., WEIR T. (1978), “Characteristics of effective employee performance review and development interviews: replication and extension”. *Personnel Psychology, 31,* p. 903-919.

BURKE R.J., WILCOX D.S. (1969), “Characteristics of effective employee performance review and development interviews”. *Personnel Psychology, 22,* p. 291-305

BURKE W. (1982), *Organization Development: Principles and Practices,* Little, Brown, Boston.

BURNS J.M. (1978), *Leadership,* New York, Harper and Row.

BURNS T., STALKER G.M. (1966), *The Management of Innovation,* London Tavistock.

CARDON A. (2003), *Coaching d'équipe,* Éditions d'Organisation.

CHARAN R., DRODDER S., NOEL J.L. (2001), *The Leadership Pipeline: How to Build The Leadership Powered Company,* Jossey Bass.

CHAVEL T. (2003), *Profession: coach,* Éditions Demos.

CLARKSON M.B.E. (1995), "A Stakeholder Framework for Analysing Corporate Social Performance", *Academy of Management Review,* vol. 20, n° 1, p. 92-117.

CONGER J.A., KANUNGO R.A. (1987), « Toward a behavioral theory of charismatic leadership in organizational settings", *Academy of Management Review.*

COOPER R.K, SAWAF A. (1997) *Executives EQ: Emotional intelligence in leadership and organizations,* Grosset/Putnan.

COSTES A., JULIEN C. (2001), « Coaching des dirigeants, Huit ans de coaching interne chez IBM France », in *Actualités de la formation permanente,* n° 172, mai-juin, p. 38-45.

CRAINER S., DEARLOVE D. (1999), "Death of executive talent", *Management Review,* July-August, p. 17-23.

D'IRIBARNE P. (1989), *La logique de l'honneur – Gestion des entreprises et tradition nationale,* Éditions du Seuil.

DELIVRÉ F. (2002), *Le métier de coach,* Éditions d'Organisation.

DEVILLARD O. (2001), Coacher : efficacité personnelle et performance collective, Dunod.

DEVILLARD O. (2005), *Dynamiques d'équipes,* Éditions d'Organisation.

EMERY F.E, TRIST E.L (1963), « The causal texture of organisational environment » *Human Relations,* août, vol. 18, p. 20-26.

FALCOZ C. (2003), *Bonjour les managers. Adieu les cadres !,* Éditions d'Organisation.

FAYOL H. (1916), *General and Industrial management,* Pitman, Londres.

FERICELLI A. M., SIRE B. (1996), *Performance et Ressources Humaines,* Economica.

FIEDLER F.E.(1967), *A Theory of Leadership Effectiveness,* McGraw-Hill, New York.

FLETCHER C. BALDRY C. (1999), Multi-source feedback systems: a research perspective, *International Review of Industrial and Organisational Psychology, vol. 14.* Cooper and Robertson (Eds), Chichester: Wiley.

FLETCHER C., WILLIAMS R. (1976), "The influence of performance feedback in appraisal interviews". *Journal of Occupational Psychology, 49,* p. 75-83.

FOUES E. (2003), *Comment coacher,* Éditions d'Organisation.

FROOMAN J. (1999), "Stakeholder influence strategies" *Academy of Management Review*, avril, vol. 24, n° 2, p. 191-205.

FULK J., BRIEF A.P., BARR S.H. (1985), Trust-in-supervisor and perceived fairness and accuracy of performance evaluations". *Journal of Business Research, 13,* p. 301-313.

GALAMBAUD B. (2002), « Le management des hommes au temps de l'entreprise ouverte », *note d'orientation triennale d'Entreprise &Personnel, décembre.*

GELLERMAN S.W., HOGDSON W.G. (1988), "Cyanamid's new take on performance appraisal". *Harvard Business Review,* p. 36-37, 40-41, mai-juin.

GEORGE J.M. (2000) "Emotions and leadership: the role of emotional intelligence"; *Human Relations,* 53: 8, p. 1027-1055.

GHORPADE J. (2000), "Managing five paradoxes of 360-degree feedback", *Academy of Management Executives,* vol. 14, n° 1.

GIDDENS A. (1991), *Modernity and self-Identity- Self and Society in the Late Modern Age,* Stanford (Ca), Stanford University Press, Cambridge, Polity Press.

GIFFARD M. (2003), *Coaché !* Éditions d'Organisation.

GOLEMAN (1998), "What makes a leader?", *Harvard Business Review,* vol. 76, p. 93-102.

GOLEMAN D., BOYATIS R., MCKLEE A. (2002), *L'intelligence émotionnelle au travail,* Village Mondial.

GOSSELIN A., MURPHY K.R. (1994), "L'échec de l'évaluation de la performance", *Gestion,* septembre.

GRANT A.M., GREEN J. (2001), *C'est votre vie, qu'allez-vous en faire ? Coachez-vous !,* Pearson Education.

GRELLER M.M. (1975), "Subordinate participation and reactions to appraisal interview". *Journal of Applied Psychology, 60,* p. 544-549.

GRELLER M.M. (1978) "The nature of subordinate participation in the appraisal interview". *Academy of management Journal, 21,* p. 646-658.

HANDY L. DEVINE M. HEATH L. (1996), *Feedback – Unguided missile or powerful weapon?* Ashridge Management Research Group: Ashridge Management College.

HANDY L. DEVINE M. HEATH L. (1999), Le 360° : un outil pour développer les managers. INSEP Éditions. Cette publication est la version française du rapport déjà cité *: Feedback – Unguided missile or powerful weapon?* Ashridge Management Research Group: Ashridge Management College, 1996.

HENRIET B. (1993), *Leadership et Management,* Éditions Liaisons, Option gestion.

HERSEY P., BLANCHARD K.H. (1977), *Management of Organization Behavior: Utilizing Human Resources,* 3e édition, Prentice Hall, Englewood Cliffs, N.J.

HESTERLEY W., DERR B. (1998), « Le management des cadres à haut potentiel à l'ère du changement », in BOURNOIS et ROUSSILLON, *Préparer les dirigeants de demain,* Éditions d'Organisation, p. 83-96.

HIGY-LANG C., GELLMAN C. (2000), *Le coaching,* Éditions d'Organisation.

HOSTEDE G. (1980), *Culture Consequences,* Beverly Hills, CA : Sage.

HOSTEDE G. (1991), *Culture and Organizations: software of the Mind,* London, McGraw-Hill.

HOUSE R.J. (1971), "A Path Goal Theory of Leadership Effectiveness", *Administrative Science Quarterly,* septembre, p. 321-339.

HOUSE R.J., MITCHELL T.R. (1974), "Path-Goal Theory of Leadership", *Journal of* Contemporary Business, automne, p. 81-97.

HUNOT F. (2003), *Manager le changement et changer le management... : L'incroyable histoire d'Alain Sertitude,* Éditions Liaisons.

ILGEN D.R., PETERSON R.B., MARTIN B.A., BOESCHER D.A. (1981), "Supervisor and subordinates reactions to performance appraisal sessions". *Organizational Behavior and Human Performance, 28,* p. 311-330.

IVANCEVITCH J.M. (1982), "Subordinates' reactions to performance appraisal interviews: a test of feedback and goal-setting techniques". *Journal of Applied Psychology, 67,* p. 581-587.

KETS DE VRIES M.F.R. (1994). "Le leadership Mystique", *Academy of Management Executive,* vol. 8, n° 3, p. 73-92.

KETS DE VRIES M.F.R. (1995), *Leaders, fous et imposteurs,* Éditions Eska.

KONOVSKY M., PUGH S.D. (1994), "Citizenship behavior and social exchange". *Academy of Management Journal,* 37, pp. 656-669.

KORSGAARD M.A., ROBERSON L. (1995), "Procedural justice in performance evaluation". *Journal of management, 21* p. 657-699.

KORSGAARD M.A., ROBERSON L., RYMPH D. (1996), "Promoting fairness through subordinate training: the impact of communication style on manager's effectiveness". Papier présenté au meeting annuel de the Society for Industrial and Organisational Psychology, San Diego, SA.

KOTTER J. (1990), "What leaders really do", *Harvard Business Review,* May-June, p. 113-130.

LENHARDT V. (1992), *Les responsables porteurs de sens : culture et pratique du coaching et du team building*, Insep consulting ,

LEPSINGER R., LUCIA A.D. (1997), *The art and science of 360-degree feedback*. San Francisco: Jossey-Bass, 17.

LÉVY-LEBOYER C. (2000), *Le 360°, outil de développement personnel*. Éditions d'Organisation, Paris

LÉVY-LEBOYER C. (2001), "Comment choisir et former des leaders" in LEVY-LEBOYER C. *et al.* (dir), *RH Les apports de la psychosociologie du travail*, Éditions d'Organisation, p. 329-343.

LIKERT R. (1961), *New Pattern of Management*, McGraw-Hill, New York.

LOCHER A.H., TEEL K.S. (1977), "Performance appraisal: a survey of current practices". *Personnel journal, 56*, p. 245-247 et 254.

LONDON M., BEATTY R.W. (1993), "360-degree feedback as a competitive advantage". *Human Resource Management, 32*, pp. 353-372.

LONDON M., SMITHER J.W. (1995) "Can multi-source feedback change perceptions of goal accomplishment, self-evaluations, and performance-related outcomes? Theory-based applications and directions for research." *Personnel Psychology*, 48.

MAISONS C. (1999), *Le coaching stratégique : pilotage et transformation des entreprises et des organisations*, Maxima.

MALAREWICZ J.A. (2003), *Réussir un coaching- Grâce à l'approche systémique*, Village Mondial.

MARQUARDT M.J., BERGER N.O. (2000), *Global Leaders for the 21st Century*, State University of New York Press ; Éléments de prospective esquissés dans le cadre des travaux de la chaire "Dirigeance d'Entreprise" de l'ESCP-EAP.

MAURER T.J., MITCHELL D.R.D., BARBEITE F.G. (2002) "Predictors of attitudes toward a 360-degree feedback system and involvement in post-feedback management development activity", *Journal of Occupational and Organizational Psychology*, 75, pp. 87-107.

MAURER T.J., TARULLI B.A. (1994), "Investigation of perceived environment, perceived outcome and person variables in relationship to voluntary development activity by employee", *Journal of Applied Psychology*, 79, pp. 3-14.

MAYER J.D., SALOVEY P. (1997), "What is emotional intelligence ?", in SALOVEY P., SLUYTER D. (Eds), *Emotional development and emotional intelligence: Implications for educators*, Basic Books.

MELKONIAN T. (2002), L'appréciation managériale des cadres supérieurs et dirigeants : en quête de justice, de soutien et d'exemplarité, Thèse de doctorat, Université de Paris II.

MOSLEY D., PIETRI P., MEGGINSON (1996), *Management Leadership in Action,* New York, Harper Collins.

NANUS B. (1992), *Visionary leadership – Creating a compelling sense of direction for your organization,* San Francisco, Jossey Bass.

NAPIER N.K., LATHAM G.P. (1986), "Outcome expectancies of people who conduct performance appraisals". *Personnel Psychology, 39,* p. 827-837.

NEMEROFF W.F., WEXLEY K.N. (1979), "An exploration of the relationship between performance feedback interview characteristics and interview outcomes as perceived by managers and subordinates". *Journal of occupational Psychology, 52,* p. 25-34.

NOE R.A., WILK S.L. (1993), Investigation of the factors that influence employees' participation in development activities". *Journal of Applied Psychology,* 78, pp. 291-302.

PETERS T., AUSTIN (1985), *A passion for Excellence,* London, Fontana.

PROBST G., BRUGGIMANN O., MERCIER J.Y., RAKOTOBARISON A. (1992), *Organisation et Management,* tome 3, Éditions d'Organisation.

RICHET A. (2005), *Le coaching en interne,* Demos.

ROCHE (2003), cité dans *Liaisons Sociales, Liaisons* « La psymania gagne les entreprises », janvier, n° 38, p14-23.

ROJOT J. (2000), "les théories et leur portée", *Personnel,* n° 407, février, p. 17-20.

ROJOT J. (2003), *Théorie des organisations,* Éditions Eska.

ROUSSILLON S. (2002), « Le coaching, relation d'aide et/ou outil de contrôle social ? », *Management et Conjoncture Sociale,* n° 615, p. 65-74.

ROUSSILLON S. (2002), « Le coaching, une alternative à la formation et au conseil », *Management et Conjoncture Sociale,* n° 615, p. 6-15.

ROUSSILLON S. (2 juillet 2001), « Le développement personnel et managérial », *Management et Conjoncture Sociale,* n° 608, p. 42-59.

ROUVIN A. (2004), *Clés pour le coaching,* Maxima.

SASHKIN M. (1988), "The visionary leader" in CONGER J.A et R.A KANUNGO (Eds), *Charismatic leadership: the elusive factor in organizational effectiveness,* San Francisco, Jossey Bass.

STACKE E, COSSON P. (2000), *Le coaching d'entreprise : performance et humanisme,* Village Mondial.

STOGDILL R.M. (1974), *Handbook of leadership,* Free Press, New York.

TANNENBAUM R., SCHMIDT W.H. (1973), "How to choose a Leadership Pattern", *Harvard Business Review,* mai-juin, p. 162-180.

TAYLOR F.W. (1911), *Les principes de la direction scientifique du travail.*

TAYLOR M.S., TRACY K.B., RENARD M.K., HARRISON J.K., CARROLL S.J. (1995), "Due process in performance appraisal: a quasi-experiment in procedural justice". *Administrative Science Quaterly,* 40, p. 495-523.

TOULOUSE J.M. (1986), « À propos de leadership », *Revue québécoise de psychologie,* vol. 7, n° 1-2, p. 209-221.

TRÉPO G., ESTELLAT G., OIRY E. (2002), *L'appréciation du personnel : Mirage ou Oasis.* Éditions Organisation.

VERGNE-CORDONIER C. (2003), *Enquête de terrain sur le coaching,* Maxima.

VERNAZOBRES P. (2005), « Le coaching, une pratique de management entre visée humaniste et utilitarisme gestionnaire », *Mémoire propédeutique,* LIPSOR.

WALDMAN D.A., ATWATER L.E., ANTONIONI D. (1998), "Has 360-degree feedback gone amock ?" *Academy of Management Executives,* vol. 12, n° 2.

WEBER M. (1922), *Économie et Société.*

WIMER S, NOWACK K.M. (1998), "13 Common Mistakes Using 360°-Degree Feedback", *Training & Development,* pp. 69-80, May.

YAMMARINO F.Y., ATWATER L.E. (1997), "Do managers see themselves as others see them ?" *Organizational Dynamics,* Spring, pp. 35-44.

COMPÉTENCES ÉMOTIONNELLES ET CAPACITÉS D'APPRENTISSAGE DES DIRIGEANTS

Le cas d'une entreprise française de service

Cécile DEJOUX[1], *David ANSIAU*[2]
Heidi WECHTLER[3]

L'intelligence émotionnelle représente une thématique largement conceptualisée, mesurée et testée dans la littérature anglo-saxonne depuis une dizaine d'année (i.e. SALOVEY et MAYER, 1990 ; MAYER et SALOVEY, 1993, 1995, 1997 ; GOLEMAN, 1995 ; BAR-ON, 1997). En France, peu de chercheurs

---

1. Cécile DEJOUX est maître de Conférences en Sciences de Gestion au CNAM Paris. Elle enseigne en Master 2 au CNAM et à l'IAE Université Paris 1 Sorbonne. Rattachée au laboratoire de recherche GREGOR (Groupe de REcherche en Gestion des ORganisations – IAE de Paris), ses recherches portent principalement sur la gestion des compétences et les outils RH. Elle est responsable national de la Licence RH du réseau CNAM. Elle a publié différents articles de recherche dans des revues scientifiques et des ouvrages : *Le management par les compétences : le cas Manpower*, Éd. Pearson (2005) ; *La gestion des compétences*, http://www.e-theque.com (2003) ; *Les compétences au cœur de l'entreprise*, Éd. Organisation, (2001). Email cecile.dejoux@cnam.fr

2. David ANSIAU a réalisé une thèse de doctorat en psychologie à propos des relations entre le vieillissement cognitif et les expériences cognitives et non cognitives de travail. Actuellement, il développe un projet de recherche concernant les relations entre compétences émotionnelles, affect et prise de décision. Depuis janvier 2006, il travaille au sein de l'International University of Monaco, en tant que Professeur de Management. International University of Monaco, Department of International Management and Marketing. Email : dansiau@monaco.edu

3. Heidi WECHTLER est ingénieure d'études statistiques au GREGOR (Groupe de REcherche en Gestion des ORganisations) de l'IAE de Paris. Participant aux études du laboratoire, ses recherches s'orientent de manière transversale dans les sciences de gestion. IAE Université Paris 1 Sorbonne, Laboratoire de recherche GREGOR – IAE Université Paris 1 Sorbonne, Email : wechtler.iae@univ-paris1.fr

se sont intéressés à ce courant de recherche. Les principaux travaux sur ce thème ont été réalisés par Gond et Mignonac, 2002 ; Mignonac, Herrbach, Gond, 2003 ; Thiébault, 2004. Aucune étude empirique significative à ce jour n'a été menée.

Pourtant, dans les organisations françaises, l'intelligence émotionnelle est incontestablement un thème à la mode cherchant à s'imposer dans les pratiques de gestion. Le cabinet Hay propose aux entreprises d'intégrer dans leurs modèles de rémunération l'évaluation des compétences émotionnelles sur la base des travaux et des échelles de mesure de Goleman. Le leader des tests de recrutement, les Éditions du Centre de Psychologie Appliquée (ECPA), expose, dans son catalogue 2005, un outil de détection et d'évaluation du potentiel émotionnel à partir des travaux de Bar-On (EQ-i) sur les compétences émotionnelles. Ces exemples montrent qu'il semble opportun de rappeler les fondements théoriques du concept d'intelligence émotionnelle et d'envisager dans quelle mesure il peut être traduit en mode opératoire dans les pratiques RH.

Tout d'abord, cet article s'attache à présenter le concept de compétence émotionnelle en s'interrogeant sur sa proximité avec le concept de capacité d'apprentissage. Ensuite, il tente de déterminer s'il existe un lien entre les compétences émotionnelles et les capacités d'apprentissage. Trois hypothèses de recherche sont testées : L'hypothèse 1 affirme que les compétences émotionnelles sont différentes pour les managers et les dirigeants. L'hypothèse 2 affirme que les capacités d'apprentissage sont différentes pour les managers et les dirigeants. L'hypothèse 3 souligne l'existence d'un lien entre les compétences émotionnelles et les capacités d'apprentissage.

L'apport principal de ce papier consiste à tester ces hypothèses dans une seule entreprise sur l'ensemble des populations des managers et des dirigeants. Cette étude de cas est traitée par des analyses statistiques. Les évaluations des échelles des compétences émotionnelles et des capacités d'apprentissage ont été remplies par les supérieurs hiérarchiques qui sont chargés de mener habituellement les entretiens professionnels.

Compétences émotionnelles

Le courant sur « l'Intelligence Émotionnelle » en tant que nouvelle approche du Leadership s'impose progressivement dans les entreprises et dans la recherche aux États-Unis. En janvier 2004, la revue *Harvard Business Review* a consacré son numéro « *Inside the Mind of the Leader* » à la compréhension et aux enjeux de cette nouvelle tendance dans l'évaluation des compétences des dirigeants qui se focalise principalement sur la maîtrise de l'émotion et des sentiments.

Mayer et Salovey (1993, 1995, 1997) et Salovey et Mayer (1990) sont les fondateurs du concept d'intelligence émotionnelle. Ces auteurs définissent l'intelligence émotionnelle de la manière suivante : « *l'intelligence émotionnelle comprend l'habileté à percevoir précisément, évaluer et exprimer les émotions ; l'habileté à accéder et/ou ressentir les sensations quand elles facilitent la pensée ; l'habileté à comprendre les émotions et la connaissance émotionnelle ; et l'habileté à réguler les émotions pour favoriser le développement émotionnel et intellectuel* »[4]. Leurs recherches scientifiques les opposent aux travaux de Goleman (1995) qui se positionne dans une optique de vulgarisation.

Les compétences émotionnelles représentent un sujet développé par de nombreux auteurs mais il comporte deux approches fondatrices bien distinctes :

Premièrement, nous allons évoquer l'approche dite « pure » de l'intelligence émotionnelle, initiée par ses fondateurs, Salovey et Mayer (1990). Selon eux, l'intelligence émotionnelle s'explicite autour de quatre dimensions et ne comprend pas de facteurs motivationnels ou sociaux :

- la première dimension : Identifier ses émotions (*Identifying Emotions*)
- la deuxième dimension : Utiliser ses émotions (*Emotional Facilitation of Thought or Using Emotions*)
- la troisième dimension : Comprendre ses émotions (*Understanding Emotions*)
- la quatrième dimension : Gérer ses émotions (*Managing Emotions*)

Cette représentation conceptuelle a été testée empiriquement par Mayer *et al.* (1999) (voir aussi, Roberts *et al.*, 2001 ; Zeidner *et al.*, 2004).

Deuxièmement, nous pouvons identifier l'approche dite « mixte » soutenue par Goleman (1995), et Bar-On (1997). Elle prend ancrage, néanmoins dans les travaux de Salovey et Mayer (1990, p. 10) et les enrichit en introduisant

4. *"Emotional Intelligence involves the ability to perceive accurately, appraise, and express emotion; the ability to access and/or generate feelings when they facilitate thought; the ability to understand emotion and emotional knowledge; and the ability to regulate emotions to promote emotional and intellectual growth".*

des composantes de nature motivationnelle, sociale ou d'aspects liés à la personnalité tels que le zèle, la persistance et les capacités sociales (GOLEMAN, 1998).

Cette deuxième approche est la plus connue car largement décrite en 1995, dans le livre « *Emotional Intelligence* » de Goleman qui la décompose en 18 critères articulés autour de deux groupes de compétences :

Les compétences personnelles : capacités qui déterminent la façon dont nous nous gérons nous-même (*conscience de soi* et *gestion de soi*).

Les compétences sociales : capacités qui déterminent la façon dont nous gérons les relations avec notre environnement (*intelligence interpersonnelle* et *gestion des relations*).

En 1998, GOLEMAN fait état de ses recherches auprès de 200 entreprises internationales dans la *Harvard Business Review* et montre que les leaders reconnus dans les entreprises possèdent un degré d'intelligence émotionnelle très élevé. Il met en évidence l'existence de relations positives entre la performance de l'entreprise mesurée quantitativement et le niveau d'intelligence émotionnelle du dirigeant. Les articles « *What Makes a Leader?* » (1998) et « *Leadership that Gets Results* » (2000) constituent des références sur le sujet. Dans ceux-ci, l'auteur reprend chaque composante de l'intelligence émotionnelle et explique à partir d'exemples, comment elles peuvent être repérées dans un profil de leader potentiel, comment elles influencent la performance de l'entreprise et dans quelle mesure elles peuvent être apprises.

L'apport du courant de recherche sur l'intelligence émotionnelle permet de revisiter les problématiques qui traitent des compétences qu'un dirigeant doit posséder compte tenu de l'évolution de ses missions et des environnements concurrentiels dans lesquels il évolue.

Capacités d'apprentissage

Les travaux de Kolb sur la notion de style d'apprentissage ont contribué à définir un cadre d'analyse et de compréhension de ce concept. En particulier, KOLB (1984) a opérationnalisé cette notion en distinguant quatre grands styles d'apprentissage à partir d'un modèle d'apprentissage en quatre opérations de base.

Kolb (1984) donne le nom d'*Experiential Learning Theory* (ELT) à son modèle et définit l'apprentissage comme « *le processus par lequel la connaissance est créée à travers la transformation de l'expérience. La connaissance résulte de la combinaison de l'acquisition et de la transformation de la connaissance* »[5] (Kolb, 1984). Le modèle ELT définit deux modes dialectiques d'intégration de l'expérience – l'Expérience Concrète (*Concrete Experience*) et la Conceptualisation Abstraite (*Abstract Conceptualization*) – et deux modes dialectiques de transformation de l'expérience – l'Observation Réflexive (*Reflective Observation*) et l'Expérimentation Active (*Active Experimentation*).

L'ELT postule que l'apprentissage s'effectue selon l'enchaînement de ces quatre opérations :

1. L'Expérience Concrète.
2. L'Observation Réflexive.
3. La Conceptualisation Abstraite.
4. L'Expérimentation Active.

Le concept de *style d'apprentissage* décrit des différences individuelles dans l'apprentissage fondées sur les préférences de l'apprenant dans l'emploi de ces différentes séquences du cycle d'apprentissage. La notion de style d'apprentissage renvoie à la capacité à mettre en œuvre des stratégies d'apprentissage efficaces compte tenu des contraintes environnementales et de nos capacités (connaissances, limites physiologiques...). Il s'agit donc ici des aspects métacognitifs ou, en d'autres termes, de la capacité à identifier notre manière de traiter l'information et de réguler notre fonctionnement intellectuel : ce sont les capacités nécessaires pour apprendre à apprendre. Le style d'apprentissage est donc un *construct* ayant de multiples facettes : émotionnelles, cognitives, comportementales et motivationnelles.

---

5. « *The process whereby knowledge is created through the transformation of experience. Knowledge results from the combination of grasping and transforming experience* », Kolb (1984), p. 41.

À partir de ces quatre séquences du processus d'apprentissage, Kolb (1984 ; voir aussi, Kolb & Kolb, 2005) distingue quatre grands styles d'apprentissage :

1. Une personne ayant un style *Divergeant* a des habiletés d'apprentissage dominantes de type Expérience Concrète et Observation Réflexive. Ces personnes sont très efficaces dans l'analyse des situations concrètes, et ce selon différents points de vue. Ce style est appelé Divergeant car la personne est plus efficace dans les situations nécessitant la production d'idées, telles que le brainstorming. Ces personnes présentent un intérêt pour la culture et pour la recherche d'informations.

2. Une personne ayant un style *Assimilant* a des habiletés d'apprentissage dominantes de type Conceptualisation Abstraite et Observation Réflexive. Les personnes privilégiant ce style sont meilleures dans l'intégration d'un grand nombre d'informations et dans leur systématisation. Ces personnes sont peu intéressées par les rapports interindividuels et ont un intérêt pour les théories abstraites.

3. Une personne ayant un style *Convergeant* a des habiletés d'apprentissage dominantes de type Conceptualisation Abstraite et Expérimentation Active. Ces personnes sont très efficaces dans la découverte de solutions pratiques. Ces personnes préfèrent être confrontées à des tâches techniques.

4. Une personne ayant un style *Accommodant* a des habiletés d'apprentissage dominantes de type Expérience Concrète et Expérimentation Active. Ces personnes ont la capacité de profiter au maximum de leurs expériences et d'en déduire de nouvelles connaissances. Elles aiment planifier des projets et s'impliquer dans de nouveaux défis. Ces individus ont tendance à suivre leurs intuitions plutôt qu'un raisonnement logique.

Différents facteurs influencent le développement du style d'apprentissage. Kolb *et al.* (2001) identifient cinq facteurs susceptibles de d'orienter et de modifier le style d'apprentissage préférentiel :

1. *Le type de personnalité*. Le style d'apprentissage corrèle positivement et significativement avec des mesures de personnalités telles que celles effectuées avec le *Myers-Briggs Type Indicator* (MBTI) ou le *Big Five Model* (Busato *et al.*, 2000).

2. *La spécialisation scolaire.* Les expériences éducatives précoces modèlent les premiers choix de style d'apprentissage en instituant une attitude positive à l'égard de certaines capacités d'apprentissage et de stratégies. Le choix de la spécialité au moment de l'entrée dans les études supérieures va aussi avoir d'importantes conséquences sur la cristallisation du style d'apprentissage préférentiel.

3. *Le choix de la carrière professionnelle.* L'orientation professionnelle façonne le style d'apprentissage au travers des habitudes acquises dans l'apprentissage professionnel et au travers des pressions collectives plus normatives.

4. *Le rôle professionnel actuel.* Le choix du style d'apprentissage est directement influencé par les caractéristiques actuelles de la profession exercée.

5. *Les compétences adaptatives.* L'adaptation à l'environnement nécessite de choisir les compétences et les stratégies qui vont permettre de s'adapter au mieux à cet environnement. Aussi, l'activité que nous réalisons ici et maintenant va déterminer fortement le style d'apprentissage à mettre en œuvre. Ce style d'apprentissage sera concrètement appliqué via des capacités d'apprentissage (*learning skills*).

Les styles d'apprentissage décrivent des dimensions basiques et générales de l'individu dans l'apprentissage, alors que les capacités[6] d'apprentissage sont davantage situationnelles et sujettes à un développement intentionnel. Les capacités d'apprentissage permettent en fait de concrétiser les styles d'apprentissage, de les mettre en acte. Ainsi, les capacités interpersonnelles (*interpersonal skills*) renvoient au mode d'apprentissage Expérience Concrète, les capacités informatives (*information skills*) font référence à l'Observation Réflexive, les capacités analytiques (*analytic skills*) sont associées à la Conceptualisation Abstraite et les capacités comportementales (*behavioral skills*) sont reliées à l'Expérimentation Active.

---

6. Nous avons choisi de traduire le terme anglais « *skill* » par capacité et le terme « *ability* » par habileté. Dans la littérature psychologique de langue anglaise, les auteurs opèrent ainsi une distinction entre (i) les compétences, les dispositions « internes » qui sont moins sensibles aux effets de l'expérience et de l'environnement, les « *abilities* », et (ii) les compétences, les propriétés qui, sur le plan du développement, sont plus souples et beaucoup plus plastiques en regard des expériences de vie et de l'environnement, les « *skills* ». Ces dernières renvoient d'ailleurs à la notion d'expertise et donc d'acquisition de connaissances expertes par l'intermédiaire de la pratique.

BOYATZIS et KOLB (1991, 1995) définissent les stratégies d'apprentissage, autour d'un modèle à trois dimensions : apprendre grâce à une expérience concrète *versus* abstraite, apprendre grâce à de la réflexion ou de l'action, être capable d'apprendre dans un environnement plus ou moins complexe. Dans ce modèle, ces auteurs proposent leur définition d'une capacité d'apprentissage : « *la combinaison d'une capacité, de savoirs et d'expériences qui permettent à une personne de faire quelque chose correctement* »[7] (BOYATZIS & KOLB, 1995). Dans cette définition, trois aspects sont à souligner :

- Les capacités sont spécifiques à un domaine (*domain-specific*) et riches en connaissances (*knowlegde-rich*). Cette précision fait penser immédiatement à la notion d'expertise.
- Les capacités décrivent une transaction intégrée entre la personne et son environnement. Les capacités sont des routines, des « automatismes » intégrés combinant les connaissances et les habiletés d'une personne, ainsi qu'une perception de leur champ d'application.
- Les capacités sont développées par l'expérience.

Compte tenu de la définition de la notion de style d'apprentissage, nous pouvons intuitivement penser qu'il y a des interactions entre l'intelligence émotionnelle (capacité à gérer les émotions) et le style/capacité d'apprentissage (capacité à produire de la connaissance à partir des stimulations environnementales). L'émotion est porteuse d'information (à propos de nos dispositions internes mais aussi au sujet de notre environnement, pour une discussion sur le sujet, voir FINUCANE *et al.*, 2003). On peut donc penser que compétences émotionnelles et capacités d'apprentissage vont interagir dans la mise en œuvre de collecte, traitement et utilisation des informations en provenance de milieu externe (environnement) et interne (intra-individuel). Nous proposons donc d'observer s'il y a une relation de corrélation entre ces variables et de tester une hypothétique relation de causalité entre ces dernières.

7. "*A skill is a combination of ability, knowledge, and experience that enables a person to do something well*", BOYATZIS & KOLB, 1995, p. 4.

DONNÉES

D'un point de vue méthodologique, la plupart des recherches empiriques anglo-saxonnes qui testent les compétences émotionnelles ont utilisé des populations d'étudiants ou d'auditeurs en formation continue. Très peu de tests statistiques ont pu être effectués au sein d'entreprises. **C'est pourquoi, il nous semble important de souligner que cette étude est originale dans le sens où elle évalue les compétences émotionnelles et les capacités d'apprentissage de l'ensemble des managers et des dirigeants d'une entreprise de service**. L'entreprise est sensibilisée à la thématique des compétences émotionnelles : elle propose des séminaires de formation aux compétences émotionnelles, dans le cadre d'un programme d'accompagnement par coaching, aux managers à potentiel.

HYPOTHÈSES

Hypothèse 1 : Les compétences émotionnelles sont différentes pour les managers et les dirigeants

GOLEMAN (1995) rapporte que divers résultats de recherche montrent que les compétences relevant de l'intelligence émotionnelle jouent un rôle croissant aux niveaux les plus élevés de l'organisation, là où les différences en termes de compétences techniques ont une importance négligeable. En d'autres termes, plus le niveau hiérarchique des meilleurs meneurs était élevé, plus les compétences d'intelligence émotionnelle apparaissent comme la raison de leur efficacité. Ses résultats montrent que lorsque l'on compare les meilleurs managers aux managers moyens à niveau hiérarchique élevé, environ 85 % de leur différence de profil est attribuable à des facteurs relevant de l'intelligence émotionnelle plutôt qu'à des capacités purement cognitives comme l'expertise technique. Les études empiriques réalisées par GOLEMAN (1998) montrent que les compétences émotionnelles jouent un rôle croissant à mesure qu'on s'élève dans les hautes sphères de la hiérarchie. GOLEMAN (1998) mentionne une étude de MCCLELLAND (1996) chercheur en psychologie des organisations, réalisée dans une société agro-alimentaire pour les filiales américaines, asiatiques ou européennes, qui met en évidence que lorsque le quotient émotionnel des managers était supérieur à un certain seuil, leurs équipes dépassaient les objectifs de rendement annuel de 20 %. Force est de constater que les cadres situés au-dessous de ce seuil manquaient les objectifs dans la même proportion. C'est pourquoi il est intéressant de tester cette hypothèse dans l'entreprise étudiée.

Hypothèse 2 : Les capacités d'apprentissage sont différentes pour les managers et les dirigeants

Comme nous l'avons vu, l'ELT permet de définir quatre styles d'apprentissage. De nombreux travaux (pour une revue, voir Kolb *et al.*, 2001, et Kolb & Kolb, 2005) ont montré que les managers et les dirigeants sont davantage caractérisés par un style d'apprentissage de type *Accommodant*. Les opérations mentales spécifiques de ce style sont, selon Kolb (1984), l'Expérience Concrète et l'Expérimentation Active. Nous avons aussi précisé que ces opérations mentales sont opérationnalisées sous la forme de capacités d'apprentissage. En d'autre termes (et pour schématiser), les deux opérations mentales propres au style Accommodant sont mises concrètement en œuvre par les capacités suivantes : l'Expérience Concrète correspond aux capacités interpersonnelles et l'Expérimentation Active correspond aux capacités comportementales. Nous pouvons donc nous attendre à ce que les managers et les dirigeants présentent davantage ce profil de capacités et qu'ils privilégient les capacités interpersonnelles et comportementales. Nous pouvons aussi nous attendre à des différences entre les dirigeants et les managers en termes de capacités d'apprentissage compte tenu des propriétés spécifiques de leur activité de travail.

Hypothèse 3 : Il existe une relation entre les compétences émotionnelles et les capacités d'apprentissage

Si nous nous plaçons, du point de vue théorique de Boyatzis et Kolb (1995), il en ressort que les capacités d'apprentissage comportent une dimension émotionnelle. Aussi, l'influence des compétences émotionnelles sur les capacités d'apprentissage se justifie d'elle-même d'après la définition des capacités d'apprentissage choisie par les auteurs. Il a semblé intéressant de tester le sens opposé de la relation et de formuler l'hypothèse que les compétences émotionnelles développent, par leur définition et les variables qui la composent, les capacités d'apprentissage. Ce sens de la relation n'est pas contre-intuitif et permet d'envisager les apports des compétences émotionnelles à la notion d'apprentissage. Nous nous demandons ainsi dans l'article dans quelle mesure les compétences émotionnelles permettent de développer les capacités d'apprentissage.

L'ÉTUDE DE CAS EXPLORATOIRE

L'entreprise choisie est une entreprise de service. Filiale d'un groupe de capitaux américains, elle possède un chiffre d'affaires de 700 millions d'euros et emploie en France 5 000 personnes. Elle est organisée sous forme de 11 régions découpées en agences. Chaque région a le statut d'un établissement géré par un directeur de région (cadre dirigeant). Celui-ci a la délégation de l'ensemble des responsabilités au regard de la loi (commerciales, financières, juridiques et sécurité). Il encadre environ 450 personnes et gère un chiffre d'affaires en moyenne de 60 millions d'euros. À la tête de chaque agence se trouve un responsable d'unité opérationnelle (manager). L'étude a été réalisée entre 2000 et 2002.

Les cadres dirigeants sont soit des dirigeants confirmés soit des hauts potentiels. Ils sont en charge d'un centre de profit. Ils sont évalués à deux occasions par leur supérieur hiérarchique qui est le Directeur Général lors d'un entretien annuel s'établissant à partir d'un référentiel de compétences et lors de la publication des résultats obtenus.

Les cadres dirigeants qui ont été détectés en tant que « haut potentiel » sont amenés à suivre une formation spécifique internationale sur le leadership et les compétences émotionnelles. Ce type de manifestation réunit les « hauts potentiels » des autres compagnies du groupe. Dans notre échantillon, il y a 3 hauts potentiels. À cette occasion, une évaluation de type 360° feedback est réalisée avant le départ et donne lieu à des commentaires pendant la formation afin que chacun se fixe des axes d'amélioration.

Dans cette entreprise, l'accès au statut de dirigeant se fait par l'évaluation continue des compétences tout au long de la vie professionnelle. Il s'agit d'un système de promotion interne qui ne se focalise pas sur le diplôme d'origine.

Dans le cadre de cette étude, les 11 cadres dirigeants ont évalué les responsables opérationnels des agences (managers) qu'ils supervisent à partir des deux questionnaires, l'un sur les compétences émotionnelles et l'autre sur les capacités d'apprentissage. Parallèlement, le Directeur Général a évalué avec les mêmes questionnaires les 11 directeurs régionaux (cadres dirigeants).

L'intérêt de l'échantillon consiste à rassembler et à évaluer de façon homogène des managers (les responsables d'unité opérationnelle) et des dirigeants (les directeurs régionaux) qui exercent le même métier (même process, mêmes outils) dans des environnements approximativement semblables sachant que certains sont à Paris et d'autres en province.

La méthodologie choisie s'apparente à une étude de cas centrée sur une entreprise dans laquelle nous réalisons des analyses statistiques qui s'appuient sur la méthodologie d'évaluation qui existe dans l'entreprise (le Directeur Général évalue les directeurs régionaux. Les directeurs régionaux évaluent les responsables opérationnels).

Nous allons procéder à la présentation des variables [8].

OPÉRATIONNALISATION DE LA VARIABLE « COMPÉTENCES ÉMOTIONNELLES » (CE)

Pour mesurer les compétences émotionnelles, la littérature propose de nombreux tests dont trois plus généralement utilisés :

- la Multifactor Emotional Intelligence Scale (MEIS) créée par MAYER *et al.* (2000), fondateurs du concept d'Intelligence Emotionnelle et le Mayer Salovey Caruso Emotional Intelligence Test (MSCEIT, MAYER *et al.*, 2002).
- L'EQ-i de BAR-ON (1997).
- L'Emotional Competence Inventory (ECI) 360 de GOLEMAN (1995); GOLEMAN *et al.* (2002) [9].
- Le Schutte Self-Report Inventory (SSRI) de SCHUTTE *et al.* (1998).

Nous avons élaboré un questionnaire en revisitant l'échelle ECI 360 de GOLEMAN (1995) qui se structure autour de 4 domaines de l'Intelligence Émotionnelle (Conscience de soi, Gestion de soi, Relation aux autres, Intelligence sociale) précisés par 18 critères. Le questionnaire a repris cha-

8. Les traitements statistiques ont été réalisés avec SASV8.2.

9. GOLEMAN, BOYATZIS et MCKEE (2002) proposent un outil d'évaluation des compétences des dirigeants à partir de critères de leadership intégrant la compétence émotionnelle qu'ils nomment le « leadership par résonance ». Il s'agit de l'art de diriger et de motiver par l'intelligence émotionnelle. Ainsi, un dirigeant devra comprendre ses émotions, celles des autres et reconnaître leur importance. Cet outil d'évaluation des compétences d'intelligence émotionnelle clés du dirigeant a été nommé : l'ECI 360 et a été expérimenté dans de nombreuses recherches.

cun de ces 18 critères à évaluer (*cf.* Annexe n° 2). Une échelle de Likert en 5 points a été utilisée. L'évaluation n'a pas été auto-déclarative mais identique au processus d'évaluation mené habituellement dans l'entreprise, à savoir, une « évaluation hiérarchique ».

OPÉRATIONNALISATION DE LA VARIABLE « CAPACITÉ D'APPRENTISSAGE » (CA)

Pour évaluer les capacités d'apprentissage, nous nous sommes appuyés sur les travaux de Boyatzis et Kolb (1995). Ces auteurs font référence au courant des théories d'apprentissage et plus précisément, aux travaux sur la gestion des compétences plutôt que sur les recherches de description de job ou de traits de personnalités. À partir du concept de « capacité d'apprentissage », les auteurs définissent la capacité d'apprentissage en tant que variable possédant deux composants : un domaine d'application et un processus de transmission de connaissance. Ils proposent une grille d'évaluation, nommée « *Executive Skill Profile* » construite autour de deux dimensions (*cf.* Schéma n° 1).

À ce modèle s'est ajoutée une troisième dimension : le niveau de complexité de la relation entre l'individu et son environnement.

L'échelle *Executive Skill Profile* (ESP) a pour objectif d'évaluer les capacités d'apprentissage des populations de dirigeants ou de managers à partir de 12 variables. Les études ont montré la fiabilité et la validité de cet instrument de mesure. Dans le cadre de notre recherche, ces 12 critères ont été évalués, dans un questionnaire, à partir d'échelles de Likert en 5 points.

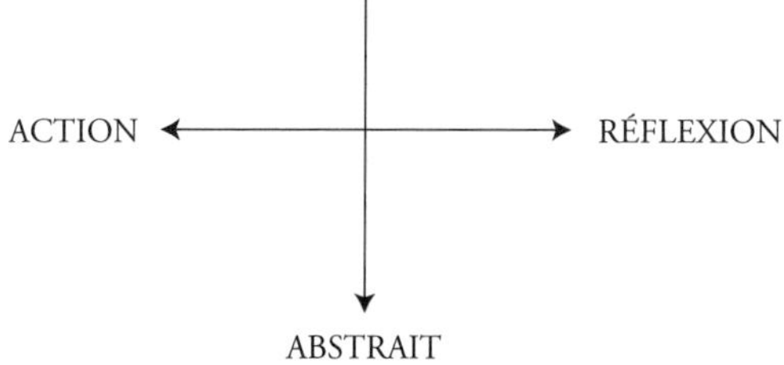

Schéma n° 1. Le cadre d'analyse des capacités d'apprentissage, Boyatzis et Kolb, 1995

RÉSULTATS

Validation des échelles de mesure des compétences émotionnelles et des capacités d'apprentissage

L'étude montre qu'évaluer les dirigeants à partir de leurs compétences émotionnelles et de leurs capacités d'apprentissage semble cohérent statistiquement.

La première étape a consisté à mesurer la validité des deux échelles de mesure issues de la théorie à l'aide de l'alpha de Cronbach. Une Analyse en Composantes Principales a été effectuée dans un second temps.

L'alpha de Cronbach indique le degré de corrélation des différents items testés afin de vérifier s'ils mesurent bien un même phénomène (le test est considéré comme bon si l'alpha est supérieur à 0,6). Au regard des résultats, nous retrouvons bien la cohérence interne des échelles pour les compétences émotionnelles (α = 0,85 avec 18 items) et pour les capacités d'apprentissage (α = 0,81 avec 12 items).

Les échelles de Likert pouvant être assimilées à des variables métriques, une ACP a donc été réalisée sur les items de l'intelligence émotionnelle, puis sur les items des capacités d'apprentissage. On obtient une bonne qualité de représentation pour l'ensemble de l'échantillon des 108 dirigeants : respectivement 60 % avec 2 axes et 69 % avec 3 axes.

H1 : Les compétences émotionnelles sont différentes pour les managers et les dirigeants

Pour tester ces hypothèses, des tests de moyenne ont été effectués. Ceux-ci ont contribué à réaliser une analyse descriptive et se justifient compte tenu de la faible taille du sous-échantillon des dirigeants.

Cette analyse (graphique n° 1) met en valeur les items qui sont significativement différents entre la population des managers et des dirigeants. Il apparaît que seuls 4 items sur 18 permettent de différencier les compétences émotionnelles des deux échantillons.

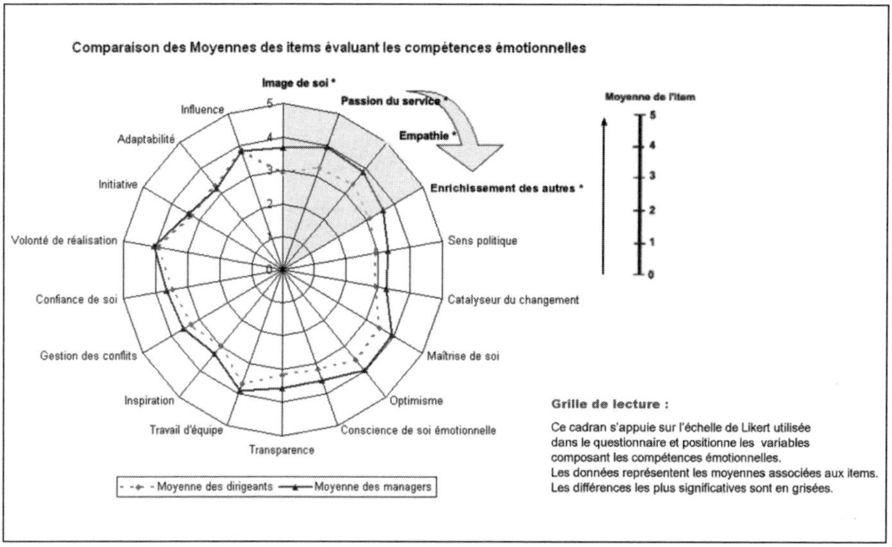

Graphique n° 1. Tests des moyennes des items évaluant les compétences émotionnelles

Les managers obtiennent une note en moyenne supérieure à celle des dirigeants pour les variables :

- « juste image de soi »,
- « passion du service »,
- « empathie »,
- « enrichissement des autres ».

Pour aller plus loin dans l'étude de la différence entre les compétences des dirigeants et des managers, une analyse sur la force des liens entre les variables, composant les compétences émotionnelles, a été réalisée. Il s'agit d'une étude des corrélations des différents couples de compétences [10] (graphique n° 2).

10. Compte tenu de la petitesse de l'échantillon des dirigeants, nous présentons ces résultats à titre indicatif.

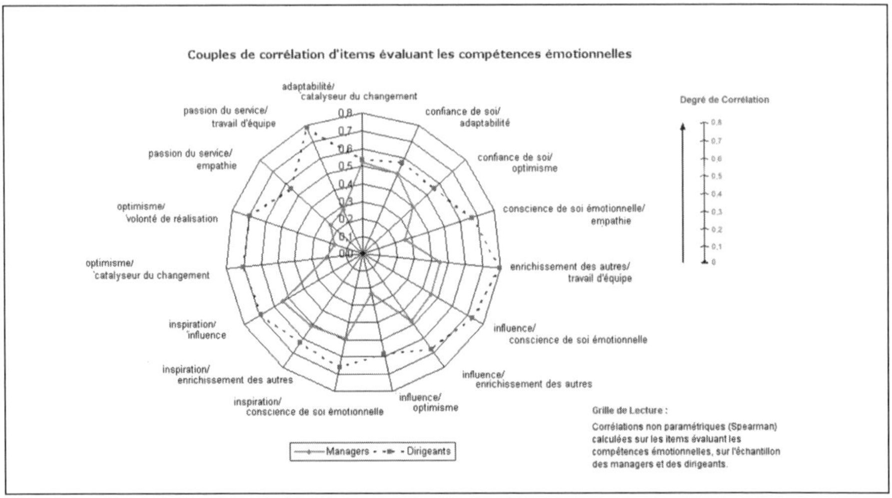

Graphique n° 2. L'étude des corrélations des couples de variables composant les compétences émotionnelles

Il apparaît que l'ensemble des couples des variables constituant les compétences émotionnelles est plus fortement corrélé pour les dirigeants. La corrélation entre les variables est plus élevée dans la population des dirigeants que dans celles des managers (*cf* : tableau n° 1).

	Adaptabilité/catalyseur de changement	Enrichissement des autres/travail d'équipe
Population managers	0,3	0,45
Population dirigeants	0,8	0,8

Tableau n° 1. Exemples comparatifs des corrélations associées aux variables définissant la compétence émotionnelle

Ainsi, ce qui semble le mieux définir les compétences des dirigeants par rapport à celles des managers est la combinaison des variables constitutives des compétences émotionnelles que nous nommerons : « la polyvalence des compétences émotionnelles ».

En conclusion, ces deux résultats valident l'hypothèse H1 et montrent que si les managers ont, en moyenne, des notes plus élevées dans l'évaluation de leurs compétences, les dirigeants se différencient plus par la polyvalence de leurs compétences émotionnelles.

H2 : Les capacités d'apprentissage sont différentes pour les managers et les dirigeants

Pour vérifier l'hypothèse 2, la même méthodologie va être mise en œuvre. Une analyse (graphique n° 3) met cette fois en valeur les items liés aux capacités d'apprentissage qui sont significativement différents entre la population des managers et des dirigeants. Dans ce cas, 3 items sur 11 permettent de différencier les capacités d'apprentissage des deux échantillons.

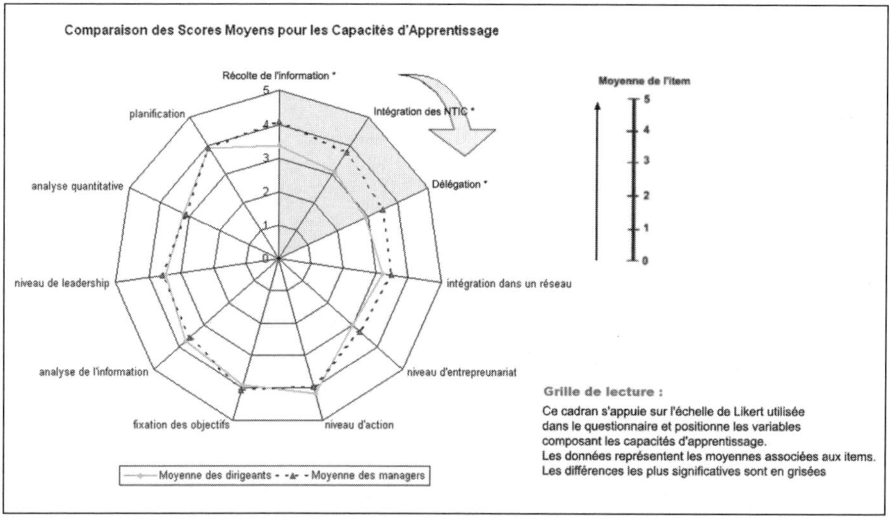

Graphique n° 3. Tests des moyennes des items évaluant les capacités d'apprentissage

Les managers obtiennent une note en moyenne supérieure à celle des dirigeants pour les variables :

- « récolte de l'information »,
- « intégration des NTIC »,
- « délégation ».

L'analyse des corrélations des différents couples de compétences liées aux capacités d'apprentissage permet à nouveau d'approfondir ce résultat [11] (graphique n° 4).

11. Compte tenu de la petitesse de l'échantillon des dirigeants, nous présentons à titre indicatif.

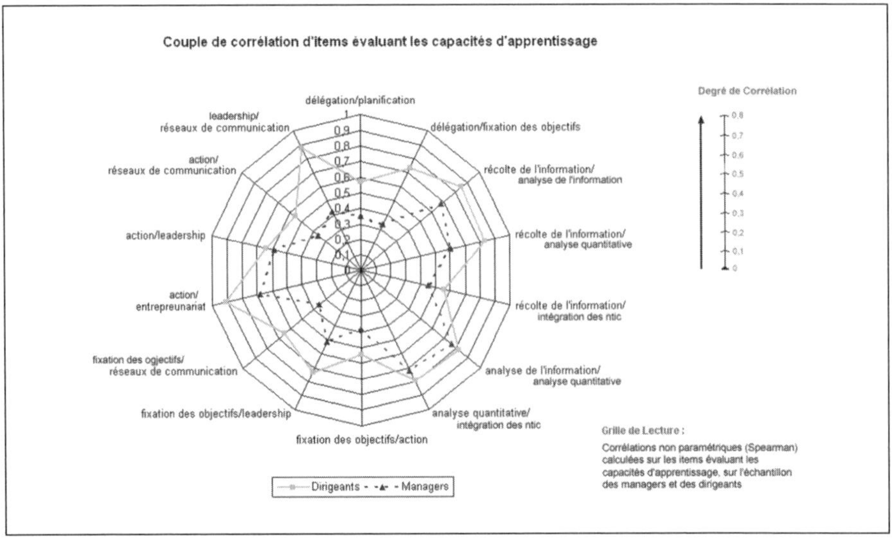

Graphique n° 4. L'étude des corrélations des couples de variables composant les capacités d'apprentissage

Dans ce cas également, l'ensemble des couples des variables constituant les capacités d'apprentissage est plus fortement corrélé pour les dirigeants. La corrélation entre les variables est à nouveau plus élevée dans la population des dirigeants que dans celles des managers (*cf*: tableau n° 2).

	leadership/réseaux de communication	délégation/fixation des objectifs
Population managers	0,42	0,33
Population dirigeants	0,88	0,73

Tableau n° 2. Exemples comparatifs des corrélations associées aux variables définissant les capacités d'apprentissage

Ainsi, ce résultat confirme et complète le résultat précédent concernant « la polyvalence des compétences émotionnelles » des dirigeants. Les dirigeants se distinguent des managers plus par leur polyvalence que par leurs compétences propres, aussi bien concernant leurs compétences émotionnelles que leurs capacités d'apprentissage.

H3 : Il existe une relation entre les compétences émotionnelles et les capacités d'apprentissage

Pour vérifier l'hypothèse 3, deux étapes se succèdent (elles utilisent des scores de compétences émotionnelles et de capacités d'apprentissage, construits comme la moyenne des items issus de la théorie). Dans un premier temps, le lien entre les deux scores est mesuré (analyse de corrélation). Ensuite, on s'intéressera à l'estimation du score des compétences d'apprentissage par les compétences émotionnelles (régression linéaire).

Analyse de corrélation

La corrélation entre ces deux scores est mesurée à 0,82 (significatif au seuil de 5 %) ce qui signifie que le score des compétences émotionnelles est fortement corrélé au score des capacités d'apprentissage.

Parallèlement, il a été décidé de vérifier l'homogénéité de l'ensemble des compétences par une nouvelle mesure de l'alpha de Cronbach. Celui-ci permet d'affiner le résultat précédent. Avec un alpha à 0,90 (α = 0,90 > 0,60), on peut affirmer que l'ensemble des items mesurent bien un unique phénomène [12].

Régression linéaire

La régression linéaire réalisée teste l'existence d'une causalité entre les deux scores. En effet, celle-ci est mise en évidence. Il apparaît que les compétences émotionnelles expliquent 68 % des capacités d'apprentissage (tableau n° 3).

Modèle : $scoreCA = \alpha + \beta\ scoreIE + \varepsilon$

Variable	Estimation	Écart-type	t de Student	Pr > | t |
Consante	0,54*	0,21	2,59	0,0111
Score CE	0,86***	0,06	14,92	< 0,0001

R^2 0,68

Test de Fisher 222,48 < 0,0001

Régression linéaire sur l'ensemble de l'échantillon interrogé (108 individus)
* probabilité d'acceptation à 10 %,
** probabilité d'acceptation à 5 %, *** probabilité d'acceptation à 1 %.

Tableau n° 3. Influence des compétences émotionnelles sur les capacités d'apprentissage

12. Par ailleurs, une analyse en composantes principales sur l'ensemble des items permet de retrouver toutes les compétences sur le même côté du premier axe.

Ce résultat pourrait se traduire de la façon suivante : plus le dirigeant développe ses compétences émotionnelles, plus il développe ses capacités d'apprentissage. Ce résultat suggère que les compétences émotionnelles vont contribuer à l'acquisition et à la transformation des connaissances via les capacités d'apprentissage. Toutefois, d'autres études et d'autres analyses seront nécessaires pour valider ce modèle et pour préciser la nature des interactions entre ces deux composantes.

En conclusion, ces deux résultats valident l'hypothèse H3 et montrent qu'il est légitime d'introduire l'évaluation des compétences émotionnelles lorsque l'on s'intéresse à celles des capacités d'apprentissage. Cette thématique ne peut plus être considérée comme un seul sujet à la mode. Elle apporte une vraie valeur ajoutée. Ainsi, plus que des compétences complémentaires, les compétences émotionnelles permettent d'identifier et de développer les capacités d'apprentissage.

LIMITES DE LA RECHERCHE

Nous pouvons relever différentes limites. Elles se situent tout d'abord au niveau du nombre très limité d'observations étudiées pour les dirigeants (11 observations de directeurs régionaux) mais ce biais peut être compensé par la comparaison des critères comportementaux avec une population plus nombreuse, celles des managers (97 observations de responsables d'unité opérationnelle). Autre biais, les évaluations des dirigeants ont été réalisées par une seule personne, le Directeur Général, sans triangulation nécessaire à toute objectivité. Néanmoins, dans la pratique, seul le Directeur Général, établit les évaluations annuelles. En ce qui concerne les évaluations des managers, chaque directeur régional a évalué les managers qu'il encadrait. L'étude reflète la réalité de cette entreprise. Les grilles d'évaluation ont été choisies arbitrairement et d'autres grilles sur la même thématique auraient pu se révéler tout aussi pertinentes. En ce qui concerne les hypothèses, l'hypothèse 3 est fragile car nous aurions pu tester l'hypothèse inverse, à savoir : « l'influence des capacités d'apprentissage sur les compétences émotionnelles », ce qui aurait pu se justifier théoriquement. Mais l'article propose une étude de cas traitée par des analyses statistiques, il n'a pas pour ambition de proposer une généralisation des résultats. Néanmoins, les conclusions des analyses permettent de proposer des pistes d'adaptation des outils RH au sein de l'entreprise en ce qui concerne les domaines de l'évaluation, de la gestion des compétences et de la formation.

CONCLUSION ET CONTRIBUTION DE LA RECHERCHE

D'un point de vue théorique, cette recherche a permis de mieux appréhender l'émergence et les caractéristiques du concept de compétence émotionnelle et de tester le cadre d'analyse de GOLEMAN (1995, 1998, 2000) qui a montré dans ses travaux que la maîtrise des émotions et des sentiments déterminait les performances des managers et encore plus celle des dirigeants.

D'un point de vue empirique, cet article ouvre de nouvelles perspectives dans le repérage des compétences clés des profils de dirigeants potentiels en évoquant le rôle des compétences émotionnelles et des capacités d'apprentissage. L'étude de cas exploratoire a révélé des résultats significatifs alors que peu d'études en France se sont intéressées à la validité empirique du concept de compétence émotionnelle. Malgré ses limites, l'intérêt de l'échantillon se situe dans son caractère exhaustif car l'étude a été menée sur tous les dirigeants et les managers d'une entreprise.

Force est de constater que cette étude de cas, traitée statistiquement, parvient à mettre en évidence trois résultats intéressants mais qui restent spécifiques à l'entreprise :

- les compétences émotionnelles et les capacités d'apprentissage sont différentes pour les managers et les dirigeants,
- les compétences émotionnelles des dirigeants se caractérisent surtout par « leur polyvalence »,
- plus le collaborateur développe ses compétences émotionnelles, plus il développe ses capacités d'apprentissage.

Dans une optique confirmatoire, il serait opportun d'appliquer la méthodologie utilisée au niveau des filiales européennes de l'organisation observée ou de l'effectuer dans une autre entreprise [13].

13. Les auteurs souhaitent remercier José Allouche, Maurice Thévenet et Géraldine Schmidt pour leur travail de relecture et les précieux conseils qu'ils ont pu apporter.

Bibliographie

BAR-ON R. (1997), *EQ-I. Bar-On Emotional Quotient Inventory: A measure of emotional intelligence.* Toronto, ON : Multi-Health Systems Inc.

BOYATZIS R.E., KOLB D.A. (1991), Assessing individuality in learning: the learning skills profile. *Educational Psychology*, 11(3-4): 279-295.

BOYATZIS R.E., KOLB D. A. (1995), From learning style to learning skills: the executive style profile. *Journal of Managerial Psychology*, 10(5): 3-17.

BUSATO V.V., PRINS F.J., ELSHOUT J.J., HAMAKER C. (2000), Intellectual ability, learning style, personality, achievement motivation and academic success of psychology students in higher education. *Personality and Individual Differences*, 29: 1057-1068.

FINUCANE M.L., PETERS, E., SLOVIC P. (2003), Judgment and decision making: the dance of affect and reason. In S. L. Schneider & J. Shanteau (Eds.), *Emerging perspectives on judgment and decision making* (pp. 327-364). Cambridge, UK: Cambridge University Press.

GOLEMAN D. (1995), *Emotional intelligence.* New York : Bantam Books.

GOLEMAN D. (1998), *Working with emotional intelligence.* New York: Bantam Books.

GOLEMAN D. (2000), Leadership that gets results, *Harvard Business Review*, 78(2): 78-90.

GOLEMAN D., BOYATZIS R., MCKEE A. (2002), *L'intelligence émotionnelle au travail.* Village Mondial.

GOND J.P, MIGNONAC K. (2002), *Émotions, leadership et évolution des conditions d'accès aux postes de direction*, papier de recherche présenté aux 10es rencontres « Histoire-Gestion », Toulouse, pp. 24.

KOLB D.A. (1984), *Experiential learning : experience as the source of learning and development.* New Jersey: Prentice Hall.

KOLB A., KOLB D.A. (2005), Learning styles and learning spaces: enhancing experiential learning in higher education. *Academy of Management Learning and Education*, 4(2): 193-212.

KOLB D.A., BOYATZIS R. E., MAINEMELIS C. (2001), Experiential Learning Theory: previous research and new directions. In R. J. Sternberg & L. F. Zhang (Eds.), *Perspectives on cognitive, learning, and thinking styles.* New Jersey: Lawrence Erlbaum and Associates.

MAYER J.D., SALOVEY P. (1993), The Intelligence of Emotional Intelligence. *Intelligence*, 17: 433-442.

MAYER J.D., SALOVEY P. (1995), Emotional Intelligence and the construction and regulation of feelings. *Applied and Preventive Psychology*, 4: 197-208.

MAYER J.D., SALOVEY P. (1997), What is emotional intelligence ? In P. Salovey & D. Sluyter (Eds.), *Emotional development and emotional intelligence: implications for educators* (pp. 3-31). New-York: Basic Books.

MAYER J.D., CARUSO D.R., SALOVEY P. (1999), Emotional intelligence meets traditional standards for an intelligence. *Intelligence*, 27: 267-298.

MAYER J.D., SALOVEY P., CARUSO D.R. (2000), Competing models of emotional intelligence, in R. J. Sternberg (Ed), *Handbook of intelligence, 2nd edition* (pp. 396-420). New York: Cambridge University Press.

MAYER J.D., SALOVEY P., CARUSO D.R. (2002), *Mayer-Salovey-Caruso Emotional Intelligence Test : Manual.* Toronto, Ontario, Canada: Multi-Health System.

MIGNONAC K., HERRBACH O., GOND J-P. (2003), L'intelligence émotionnelle en questions, *Revue des Sciences de Gestion*, 201-202 : 83-98.

MIGNONAC K., HERRBACH J.P., GOND J.P. (2003), *L'intelligence émotionnelle en enterprise.* http://www.e-theque.com

ROBERTS R.D., ZEIDNER M., MATTHEWS G. (2001), Does emotional intelligence meet traditional standards for an intelligence? Some new data and conclusions. *Emotion*, 1: 196-231.

SALOVEY P., MAYER J.D. (1990), Emotional intelligence. *Imagination, Cognition, and Personality*, 9: 185-211.

SCHUTTE N. S., MALOUFF J. M., HALL L. E., HAGGERTY D. J., COOPER J. T., GOLDEN C. J., DORHEIM L. (1998), Development and validation of a measure of emotional intelligence. *Personality and Individual Differences*, 25: 167-177.

THIÉBAUT E. (2004), *Adaptation française de l'Inventaire de Quotient Intellectuel (EQ-i) de Bar-On* – Manuel. Paris : Éditions et Applications Psychologiques, document non publié.

ZEIDNER M., MATTHEWS G., ROBERTS R.D. (2004), Emotional Intelligence in the workplace: a critical review. *Applied Psychology: an International Review*, 53(3): 371-399.

Annexe n° 1

Les principaux modèles d'intelligence émotionnelle [15]

Approche fondée sur les capacités	Mayer, Caruso et Salovey, 1999	Percevoir correctement les émotions Utiliser les émotions pour faciliter la pensée Comprendre les émotions et leurs significations Gérer les émotions
Approches mixtes	Bar-On, 1997	Compétences intra-personnelles Compétences inter-personnelles Adaptabilité Gestion du stress Humeur générale
	Goleman, 1988	Conscience de soi Auto-régulation Motivation Empathie Compétences sociales
	Cooper et Sawaf, 1997	Alchimie émotionnelle Connaissance émotionnelle Fitness émotionnel Intensité émotionnelle

15. D'après K. Mignonac, O. Herrbach, J.P. Gond, *L'intelligence émotionnelle en entreprise*, http://www.e-theque.com, 2003, p. 17.

Annexe n° 2

Les échelles issues de la littérature ayant permis l'opérationnalisation des variables

Indice sur les capacités d'apprentissage (d'après Boyatzis et Kolb, 1995)	**Indice des compétences émotionnelles (d'après Goleman, 1995)**	
Délégation Adaptation	CONSCIENCE DE SOI	Conscience de soi émotionnelle Juste image de soi Confiance en soi
Récolte d'information Analyse de l'information Planification Analyse quantitative Intégration des NTIC Maturité dans la fixation des objectifs	GESTION DE SOI	Maîtrise de soi Transparence Adaptabilité Volonté de réalisation Initiative Optimisme
Niveau d'action Niveau d'entrepreneuriat Niveau de leadership	RELATION AUX AUTRES	Empathie Sens politique Passion du service
Niveau d'intégration dans un réseau	INTELLIGENCE SOCIALE	Inspiration Niveau d'influence Enrichissement des autres Catalyseur du changement Gestion du conflit Travail en équipe et collaboration

FACTEURS DE CHOIX AU SEIN D'UN DISPOSITIF INTERDISCIPLINAIRE D'APPRENTISSAGE DU MANAGEMENT

Silvester IVANAJ, Sybil PERSSON[1]

Même si les recherches en matière d'émotions restent délicates à mener notamment au plan méthodologique, l'accumulation des travaux dont une partie est relativement récente dénote une reconnaissance contemporaine effective de la place des émotions et de leur rôle dans le monde organisationnel. Les émotions en effet semblent avoir un impact clé dans grand nombre de situations professionnelles, ce qui pose la question de leur prise en compte, voire de leur « gestion », tant au plan individuel, que relationnel et organisationnel. Dans ce contexte, un des challenges clairement proposés au monde académique de l'enseignement supérieur est de développer des processus d'enseignement qui fassent place à un apprentissage de ce qui est de plus en plus identifié sous l'expression « intelligence émotionnelle ».

Cette contribution, principalement empirique, résulte d'une expérience pédagogique interdisciplinaire en matière de formation et d'apprentissage pour de futurs managers. Plusieurs cohortes d'étudiants sont prises en compte dans le cadre d'une étude longitudinale qui intègre notamment des

1. Professeurs associés Groupe ICN École de Management. Laboratoire Grefige-Ceremo, Université Nancy 2.
E-mails : Silvester.Ivanaj@icn-groupe.fr et Sybil.Persson@icn-groupe.fr
Cette étude a reçu le soutien financier du Conseil Régional de Lorraine.

facteurs cognitifs que sont les « préférences cérébrales » mesurées à l'aide du HBDI (Herrmann Brain Dominance Instrument). Il s'agit en fait d'expliquer les choix exercés au sein du processus de formation par les élèves à l'aide des dimensions cognitives. L'attention est notamment portée au cerveau limbique (le cerveau des émotions) et à la dimension relationnelle du management.

En premier lieu un survol de la littérature récente permet de positionner un background théorique général à l'aide de quelques recherches principalement américaines en matière d'émotions, d'intelligence émotionnelle et d'apprentissage. Ensuite une présentation du HBDI permet d'introduire la partie empirique de la recherche qui s'appuie sur la théorie des préférences cérébrales. Enfin au sein des principaux résultats, les éléments relatifs à la dimension émotionnelle sont isolés et discutés.

INTELLIGENCE ÉMOTIONNELLE ET APPRENTISSAGE

L'importance des émotions est désormais reconnue dans nombre d'aspects de la vie organisationnelle : apprentissage, innovation, prise de décision, énergie, relation commerciale, communication. Une abondante littérature, tant dans la presse économique que dans les écrits académiques témoigne de cette évolution (CHERNISS, 2000).

D'après Harvard Management Communication Letter (2000), le livre de Daniel GOLEMAN sur l'« intelligence émotionnelle » démontre le lien qui existe entre l'habilité à comprendre comment les autres se sentent et le fait d'accéder aux instances supérieures du monde des affaires. Dans cette perspective, le degré d'expertise au travail ne suffit plus à garantir l'atteinte des résultats escomptés. Il convient de développer en outre, voire en priorité, une aptitude à comprendre la vie émotionnelle d'autrui. L'intelligence émotionnelle en général facilite l'adaptation et le changement individuel et la capacité émotionnelle dans le monde professionnel augmente la possibilité pour une organisation donnée de conduire des changements radicaux (HUY, 1999).

Au-delà de ce *mainstream* général, où se tisse la relation entre intelligence émotionnelle et efficacité professionnelle, se pose la question du développement de l'intelligence émotionnelle au travers même des expériences vécues. La notion de « logique émotionnelle » mise en relief par

Bourion (2001) qui s'appuie notamment sur les travaux d'Henri Laborit, permet de décrire le rôle joué par les émotions dans les situations d'apprentissage individuel. L'auteur distingue les mécanismes d'acquisition (acceptation de l'émotion) et les mécanismes de défense (rejet de l'émotion), en fonction de la perception par l'acteur des diverses situations : gratifiantes, aversives, hiérarchiques, situations d'échec, etc.

Les émotions s'infiltrent dans tous les aspects de la vie organisationnelle, y compris dans sa partie la plus sombre du travail quand des torts ont été commis et/ou ressentis (Nick, 2005). La prise en compte des aspects émotionnels, mais également politiques de l'organisation, peut contribuer à faire la lumière sur les tensions entre apprentissage individuel et apprentissage organisationnel (Russ et Tahir, 2004). D'après ces auteurs, les dynamiques créées au travers de systèmes répétitifs d'avertissement ou de mise en cause freinent, voire inhibent, les processus de réflexion et de communication dans l'organisation. Les stratégies explicitement désignées pour l'apprentissage organisationnel ne peuvent alors être valablement mises en œuvre. En effet la communication professionnelle nécessite notamment une bonne compréhension des émotions humaines ainsi que la capacité à impulser des changements dans l'éducation et l'apprentissage (Khlupin, 1999).

Bruch et Ghoshal (2003) rappellent que depuis une cinquantaine d'années, la théorie et la pratique du management ont adopté une approche technique et analytique dans laquelle le rôle des facteurs dits « soft » comme les émotions et les sentiments ont été largement niés. D'après ces auteurs, la tendance est actuellement en train de s'inverser : les académiques comme les praticiens reconnaissent le rôle que les émotions jouent dans le façonnage du comportement organisationnel. L'énergie individuelle est considérée par Bruch and Ghoshal comme la force qui impacte l'organisation, son fonctionnement et que cette énergie relève de trois dimensions : émotionnelle, cognitive et physique. L'énergie des leaders influence l'énergie organisationnelle et l'état de l'énergie organisationnelle, à son tour, affecte l'énergie individuelle. Loehr et Groppel (2003) pensent que l'énergie individuelle est disponible à travers le corps physique et que la qualité de cette énergie suit la physiologie des émotions. D'après ces auteurs, l'énergie de la plus haute qualité provient des émotions positives basées sur des opportunités.

Les meilleurs leaders font preuve d'une habilité puissante en matière de conduite émotionnelle, dans un sens positif, afin d'obtenir les résultats souhaités ; ils font preuve d'une plasticité qui leur permet de puiser dans une variété de styles en fonction de la situation (GOLEMAN, BOYATZIS and MCKEE, 2004). Ils s'adaptent également sur le plan relationnel en intégrant la posture de coach susceptible d'enrichir, voire de renouveler celle du leader charismatique traditionnel (BAYAD et PERSSON, 2005).

D'après KHLUPIN (1999), les décisions sont prises, après une préparation logique, en sollicitant pleinement la dimension émotionnelle du cerveau. CONGER (1998) qui s'intéresse à l'art de la persuasion des professionnels, considère que les experts en la matière sont conscients de l'importance des émotions dont ils savent particulièrement tenir compte. La prise en compte de la dimension rhétorique du management est alors alors respectée (LAUFER, 2002a, 2002b).

Il existe une interface complexe indéniable entre les émotions et l'apprentissage (GIORDAN, 2003a, 2003b). La prise en compte de cette interface s'avère particulièrement pertinente dans la conception de formation au management, notamment au plus haut niveau (MINTZBERG, 2004). D'une part, les émotions peuvent faciliter ou bien freiner l'apprentissage, d'autre part, l'apprentissage redéfinit et réorganise les émotions tant au niveau individuel qu'au niveau organisationnel (ANTONACOPOULOU et GABRIEL, 2001). Entre les émotions et les processus d'apprentissage s'effectue un tissage réciproque qui a par exemple été illustré et discuté par BROWN (2000) au cours d'une étude menée sur des élèves en MBA. L'interaction dynamique entre les facteurs structurels et les facteurs dits « sense-making », les valeurs humaines et les émotions, joue un rôle prépondérant dans l'apprentissage organisationnel (GORELICK et APRIL, 2003). Ces auteurs soulignent notamment que, parfois, les mêmes traits de personnalité qui contribuent à la réussite d'un individu donné peuvent être considérés comme préjudiciables dans un contexte d'équipe.

Ainsi au-delà des facteurs dispositionnels souvent privilégiés par l'investigation psychologique classique, il importe de prendre en compte également les facteurs situationnels pour éviter de laisser la mainmise aux théories implicites de la personnalité (LEYENS, 1983). C'est en gardant cette réserve à l'esprit qu'il est maintenant possible d'entrer dans la démarche empirique ici proposée avec le HBDI.

LE MODÈLE DES PRÉFÉRENCES CÉRÉBRALES ET LE HBDI

Ned HERRMANN (1989, 1996) se fonde sur des travaux ayant permis de mettre en relief d'une part, la dualité du cerveau humain qui comprend deux hémisphères, le gauche et le droit, et d'autre part, le cerveau tri-unique ou cerveau à trois étages.

Supputée à l'origine par les philosophes, ***la dualité du cerveau*** fut ensuite réétudiée par les neurosciences. C'est Hippocrate qui introduisit la notion de dualité, après avoir reconnu le cerveau comme souverain (à l'instar de Platon et à l'encontre d'Aristote pour qui le cœur était la source de l'intelligence et le centre du système nerveux). En 1268, Sir Roger BACON apporte un nouveau jalon selon lequel les êtres humains ont deux modes de connaissance, l'un par la discussion, et l'autre par l'expérience (distinction entre verbal et non-verbal). En 1684, l'œuvre posthume de Sir Thomas BROWNE avance l'hypothèse que les deux hémisphères affectent le comportement humain. En 1844, A. L. WIGAN écrit "La dualité de l'esprit" confirmée en 1870 par Victor HORSLEY. Quatre ans plus tard, John HUGHLINGS-JACKSON introduit l'idée de dominance d'un hémisphère sur l'autre. Mais ce sont surtout les travaux plus récents du Dr SPERRY puis du psychologue ORNSTEIN qui vont étendre et répandre la notion de dualité dans les années 50 et 60. Après le philosophe, le médecin, le psychologue, c'est le gestionnaire qui s'interroge sur les implications de la dualité cérébrale en la personne d'Henry MINTZBERG ("Planifier à gauche et gérer à droite", 1976).

La théorie du cerveau tri-unique, ou cerveau à trois étages, ébauchée dès les années 50, est le fruit des travaux du Dr Paul D. MAC LEAN, traduits en français pour un public non spécialiste, grâce à Roland Guyot en 1990. Le cerveau humain est constitué de trois formations évolutives différentes anatomiquement et psychologiquement :

- le cerveau reptilien archaïque guidé par l'instinct, siège des pulsions fondamentales ;
- le cerveau limbique, siège des émotions ;
- le néo-cortex qui produit la raison et le langage symbolique.

La métaphore d'Arthur KOESTLER (1968) signifie les difficultés de cohabitation existant chez l'individu en raison de l'existence simultanée de ses trois cerveaux. En chacun coexistent tant bien que mal un crocodile (les pulsions), un cheval (l'affectivité), et un être humain (la raison).

Le *découpage* du cerveau opéré par Ned HERRMANN (1989), au travers de la combinatoire des deux modes de lecture précédents est un modèle de nature métaphorique ; il ne s'agit en aucun cas d'une carte physiologique basée sur des localisations physiques ou sur des fonctions déconnectées les unes des autres. Le modèle se fonde sur la théorie des préférences cérébrales, liées à quatre quadrants. Le terme « préférences » ne signifie pas strictement « compétences », même s'il est logique de penser qu'une préférence pour un mode de pensée et d'activité est susceptible d'entraîner une compétence dans le domaine considéré. Ces préférences ne sont pas exclusives l'une de l'autre ; il semble simplement que le comportement soit dominé conjoncturellement par un quadrant ou l'autre.

La mise au point d'un instrument de mesure permettant d'évaluer les préférences cérébrales a obéi aux critères de validité, de fidélité, et de sensibilité exigés des tests dans le champ des sciences sociales : le HBDI (BUNDERSON 1989). Herrmann récuse l'appellation de test connotée dans le sens d'une hiérarchisation possible des individus, et souligne la dimension de carte plus représentative qu'évaluative. Cette carte rend compte des préférences de traitement de l'information de chaque personne. Elle est également prédictive des comportements, en fournissant par le score obtenu dans chacun des quatre quadrants la tendance comportementale consécutive au type de situation rencontrée :

- stratégie d'évitement, quand le score est faible,
- stratégie de dilettante, quand le score est moyen,
- stratégie d'expert quand le score est élevé,
- stratégie de premier ordre quand le score est très élevé.

Chaque quadrant rend compte des caractéristiques fonctionnelles de l'individu :

- quadrant A – *cortical gauche*
  logique, mathématique, analytique, technique ;
- quadrant B – *limbique gauche*
  contrôlé, observateur, planificateur, organisateur, administrateur ;
- quadrant C – *limbique droit*
  humain, émotif, musicien, spirituel, verbal ;
- quadrant D – *cortical droit*
  créatif, synthétique, artistique, global, conceptuel.

Une personne pratiquant l'évitement en matière de création, ne réagit pas comme une personne de premier ordre dans ce domaine. Le questionnaire-test HBDI permet de classer les préférences de l'acteur en croisant ces deux continuums : à titre d'exemple, un acteur peut être en évitement par rapport à la dimension logique, dilettante pour la dimension organisationnelle, expert dans la dimension affective et premier ordre dans la dimension créative. Cela signifie qu'il recherche d'abord une solution créative, puis une solution affective, mais qu'il évitera de faire appel à la logique, pour résoudre le problème qui lui est posé.

EXPÉRIMENTATION CONDUITE AU SEIN D'ARTEM

Descriptif de la base de données au sein du contexte Artem

Le soubassement institutionnel qui cadre la partie empirique de la recherche s'appuie sur le projet Artem. Ce projet est soutenu par le gouvernement français et la région Lorraine afin de promouvoir des échanges entre différents secteurs disciplinaires. Il procède d'une alliance instaurée à la fin des années 90, entre trois écoles réputées et sélectionnant leurs élèves : une école de management (ICN Business School), une école d'ingénieurs (Mines de Nancy), et l'école nationale supérieure d'art (ENSA).

La recherche empirique ici menée apprécie la dimension émotionnelle de plusieurs centaines d'étudiants managers au cours d'un processus de formation graduée intégrant une perspective pluri-disciplinaire librement choisie grâce à l'offre pédagogique Artem. En effet, au sein de leur formation, les étudiants doivent choisir un atelier dans une palette pédagogique qui offre un espace, un temps et un processus de formation aux étudiants des trois écoles (managers, ingénieurs et artistes) engagés dans leur parcours. Parmi les projets développés, les ateliers constituent une offre pédagogique particulièrement attractive pour les étudiants.

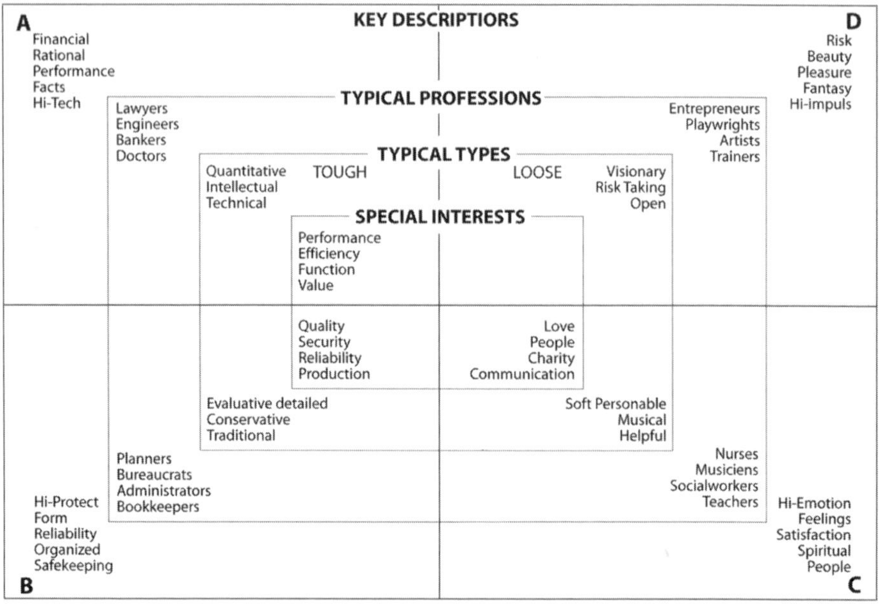

Figure 1. Correlations Model (Herrmann, 1989, p. 420)

Les étudiants en management doivent suivre obligatoirement pendant leur avant-dernière d'études un atelier Artem au choix parmi une vingtaine, chaque école proposant selon les années entre 5 et 7 ateliers. Pour effectuer leur choix ces futurs managers bénéficient d'une information collective qu'ils peuvent approfondir lors d'entretiens de coaching avec les responsables pédagogiques de l'école. Ensuite, avant la fin de l'année académique, ils doivent sélectionner, pour l'année suivante, par voie électronique, 3 ou 4 ateliers par ordre de préférence, parmi la vingtaine d'ateliers proposés. Le tableau 1 dénombre les quatre cohortes d'étudiants en management (02/03, 03/04, 04/05 et 05/06) intégrés dans la base de données.

Année académique	02/03	03/04	04/05	05/06	Total
Étudiants	259	246	213	257	975

Tableau 1. Nombre d'étudiants par année académique

Une première analyse permet de cerner la population d'étudiants en management sur laquelle porte l'étude et de prendre en compte les choix qu'ils ont opérés, notamment leur degré d'ouverture à des domaines de formations autres (technologie, art) que celui pour lesquels ils s'étaient engagés *a priori* (management). 10 catégories d'étudiants émergent alors dans la population générale des étudiants en management. Une seconde analyse croise les catégories les plus typiques avec les résultats du HBDI.

Le tableau 2 donne la répartition en pourcentages des choix effectués en fonction de l'école de destination (art, management, technologie), de l'importance du choix (C1 : premier choix, C2 : deuxième choix, C3, troisième choix) et de l'année académique (de 2002 à 2006). Par exemple, en 2003/2004, 52 % des étudiants ont opté préférentiellement pour un atelier management, 36 % pour un atelier technologique et 11 % pour un atelier art.

École de destination	**Moyenne (%)**	**2002/2003**			**2003/2004**			**2004/2005**			**2005/2006***		
		C1	**C2**	**C3**	**C1**	**C2**	**C3**	**C1**	**C2**	**C3**	**C1**	**C2**	**C3**
Art	**17**	18	21	23	11	14	16	12	19	19	15	18	21
Management	**56**	56	51	53	**52**	50	53	57	56	49	67	67	56
Technologie	**27**	26	28	24	36	35	31	31	25	33	17	13	19
Total	**100**	100	100	100	100	100	100	100	100	100	98	97	96

* total inférieur à 100 % à cause d'un atelier commun, non pris en compte pour le calcul.

Tableau 2. Répartition des choix des étudiants en fonction du type d'atelier, de l'importance du choix et de l'année académique

Deux observations méritent d'être prises en compte à partir de ce tableau 2 :

- En moyenne, sur toute la période étudiée, 17 % des étudiants concernés optent préférentiellement pour des ateliers Art, 56 % pour des ateliers Management et 27 % pour des ateliers Technologie.
- Ces pourcentages sont relativement stables car ils varient peu que ce soit en fonction du choix préférentiel (C1, C2 ou C3) ou en fonction des années académiques.

Comme il a été précisé ci-dessus, chaque année, tous les élèves doivent opter individuellement pour leurs 3 ateliers préférentiels. En effet, il n'est pas toujours possible de les affecter *in fine* vers leur premier choix. Le nombre d'inscrits peut être limité, une sélection peut être opérée sur dossier ou par entretien, l'atelier peut ne pas être ouvert par insuffisance d'inscrits. De ce fait, les trois choix sont importants et perçus comme tels par les étudiants. Par ailleurs, l'offre interne à une école peut évoluer d'une année sur l'autre. De plus les entretiens d'accompagnement menés auprès des élèves permet de considérer que le choix de l'école où se déroule un atelier est prioritaire sur le choix de l'atelier lui-même. C'est pourquoi, l'analyse menée ne retient comme critère clé que l'école dans laquelle se déroule l'atelier sans prendre en compte les caractéristiques de l'atelier lui-même au sein d'une école donnée.

Plusieurs profils d'étudiants émergent en fonction des ateliers choisis (Tableau 3). On parlera de profils ***purs*** dans le cas où les trois choix ont porté exclusivement sur des ateliers offerts par la même école : artiste, manager et ingénieur ; et on parlera de profils ***mixtes*** dans le cas où le choix porte sur des ateliers offerts par des écoles différentes. Le profil le plus ***composite*** correspond à un choix impliquant les 3 écoles. Les profils purs représentent 37,2 % de l'échantillon.

Intitulé du profil	Code du profil	Nombre d'élèves	Pourcentage
Artiste	A	45	4,8
Ingénieur	I	45	4,8
Manager	M	261	27,6
Composite		64	6,8
Mixte		530	56,0

* Les étudiants qui ont choisi des ateliers communs à deux écoles, ne sont pas intégrés dans ce tableau, d'où un total de 945 par rapport au 975 étudiants inclus dans cette étude.

Tableau 3. Effectifs des différentes catégories en fonction des choix Artem opérés

Un peu plus d'un quart de la population considérée (27,6 %) ne souhaite pas *a priori* migrer vers une autre école. Ce qui signifie que les trois autres quarts souhaitent cette migration de façon plus ou moins marquée. Il est donc pertinent de considérer au plan institutionnel que le projet Artem est un concept porteur pour l'école de management puisque la majorité de la population des étudiants en management (72,4 %) est désireuse de migrer vers une autre école de l'alliance Artem. Il importe maintenant d'expliquer ces différences.

Pour mesurer la préférence des élèves en management pour des enseignements en matière d'art, de technologie ou de management, trois variables numériques ont été utilisé : V_{ART}, V_{TEC} et V_{MAN} qui représentent respcctivement le nombre des ateliers arts, technologiques et managériaux choisis par les élèves. Ces trois variables ont chacune 4 modalités possibles : 0, 1, 2 ou 3. La valeur 3 d'une des variables signifie qu'il s'agit d'un profil « pur » et présuppose que les autres variables ont une valeur 0. Il est facile de constater alors qu'il existe une interdépendance entre ces trois variables : $V_{ART} + V_{TEC} + V_{MAN} = 3$.

Le recours au HDDI

Sur la période 2002-2006, 678 élèves ont rempli le questionnaire relatif au test HBDI composé de 120 questions. Environ 60 % des élèves manifestent une préférence marquée (score supérieur ou égal à 95 pour au moins un quadrant) et 8 % manifestent une préférence très marquée (score supérieur ou égal à 120 pour au moins un quadrant) La figure 2 met en relief ces 8 % d'étudiants au profil marqué au regard des profils moyens.

À peu de chose près, les résultats relatifs aux « profils moyens » corroborent ceux d'un travail similaire avec des élèves d'une autre école de management (Carré & Bouzdine-Chameeva, 2004), ce qui augure positivement de la représentativité de l'échantillon considéré. La lecture de ce profil montre que les élèves en management ont un goût un peu plus prononcé pour les activités dites « cerveau droit » que pour des activités « cerveau gauche » ce qui traduit des préférences générales pour les activités créatives et relationnelles (voir figure 1). Par ailleurs la figure 2 met en lumière le fait que ces préférences se font au détriment des préférences pour les activités à dominante rationnelle et administrative, qui sont pourtant les fondements historiques de l'activité gestionnaire.

Les profils purs

La prise en compte des profils « purs » orientés technologie, ou art ou management sont représentés par la figure 3.

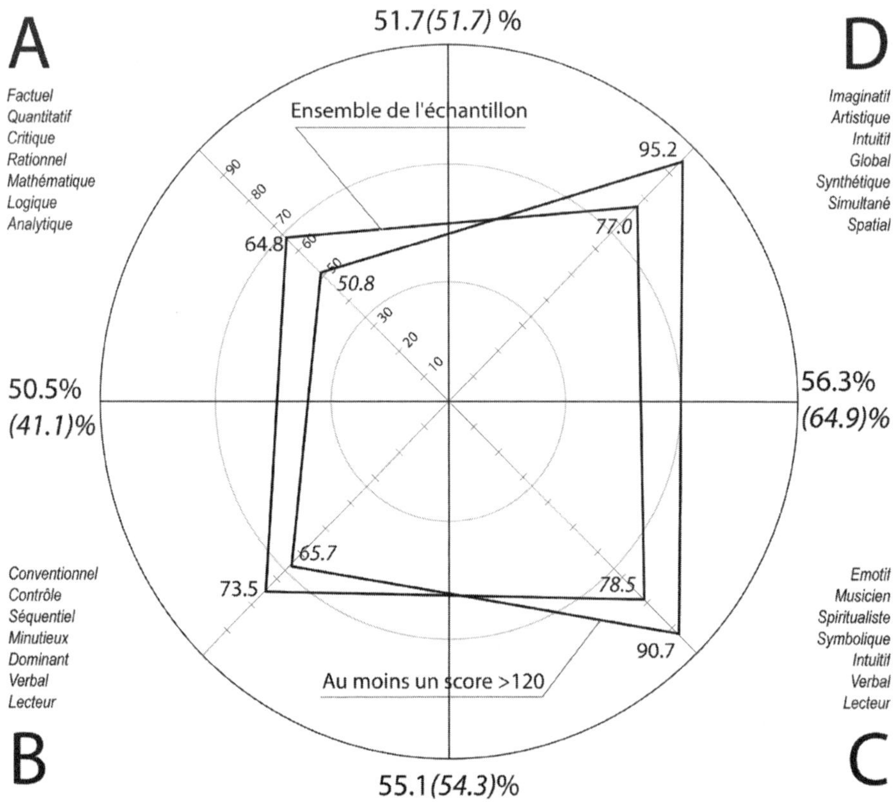

Figure 2. Profils moyens *versus* profils très marqués

Le profil orienté Art se distingue de façon nette et prévisible par son appétence forte vers le quadrant D qui se caractérise notamment par une propension à la créativité et à la profession d'artiste (voir HERRMANN, 1989, p. 420) et une préférence nette pour le mode droit (global, intuitif, synthétique, simultané) (HERRMANN, 1996, p. 12). Ce profil se distingue également par son manque d'attrait d'abord vers le quadrant A, puis vers le quadrant B, ce qui est en lien avec un évitement envers le mode gauche.

Le profil orienté Management se distingue de façon moins prévisible par un « évitement » du quadrant D (quadrant pourtant en lien avec le risque et l'entrepreneuriat) et une préférence pour le quadrant B (gestion, planification, administration). Ces deux éléments sont en lien avec une préférence pour le mode gauche (linéaire, logique, séquentiel).

Le profil orienté Ingénieur se distingue de façon moins nette par son appétence plus ou moins élevée vers les cadrans B, C et D.

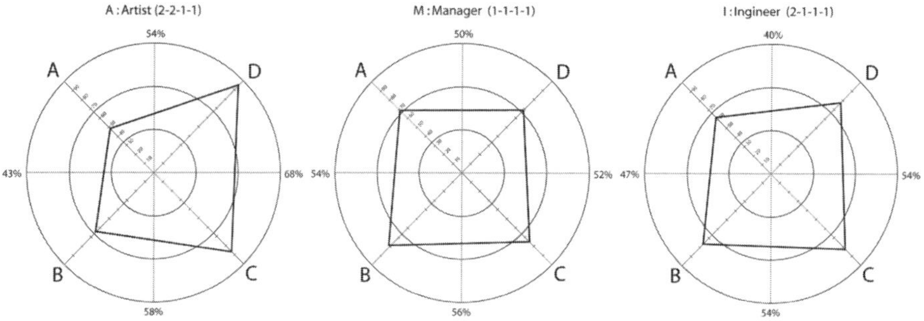

Figure 3. Profils moyens « purs » pour les trois catégories d'étudiants

La place de l'émotion face à l'interdisciplinarité

La question qui se pose à présent est de savoir s'il existe une relation entre les préférences cérébrales des élèves en management et leur choix en matière d'enseignement. Il s'agit encore plus particulièrement de répondre à la question suivante : est-ce que les élèves manifestant des préférences pour des activités à connotations émotionnelle et relationnelle particulièrement sollicitées dans l'exercice du management de proximité (quadrant C) se distinguent dans leur choix d'ateliers ? Pour répondre à ces questions le coefficient de corrélation de Pearson a été calculé entre les variables HBDI et les 3 variables V_{ART}, V_{TEC} et V_{MAN}.

Factors - HBDI	**V_{ART}**	**V_{TEC}**	**V_{MAN}**
mode cortical	*0,086**	*– 0,009*	*– 0,052*
mode droit	**0,275****	*– 0,028*	**– 0,194****
mode gauche	**– 0,248****	*— 0,025*	**0,231****
mode limbique	*– 0,019*	*– 0,056*	*0,07*
scA	**– 0,264****	*0,026*	**0,197****
scB	– 0,226**	*– 0,046*	**0,222****
scC	0,129**	*– 0,008*	– 0,102**
scD	**0,338****	***0,00***	**– 0,276****

** La corrélation est significative au niveau 0,01

* La corrélation est significative au niveau 0,05

Tableau 4. Corrélations entre les variables HBDI et choix des élèves

La lecture du tableau 4 (au travers des chiffres mis en caractères gras dans le tableau) indique que les élèves qui ont une préférence pour les activités créatives (quadrant D) ont choisi des ateliers Art : il y a une corrélation positive significative au niveau 0.05 de la variable V_{ART} avec la variable scD (+ 0,338) et avec la variable mode droit (+ 0,275). De plus ce sont ces mêmes élèves qui ont choisi le moins volontiers des ateliers management (– 0,276 et 0,194 respectivement) et encore moins des ateliers technologiques (il n'y pas de corrélation significative entre les variables scD et V_{TEC}). Par voie de conséquence au regard des chiffres, il convient de noter que les élèves ayant des préférences « cerveau gauche » décident de suivre des ateliers Management et évitent les ateliers Art.

En d'autres mots, et en prenant en compte les questions utilisées au moment du remplissage du questionnaire, un étudiant en management choisit d'autant plus facilement une orientation vers un atelier Art qu'il a une dominante cérébrale droite, qu'il se reconnaît des goûts, voire des aptitudes en matière de créativité et d'innovation, qu'il se voit comme artistique et qu'il souhaite être considéré comme imaginatif et porteur d'idées audacieuses. *A contrario*, un étudiant choisit d'autant plus facilement une posture sédentaire, c'est-à-dire de rester dans un atelier management, qu'il a une préférence cérébrale gauche, qu'il se reconnaît des aptitudes en matière de logique et la finance, qu'il ne se voit pas comme artistique et qu'il souhaite être considéré comme responsable.

On observe une opposition nette entre les profils orientés soit Management, soit Art, alors que les profils orientés Technologie ne se démarquent pas de façon significative. De plus au sein de l'opposition Art *versus* Management relevée, on observe une cohérence et une régularité sur pratiquement tous les aspects répertoriés. Seule la préférence pour le quadrant C pourrait entrer en jeu différemment, dans la mesure où elle impacte d'abord la dominance limbique (qui est, rappelons-le, la combinaison de B et C) au regard de la dominante corticale. Les chiffres en italiques dans le tableau 4 permettent cette lecture en filigrane, en quelque sorte, des résultats.

Cette double lecture pourrait plaider en faveur d'une interprétation à deux niveaux quant aux critères explicatifs des choix vers une ouverture interdisciplinaire à l'heure où cette ouverture semble recueillir une adhésion croissante (VINCK, 2000). En effet, devant les besoins croissants des entreprises en matière de compétences diversifiées, et le recours de plus en plus fréquent à des équipes transversales lors de la mise au point des projets dans les organisations professionnelles, l'interdisciplinarité peut figurer une piste d'action, de recherche et de formation, prometteuse, à condition de prendre appui sur une recherche empirique suffisamment étayée.

Dans le cas présent, il semble que le choix orienté Art puisse s'interpréter sûrement à l'opposé du choix orienté Management, et que ces choix soient expliqués par une fonction cognitive de base, relativement structurelle, au sens que lui donne HERRMANN (1989, 1996). En revanche, le choix orienté Technologie ne peut pas être considéré comme un choix *a priori*, en lien avec une structure de personnalité, mais *a posteriori*, peut-être en lien avec un processus expérientiel. Une lecture en termes de processus se révèlerait alors plus judicieuse qu'en termes de structure, appelant dès lors d'autres modes d'investigation, d'essence phénoménologique (SPINELLI, 2005).

La plupart des recherches menées sur la liaison entre interdisciplinarité et enseignement mettent en relief à la fois les difficultés mais également les atouts d'une démarche institutionnelle, notamment en termes de processus ou de résultats (BUNDY SEABURY, 2000). Une démarche qui choisit de faire place à la rencontre entre plusieurs disciplines s'appuie sur une posture de nature humaniste (KAVALOVSKI, 1979) et éthique où interagissent les notions d'effectivité et d'affectivité (NICOLESCU, 1996). L'effectivité est liée à l'expertise (donc souvent conçue sur un mode disciplinaire) et l'affectivité est liée à la relation humaine (souvent liée à l'acceptation difficile mais féconde de la différence). Dans ce contexte doublement défini par le lien interdisciplinarité et enseignement d'une part et l'intentionnalité praxéologique de la démarche interdisciplinaire d'autre part, il est intéressant d'adopter un point de vue qui intègre aussi la dimension microsociologique de réflexivité de l'acteur (GIDDENS, 1987, 1991, 2000), en analysant les choix opérés par un apprenant impliqué dans un processus institutionnel orienté vers l'interdisciplinaire.

CONCLUSION

L'analyse des données effectuée a permis dans un premier temps de caractériser une population complète de 975 élèves au travers de 4 cohortes d'élèves inscrits dans un cursus de formation gradué en management sur la période 2002-2006. L'opportunité offerte dans le cadre d'une alliance interdisciplinaire éprouvée (Artem) permet de mesurer l'ouverture *a priori* des étudiants au travers du choix qu'ils doivent faire quant au suivi d'un atelier (workshop) sur une année dans leur école ou dans une autre école de l'alliance (école d'ingénieurs, d'art ou de management).

Une majorité d'apprentis managers (près de 73 %) est *a priori* ouverte à cette possibilité de migration et opère en la matière un choix plus ou moins radical vers une autre école. Cependant dans un deuxième temps d'analyse, il apparaît qu'il est possible de caractériser en partie les choix opérés par les élèves à l'aide du HBDI (Herrmann Brain Dominance Instrument). Ainsi les élèves qui optent le plus radicalement pour les arts (orientés créativité innovation) s'opposent nettement à ceux qui choisissent de rester dans un cursus managérial strict (orientés finance, gestion), sans qu'il soit *a priori* possible à ce stade de caractériser le choix pour l'école d'ingénieurs. En revanche ce dernier choix vers l'école d'ingénieurs pourrait s'expliquer au travers d'un processus vécu plutôt qu'au travers d'un mode de préférence cérébral donné.

Ainsi si nous avons montré que l'ouverture interdisciplinaire était favorablement perçue par la plupart des élèves, nous avons pu identifier deux processus très différents et difficilement prévisibles. Un premier type de choix peut s'expliquer à l'aide des préférences cérébrales (le choix orienté Art *versus* Management), par une opposition de nature dispositionnelle (gauche-droite) sans impliquer à ce stade significativement la dimension émotionnelle (le cerveau limbique). De plus, un second type de choix (le choix orienté Technologie) invite à la prise en compte des facteurs de nature situationnelle ainsi qu'à l'interprétation subjective des acteurs. C'est notamment Whitley qui a le mérite d'avoir souligné clairement la distinction entre les sciences naturelles et les sciences humaines (Hodges, 1952), les premières privilégiant l'explication, les secondes devant intégrer la compréhension et la perspective phénoménologique (Spinelli, 2005).

Il y aurait donc à prendre en compte dans l'ouverture à la différence interdisciplinaire deux types de motifs, l'un structurel, dispositionnel et *a priori* en lien avec les préférences cérébrales sur le registre gauche-droite, l'autre contingent, situationnel et *a posteriori* qui pourrait être en lien avec un vécu donc avec un ensemble d'interprétation appelant l'expression de la subjectivité et faisant place aux émotions. Il importe alors de souligner la nécessité de trianguler les méthodes, en intégrant d'une part des variables de contenu principalement en lien avec des éléments de structure de personnalité et d'autre part des variables de processus notamment en lien avec le ressenti des acteurs au travers d'un vécu et des émotions associées.

Faut-il alors, dans une perspective plus large, plaider pour une prise en compte intégrée des facteurs structurels de type psycho-cognitifs d'une part et des facteurs contingents conjoncturels de type psychosociologique d'autre part, refusant d'accorder la primauté à l'un ou à l'autre ? Faut-il continuer en considérant qu'une recherche qui n'utiliserait qu'un seul type de démarche (mono-disciplinaire et/ou mono-méthode) risquerait d'ignorer des facteurs importants ?

Bibliographie

ANTONACOPOULOU E. P., GABRIEL Y. (2001), Emotion, Learning and Organization Change, *Journal of Organizational Change Management* 14(5): 435-451.

BARKER R.T., GILBREATH G. H. & STONE W. S. (1998), The interdisciplinary needs of organization. Are new employees adequately equipped?, *Journal of Management Development*, Vol. 17, N° 3, pp. 219-332.

BAYAD M. & PERSSON S. (2005), « Le coaching au service de la transformation managériale », *Revue Internationale de Psychosociologie*, Vol. XI, n° 25, Automne, pp. 63-91.

BOURION C. (2001), *La logique émotionnelle*, 2e éd. Eska, Paris.

BROWN R. B. (2000), Contemplating the Emotional Component of Learning, *Management Learning*, September, Vol. 31, Issue 3, pp. 275-294.

BRUCH H., GHOSHAL S. (2003), Unleashing Organizational Energy, *MIT Sloan Management Review*, Fall, Vol. 45 Issue 1, pp. 45-51.

BUNDERSON C. V. (1989), The validity of the Herrmann Brain Dominance Instrument, Appendix A in Herrmann, *The Creative Brain Business Book*, USA, Brain Books, pp. 337-379.

BUNDY SEABURY M. (ed.) (1999), *Interdisciplinarity General Education Questioning outside the lines The University of Hartford Experience*, New York, The College Board.

CARRÉ E., BOUZDINE-CHAMEEVA T. (2004), Profil : Serial Manager ?, *Bordeaux Business Mag*, n° 1, Avril 2004, pp. 16-22.

CHERNISS C. (2000), Emotional Intelligence: What it is and Why it Matters, *Annuel Meeting of the Society for Industrial and Organizational*, New Orleans, April 15.

GIDDENS A. (1987), *La constitution de la société*, P.U.F., traduit de *The Constitution of Society, Outline of the Theory of Structuration* ,Cambridge, Polity Press, 1984.

GIDDENS A. (1991), *Modernity and Self-Identity – Self and Society in the Late Modern Age*, Stanford (Ca.) Stanford University Press, Cambridge, Polity Press.

GIDDENS A. (2000), « La sociologie comme conscience de soi de la modernité », *in* CABIN P. et DORTIER J.-F. (coord.), *La sociologie Histoire et idées*, Auxerre, Éditions Sciences Humaines, propos recueillis par J.F. Dortier et M. Zuber, p. 147-154.

GIORDAN A. (2003a), Complexité et apprendre, formations professionnelles et entreprises apprenantes, *Grand Atelier MCX : La formation au défi de la complexité*, Lilles, 18-19 septembre.

GIORDAN A. (2003b), *Apprendre !*, Belin Débats, Paris, 1re éd. 1998.

GOLEMAN D. (1999), *L'intelligence émotionnelle*, J'ai lu, traduction française 1997 Robert Laffont, de *Emotional Intelligence*, Bantam Books, New York, 1995.

GOLEMAN D., BOYATZIS R., MCKEE A. (2004), *Primal Leadership : Learning to Lead with Emotional Intelligence* (Paperback), Harvard Business School Press Books.

GORELICK C., APRIL K. A. (2004), BP case study, *South African Journal of Business Management*, June, Vol. 35 Issue 2, pp. 15-24.

HARVARD MANAGEMENT COMMUNICATION LETTER (2000), What Your Face Reveals and Conceals,. Vol. 3 Issue 6, pp. 8-9.

HERRMANN N. (1989), *The Creative Brain Business Book*, USA, Brain Books.

HERRMANN N. (1996), *The Whole Brain Business Book*, USA, McGraw-Hill.

HODGES H. A. (1952), *The Philosophy of Wilhelm Dilthey,* London: Routledge and Kegan Paul.

HUY Q. N. (1999), Emotional Capability, Emotional Intelligence, and Radical Change, *Academy of Management Review*, April, Vol. 24 Issue 2, pp. 325-345.

JACOBUS G. M., DE BOER A.-L. (2003), Assessment of thinking style preferences and language proficiency for South African students whose native languages differs, *Psychological Reports*, Vol. 93, Issue 2, pp. 449-457.

KAVALOVSKI V. C. (1979), "Interdisciplinary Education and Humanistic Aspiration: A critical reflexion" in *Interdisciplinarity and Higher Education*, ed. J. J. Kockelmans, University Park, Pennsylvania University Press.

KHLUPIN R. (1999), Street-smart communication : Comments from a recent MBA graduate, *Business Communication Quarterly,* March, Vol. 62 Issue 1, pp. 112-114.

Laborit H, (1974), *La nouvelle grille*, Robert Laffont, Paris.

Laborit H, (1980), *L'inhibition de l'action*, Masson, Paris.

Laufer R. (2002a), « Les institutions du management : légitimité, organisation et nouvelle rhétorique », *in* David A. *et al.* (coord.) , *Les nouvelles fondations des sciences de gestion*, Vuibert Fnege, Paris, pp. 45-81.

Laufer R. (2002b), « Le paradigme retrouvé : la rhétorique », *in* David A. *et al.* (coord.), *Les nouvelles fondations des sciences de gestion*, Vuibert Fnege, Paris, pp. 175-191.

Leyens J.-P. (1986), *Sommes-nous tous des psychologues ? Approche psychosociale des théories implicites de la personnalité*, Bruxelles, Pierre Mardaga Editeur, 2e éd.

Koestler A. (1968), *Le cheval dans la locomotive*, Calmann-Lévy, Paris.

MacLean P. D., Guyot R. (1990), *Les trois cerveaux de l'homme*, textes traduits de l'américain - Notes et commentaires de R. Guyot, Robert Laffont, Paris.

Mintzberg H. (1976-1977), Planifier à gauche et gérer à droite, *Harvard l'Expansion* n° 3, pp. 74-85.

Mintzberg H. (2004), *Managers not MBAs A hard look at the soft practice of managing and management development*, San Francisco, Berrett-Koehler Publishers.

Nick R. (2005), Extended Review: Emotion in Work Organizations, *Management Learning*, Vol. 36 Issue 1, pp. 117-128.

Nicolescu B. (1996), *La transdisciplinarité – Manifeste*, Éditions du Rocher, Monaco.

Russ V., Tahir S. (2004), The Impact of Caution and Blame on Organizational Learning, *Management Learning*, June, Vol. 35 Issue 2, pp. 133-154.

Spinelli E. (2005), *The interpreted world - an introduction to phenomenological psychology*, 2nd edition, Sage, London (first ed. 1989).

Vinck D. (2000), *Pratiques de l'interdisciplinarité, Mutation des sciences, de l'industrie et de l'enseignement*, Presses Universitaires de Grenoble.

RECENSIONS

Analyse d'un récit de vie

Ouvrage coordonné par Jean-Claude Filloux,
Gilles Billotte, Jean Chami, Gilles Ferry, Michel Guir, Christiane et Patrice Lenel,
Jacques Natanson et Jack Noël,
PUF, 2005, 169 pages.

Les sciences dures pouvaient ignorer les canaux véhiculant des informations qualitatives, car elles n'en avaient pas besoin. Mais ce n'est pas le cas des SHS qui ont besoin de puiser leurs informations à partir de narrations pour pouvoir approfondir le dialogue entre situations et acteurs.

Du tableau de chiffres aux récits de vie, le chemin parcouru par la science est semé d'embûches, comme chaque fois que l'on change de paradigme. Le combat pour la reconnaissance des récits de vie en tant que canaux d'information scientifiquement légitimes, trouvera dans ce livre, un apport considérable d'approfondissement de l'argumentation, tant l'équipe de chercheurs est allée au fond des choses…

Rappelons le problème : pour le positivisme à l'américaine, l'information est l'essence même de la réalité. Pour le constructivisme à la française, l'information est toujours un construit résultant d'une série de choix. Ces choix concernent les canaux de communication et les systèmes d'interprétation (et de décodage) des messages mis en place. Le choix du système de décodage est le produit des représentations mentales du chercheur, de l'endroit où il se situe dans son parcours de recherche, etc. Ce sont en définitive, les représentations, Kuhn dirait les paradigmes, qui déterminent le choix des mots qui communiqueront l'image mentale d'un événement, d'une scène, d'une expérience, d'un sentiment ou d'une sensation, portant sur un ensemble de vie pouvant aller d'une seule seconde à une vie entière. Ce débat, au centre duquel se trouve le récit de vie est développé par les travaux de Bruner aux États-Unis et les travaux de Bertaux, en France. Tout cela confère une *subjectivité « scientifique »*, c'est-à-dire une subjectivité identifiée, reconnue et maîtrisée.

Issu de l'école de San Franscico, le récit de vie est d'abord appelé *histoire de vie*... Puis comme il convenait de montrer qu'entre la vie et son histoire, s'insère une représentation, on parlera alors de *récit de vie*. On parlera ensuite de *récits d'expérience*, puis de *Retour d'EXpérience* (REX). On parlera aussi de *debriefing*, car c'est à travers les récits décrivant ce qui s'est passé, que l'on peut reconstituer une « vision », certes partielle, mais une vision tout de même, de la situation. La démarche va s'avérer actionnable : on sait comment en 1954, Flanagan utilise ses récits *d'incidents critiques*, pour former les pilotes de l'armée des États-Unis ou comment les récits de Bertaux expliquent que les apprentis boulanger de province se retrouvaient systématiquement à Paris sans travail, alors qu'on en manquait en province. L'approche par les récits se généralise aujourd'hui, qu'il s'agisse de savoir ce qui se passe en prison, chez les prostituées, les enseignants, les pilotes de l'armée, les étudiants de grandes écoles ou les managers : la recherche sur Internet, avec le mot clé *récit de vie* (sans guillemet), donne 1 730 000 occurrences au pluriel et... 3 680 000 au singulier, ce qui donne une idée de son impact actuel.

Sous la direction de Jean-Claude Filloux, les contributeurs Gilles Billotte, Jean Chami, Gilles Ferry, Michel Guir, Christiane et Patrice Lenel, Jacques Natanson et Jack Noël, vont littéralement disséquer le récit d'Annabelle. Le récit est-il emblématique ? Peut-être, mais c'est la triangulation de plusieurs démarches qui va lui donner son impact. Le travail se situe donc en amont de l'analyse textuelle ou de l'agrégation par collection : il répond, ou du moins fait avancer la réponse aux questions : *« Ce canal est-il fiable ? Que véhicule-t-il vraiment ? Comment peut-on s'y retrouver ? »*.

Le livre se situe résolument dans l'investigation des biais : il s'agit, non pas de les nier, mais de les étudier. Le chercheur doit acquérir la conscience la plus achevée possible de cette subjectivité. Ce qui confère au récit un statut scientifiquement légitime. En effet, ce n'est pas l'absence démontrée de biais dans la transmission d'informations vers le chercheur qui importe mais c'est d'en avoir connaissance pour pouvoir les maîtriser et poser le domaine de validité des conclusions.

Le livre indique en quoi le récit, une fois écrit, ne constitue, en définitive, qu'un artefact de la représentation mentale que le témoin a construit de sa propre vie ou tranche de vie. Oh, bien sûr, il y a des faits précis, cette fugue à 20 ans, ce « cancer cadeau » à 40, un remariage problématique, etc.

L'ouvrage va d'abord proposer une description et une réflexion sur la méthode : comment recueillir un récit ? Une démarche en boucle est intégrée : (oral → écrit → oral → écrit) par la production d'une transcription du premier entretien à l'intéressé. Cette première « photographie » va être soumise à Annabelle qui va réagir pour dire si ça lui « ressemble ». Vont alors émerger des niveaux de réactions et d'évaluations nécessitant un second entretien...

Dans sa seconde partie, le livre met en évidence le mécanisme de « lecture » (d'interprétation ?) du récit et ses subjectivités possibles : les biais liés à la recherche d'une identité, ceux liés au souvenir, à l'invention de soi, etc. Sans concession, les auteurs vont aussi se pencher sur leur propre subjectivité, sur les mécanismes de mise en résonance des fantasmes de l'intervieweur et de l'interviewé, etc. Leurs investigations portent finalement sur le processus de « fabrication » du sens et les niveaux de cette « fabrication », tant il est évident qu'Annabelle ne peut parler de sa vie qu'à travers ses mots, ses concepts et ses représentations.

Il est aussi probable que la vie d'Annabelle a changé *ex post*, par le mécanisme en miroir dont elle a fait l'objet, par les remises en ordre que les interviews ont provoquées. Le récit, un canal d'information, mais certainement aussi un puissant outil de développement personnel ? Oui, si l'on en croit les travaux de chercheurs suivant lesquels la vie ne serait qu'un travail perpétuel de classement d'informations : le récit serait aussi un moyen de mettre de l'ordre dans sa vie...

La lecture du livre plonge le lecteur dans une réflexion sur la perplexité humaine et sur la recherche de sens comme mécanisme de défense contre l'absurdité de la condition humaine... Une vieille histoire m'est alors revenue à l'esprit pendant la lecture, sans doute par association d'idées : vous savez ces maçons alignés sur un chantier qui font tous le même geste, avec leur truelle et qui scellent une pierre sur un mur en construction avec du mortier... Quand un passant leur demande ce qu'ils font : l'un dit qu'il *pose une pierre*, le suivant qu'il *construit un mur* et le troisième qu'il *bâtit un édifice à la gloire du Dieu tout puissant*... Trois plans de *représentations* bien différents pour décrire la même vie...

CHRISTIAN BOURION

Les fondements de la recherche qualitative [1]

Techniques et procédures de développement de la théorie enracinée

Anselm STRAUSS [2] et Juliet CORBIN [3]

ACADEMIC PRESS FRIBOURG, Collection Res Socialis, dirigée par Marc-Henry SOULET, Volume 22

Ayant soumis un article de recherche à une revue académique française dotée d'une étoile CNRS, un jeune chercheur expliquait que la démarche méthodologique suivie était celle de la *Grounded Theory*. La revue, proche d'une école d'ingénieur, lui fit parvenir deux évaluations dont l'une était enthousiaste et l'autre constituait une décision de rejet. Dans cette dernière, le relecteur anonyme faisait part de sa perplexité face à une telle démarche dont il mettait en doute l'existence : *« Je suis personnellement toujours perplexe quand quelqu'un prétend (ça semble s'appeler la « théorie enracinée ») que le travail de recherche peut avancer sans hypothèses préalables, les données étant premières »*. Peu de temps plus tard, l'article était publié par une revue de management d'obédience américaine et le rédacteur en chef lui téléphonait pour le féliciter sur la méthodologie, car, grâce à cette méthode, les données n'étaient pas induites par le questionnaire pour prouver une quelconque théorie…

Effectivement, n'en déplaise à ce relecteur néophyte, produire du sens à partir des données constitue une démarche commune aux États-Unis, mais encore trop souvent ignorée en France. Quelques clics sur Internet [4] donnent un état des lieux du décalage entre la pratique anglo-saxonne et la pratique française dans ce domaine : les mots anglais *« Grounded Theory »* sont utilisés 1 060 000 fois, tandis que la traduction *« théorie fondée »* qui prend le pas en France, est référencée 9 400 fois, la traduction *« théorie ancrée »* 297 fois et *« théorie enracinée »* n'est référencée que 153 fois.

---

1. *Basics of Qualitative Research,* Second edition, Sage Publication, Inc., Thousand Oaks, California.

2. Professeur émérite au département de sciences sociales et comportementales à l'Université de Californie, San Francisco.

3. Professeur à l'Université d'État de San José.

4. En février 2006.

Aujourd'hui, grâce à l'Academic Press Fribourg, le chercheur français, qui ne lit pas l'anglais, va pouvoir faire connaissance de cette approche très riche de la Grounded Theory : avec la Grounded Theory, le chercheur ne part pas d'une hypothèse, mais d'un champ de données.

Anselm Strauss et Juliet Corbin précisent la démarche à la page 30 : « *Que voulons-nous dire quand nous utilisons le terme "théorie enracinée"? Nous voulons désigner une théorie qui dérive des données systématiquement récoltées et analysées à travers le processus de recherche... Le chercheur ne commence pas un projet avec une théorie préconçue. Il débute plutôt par un champ d'étude qui permet aux données de faire émerger la théorie* ». Et les auteurs ajoutent : « *La probabilité que cette théorie ressemble à la réalité sera plus grande que pour une théorie résultant de l'ensemble d'une série de concepts fondés sur des expériences ou d'une théorie construite par spéculation (c'est-à-dire par la voie orthodoxe). Les théories enracinées, parce qu'elles sont tirées des données, ont bien des chances d'offrir des enseignements pertinents, d'augmenter la compréhension et de fournir un sérieux guide pour l'action.* »

Les progrès de la science seraient-ils donc réglés par le rythme où les relecteurs qui contrôlent les publications académiques, assimilent les nouveaux paradigmes ? Thomas Kuhn ne disait pas autre chose en montrant la grande cécité dont nous sommes atteints en tant que chercheurs.

Alors que les méthodes hypothéticodéductives proposent d'aller de la théorie vers les faits, la théorie fondée propose de partir des faits et d'aller vers la théorie, en établissant une interaction entre les deux pôles : les hypothèses et les faits : elle autorise la mise en place d'un mécanisme de boucle dans la recherche. Les données transitent d'un pôle à l'autre, transition qui constitue une régulation intelligente mêlant les deux processus : un processus scientifique rigoureux et un processus plus créatif, quand il s'agit de trouver le sens des résultats, puis de retourner aux faits, pour contrôler le sens attribué. Les auteurs insistent sur le fait que l'intuition du chercheur est indispensable pour réfléchir à la désignation pertinente des catégories que la méthode scientifique a permis de faire émerger. C'est un peu comme les axes dans l'analyse factorielle : la méthode permet de dégager les axes, mais l'interprétation demeure une question délicate de recherche de sens, faisant appel à l'intuition. La méthode enracinée a recours à la science et à l'art de façon équilibrée. Les auteurs expliquent que la théorie a bien recours à des procédures standards rigoureuses, mais ils conseillent aux chercheurs d'éviter le dogmatisme dans leur emploi, de les suivre aveuglément et ils conseillent de rester en alerte sur ce que l'on fait et le sens de ce que l'on fait. En effet, c'est la compréhension sous-jacente des logiques qui permet de mener à bien la tâche entreprise. Ils conseillent aux chercheurs de prendre du plaisir dans leur travail, rejoignant par là les découvertes qui précisent le rôle créatif de l'émotion.

Le chercheur se trouve donc en face d'une masse de données brutes, dont l'absence d'hypothèse préalable à la collecte, a accru le foisonnement et le désordre. La première mission de la procédure de codage est de remettre de l'ordre. Elle doit fournir aux chercheurs des outils analytiques qui vont permettre de traiter cette masse de données brutes, de faire apparaître les fameuses catégories. Ce n'est pas autre chose que font les logiciels d'analyse de contenu…

Les auteurs expliquent ensuite ce qu'est une théorie. *« La théorisation est l'acte de construire un schème à partir des données, qui intègre de façon systématique, divers concepts à travers des énoncés de relation… Une théorie fait plus que fournir une compréhension ou dépeindre une image vivante ; elle permet aux utilisateurs d'expliquer et de prédire des événements, fournissant un guide à l'action »* (page 47).

Puis, les auteurs vont comparer ces deux paradigmes qui donnent à penser qu'il s'agit de deux processus de recherche incompatibles.

Ils décrivent ensuite l'intrication des méthodes quantitatives et qualitatives. L'approche quantitative a pour objectif de faire émerger la théorie, le chercheur ne peut pas entrer dans la recherche avec une liste fermée de concepts. Une fois que les hypothèses ont émergé, il se retourne vers des mesures et des analyses quantitatives pour autant qu'elles fassent avancer le processus de sa recherche (page 58).

Leur approche de la littérature est aussi spécifique. Qui ne s'est pas vu reprocher de citer (ou de ne pas citer) tels travaux, ou tels chercheurs « incontournables » ou considérés comme tels par le relecteur ? Aucune trace de cette démarche : certes, l'approche classique de la littérature demeure, mais il est dit que les chercheurs ingénieux mobilisent bien d'autres sources : des rapports, des biographies, des catalogues et même de la littérature non technique qui pourra fournir des questions, des concepts et des idées pour l'échantillonnage théorique. Le livre présente ensuite les outils de codification (page 117), le codage ouvert (page 134) qui permettent de définir les catégories en fonction de leurs propriétés et de leurs dimensions, de façon à ce qu'elles deviennent de plus en plus petites et significatives. L'ouvrage présente ensuite le codage axial (page 158), qui est le codage autour d'un axe de recherche transversale aux catégories dont l'objectif serait de découvrir comment les catégories sont reliées entre elles, faisant ainsi *le pont* entre structures et processus. Il aborde le processus de la véritable découverte, le processus du « *Bon sang, mais c'est bien sûr* » en conseillant de conserver toujours à portée de main, un crayon tant la découverte, de nature *subliminale*, peut se produire à n'importe quel moment, au milieu de la nuit, ou en lisant le journal par exemple. Enfin, est présenté le codage sélectif (page 180) permettant de *peaufiner* la théorie, d'approfondir un aspect.

La théorie est validée par la comparaison avec les données brutes ou lors de la présentation aux enquêtés dans la mesure où ils se reconnaissent dans la théorie.

L'ouvrage explique ensuite comment coder un processus (page 202). Il présente ce qui est appelé la matrice conditionnelle conséquentielle (page 222) que j'illustrerai comme étant l'ensemble différencié des champs de l'action : la territoire, l'individu, le couple, la famille, l'entreprise, l'institution, le pays, le monde, etc. ensemble qui éclaire le sens donné. À partir de là, le livre traite de l'échantillonnage théorique, avec sa désormais classique problématique de la saturation. Il traite enfin des mémos et des schémas (page 257) pour se terminer avec les principes de l'écriture pages 285 à 319. Les pages 312 à 317, livrent une quinzaine de critères qui permettent d'interroger la qualité du travail réalisé.

En mars 2004, communiquant à Lyon dans le colloque « Méthodes de recherches innovantes pour créer des connaissances opérationnalisables », organisé par la Division « Méthodes de Recherche » de l'Academy of Management et par l'ISEOR, (Université de Lyon) où étaient représentés des chercheurs de plus de vingt nationalités, j'avais été frappé par un prestigieux chercheur de l'Academy qui expliquait sa déception, lors de l'élaboration d'une théorie alors que les coefficients de corrélation s'avéraient inférieurs à 0,00... c'est-à-dire que sa théorie était fausse. Cette mésaventure si riche d'enseignements, qu'il avait bien voulu nous présenter en toute humilité, me rappelait l'écriture de Rogers : « *les faits sont nos amis* » : donc la *Grounded Theory* est *l'amie* des chercheurs, car elle part des faits. Cette démarche peut aboutir *à pas de théorie du tout,* mais elle ne peut pas aboutir à une *théorie fausse*, tout au plus à une théorie contingente, car sa souplesse permet une série de vérifications itératives que la démarche du questionnaire ne permet pas.

Interrogeant une de mes bases de données de récits d'expériences, à partir du mot clé « social », pour répondre à une demande d'un colloque sur la responsabilité sociale, je me suis retrouvé en possession de données sur le parcours des jeunes qui viennent des ZEP et qui ont intégré les grandes écoles. Pourquoi ? Parce qu'ils emploient plus souvent que les autres acteurs le mot « social » et que ce mot avait fait émerger, parmi des centaines de récits, un sujet de recherche auquel je n'avais jamais pensé. Peut-on encore soutenir comme le faisait le relecteur cité au début, que la recherche sans hypothèse préalable est impossible ? La réponse est qu'elle est possible, mais un préalable est toutefois requis : il faut disposer d'un *champ d'étude accessible* pour prétendre étudier ce qui s'y passe...

CHRISTIAN BOURION

Quand les petits chefs deviendront grands

Maurice Thévenet

Éditions d'Organisation, 2004

Le livre propose une vision en recul sur ce que vivent les managers de proximité. Il rassure dans la mesure où cet élargissement du champ permet à chacun de contextualiser son propre vécu et permet aussi de le dépasser par la vertu de la prise de conscience : apercevoir son propre management de proximité par effet miroir, à travers les observations de l'auteur, c'est devenir un témoin de sa propre réalité, de ses propres difficultés, c'est se situer, prendre du recul. La stratégie pédagogique du livre est celle de la prise de conscience. Cette prise de conscience peut aussi être inquiétante car le lecteur peut s'interroger sur la fonction, tant il semble ressortir de la lecture de l'ouvrage que cette fonction de l'entreprise, le management de proximité, est sans doute une des plus difficiles[5] et de loin, de l'organisation.

Son enquête permet à l'auteur de constater un certain nombre de malentendus, on devient manager de proximité, pour un tas de raisons, plus ou moins valables : échapper à son chef, (paradoxe), obtenir du pouvoir et des ressources qui permettent de « faire » des choses, tout simplement. Enfin, il y a aussi des avantages et le candidat pense surtout bénéficier d'une vraie reconnaissance.

5. Au sens qu'elle provoque de la souffrance.

Mais on ne devient jamais manager de proximité pour la raison essentielle de cette fonction : avoir envie de s'occuper des autres... Alors, évidemment, on est déçu, on fait en sorte que la fonction occupe le moins de temps possible et finalement on la quittera en n'ayant qu'une idée, devenir indépendant, appliquer son art sans contraintes. Le management de proximité correspondrait-il à un échelon particulier de la pyramide des besoins ? Les besoins sociaux, sitôt satisfaits seraient-ils remplacés par les besoins d'indépendance ? Et dans ce cas, remplir la mission serait-il impossible ?

Face à la permanence du changement organisationnel, dont les historiens reconnaîtront à quel point les organisations ont évolué extrêmement rapidement, à l'échelle de l'histoire, l'auteur fait remarquer que ce sont les managers de proximité qui en seraient les principaux acteurs : ils traduisent et adaptent le changement, ils servent de « tampon ». En fait, leur rôle principal serait d'être des ***régulateurs d'émotion***, mais ils n'aiment pas ça... D'ailleurs, l'évolution de leurs fonctions ne laisse guère le choix : ils doivent manager à distance, ils doivent manager des « divas » des travailleurs du savoir qui ne supportent pas d'être managés. Mais le besoin a survécu à l'organisation en réseau et aux crises.

Les managers de proximité ont bien une explication de leurs difficultés : tout irait tellement mieux si les RH avaient recruté les « bons » ! Si leurs collaborateurs travaillaient sans dire tout et n'importe quoi ! Sans ces paroles prononcées, parfois traumatisantes et blessantes, qui leur valent des nuits blanches, sans que – bien entendu – leurs auteurs s'en rendent compte ! *Comment, moi, j'ai dit ça ?* Ils sont aussi désarmés par tous ces problèmes personnels qu'on leur expose et auxquels ils ne comprennent pas grand-chose, c'est d'un autre métier dont il s'agit ! Maurice Thévenet rapporte la surprise d'un manager, quand l'un de ses salariés s'est rendu dans son bureau, avec toute sa famille... Et, dernier espoir et non le moindre, ce serait tellement mieux pour les managers si leurs collaborateurs ne menaient pas contre eux, une bataille pour leur prendre leur place.

En vertu de quoi, le lecteur se demande comment les managers de proximité peuvent devenir de bons régulateurs d'émotions alors qu'ils sont baignés dans la souffrance : sentiment de déception, sentiment de dévalorisation et sentiment de culpabilité se disputent la primeur : comment réguler les autres, quand on ne parvient pas à réguler ses propres émotions ? En devenant des « grands » ?

Alors, comment ré-enchanter le management de proximité ?

Tout d'abord, l'auteur conseille de prendre du recul par rapport à la vague sociologique, la réalité locale est contextualisée : il vaut mieux la vivre en direct que la supposer conforme aux idées véhiculées par les medias. Il faut éviter de se laisser aller au fatalisme de la soumission, l'institution peut aussi jouer un rôle. L'auteur conseille de ne pas exagérer avec l'externalisation, qui consisterait à croire qu'on peut sous-traiter la fonction au coaching par exemple. Il propose d'attaquer le problème sous le bon angle, faisant en sorte que la fonction soit portée par des personnes qui ont la trilogie : conviction, compétence et goût.

Concernant la conviction, il analyse en dix phrases, les dix pièges dans lesquels il ne faut pas tomber et les trois béquilles de la conviction en donnant une clé de valorisation du management de proximité. Dans cette clé, j'y ai vu le fait d'être soutenu par le N +2… Le chapitre 9 développe les axes de compétences fondés sur l'authenticité et le danger d'adopter des comportements appris qui ne sont pas naturels. Un exemple amusant : un manager, soucieux que chaque famille soit au courant des difficultés de l'usine – il avait dû suivre et ne pas assimiler correctement un stage de communication – avait fait porter à chaque famille, par huissier, une belle plaquette expliquant les problèmes… Non, chacun doit plutôt se tourner vers lui-même : vers la capacité à pénétrer sa zone aveugle et à se regarder dans le miroir : en d'autres termes, le management de proximité serait bien une question d'apprentissage, mais celui-ci concernait plus « l'être » que le « faire ». Une voie pour avoir le goût de tout cela, serait liée au fait d'avoir bénéficié d'un manager qui « savait » et qu'on a pu observer et admirer, un mentor, en quelque sorte ? Et de conclure sur la responsabilité d'en haut, car c'est évidemment là que se situe la problématique du « Surtout pas de vagues » qui prend les managers de proximité en tenaille, si le soutien de la hiérarchie supérieure fluctue avec les difficultés, ce sont ces échelons supérieurs qu'il faut former…

Sybil Persson

La logique émotionnelle

Christian BOURION

Éditions ESKA de janvier 2000, 348 pages
Éditions ESKA de juillet 2001, 385 pages
Éditions Palgrave MacMillan de janvier 2005, 233 pages

La logique émotionnelle constitue un outil d'apprentissage organisationnel : il se met à la place de l'acteur, prend en cause les flux d'informations qu'il reçoit et se demande comment identifier puis développer la capacité à donner un sens pertinent aux émotions envisagées comme des signaux émis par les situations. L'auteur opère par analyse de récits d'expériences et par analyse des modèles déjà disponibles. Il isole ainsi plusieurs situations qui semblent partager une même logique des émotions. Les situations qui émettent des signaux détectés comme étant gratifiants, celles qui émettent des signaux aversifs, les situations hiérarchiques qui donnent naissance à une gamme complexe d'émotions. Puis les situations d'échec, les situations irréversibles et finalement, les situations de succès. Toutes sont des situations qui impliquent un choix, une capacité de discernement. Les situations qui émettent des signaux gratifiants sont en interaction avec les choix de type *« approche - approche »*. Il y a gratification si la décision est la bonne, mais il y a aussi gratification si le choix n'est pas le bon, dans la mesure où la personne acquiert un savoir supplémentaire dans le domaine de *« savoir ce qu'il ne faut pas faire »*. Le management de proximité étant une discipline où le *savoir ce qu'il ne faut pas faire est* largement aussi important que le *savoir faire.* Les situations qui émettent des signaux aversifs sont celles qui impliquent le choix *« approche - évitement »*. Ces choix s'avèrent plus radicaux, dans la mesure où, soit on réussit car on a fait le bon choix, soit on échoue car on a fait le mauvais choix. Le livre révèle un élément de la règle qui permet de ne pas se tromper : le choix de l'évitement est un mauvais choix, dans la mesure où *le blocage est intérieur* ; ce serait un bon choix, dans la mesure inverse. Il apparaît ainsi deux gammes d'erreur, l'une est source d'apprentissage, l'autre est source d'échec « sec ». Et enfin les situations hiérarchiques donnent souvent naissance à des choix *« évitement - évitement »* où quelle que soit la décision, il y a détérioration de la situation. Les situations irréversibles permettent d'observer les mécanismes de deuil, quand le pilotage n'est plus possible. La capacité à manager l'ensemble de ces choix, en tenant compte de ces risques, suppose une « intelligence émotionnelle », c'est-à-dire, une capacité à interpréter correctement les émotions ressenties et à discerner les décisions. En d'autres termes, le traitement de l'émotion en tant que signal – la logique émotionnelle – apparaîtrait comme un outil déterminant dans la gestion de proximité (domestique) et dans le management de proximité (professionnel).

SYBIL PERSSON

Résumés

L'intelligence des émotions : une relecture des fondements de « l'intelligence émotionnelle »

Félipe ARTAZA ABAROA

Le terme « intelligence émotionnelle » a été vulgarisé en management par les travaux de D. Goleman avec un succès significatif, en même temps que se développaient les recherches sur le rôle et les fonctions de l'émotion dans différents domaines des Sciences de Gestion. La conceptualisation de la notion d'intelligence émotionnelle mérite de bénéficier de fondements solides. Une connaissance approfondie de la notion d'émotion nous permet de la repositionner dans l'ensemble de la recherche en gestion.

Mots-clés : « Intelligence émotionnelle », Émotion, Intelligence, Management, Organisation, Leadership.

L'engagement, un statut positif pour l'erreur dans l'apprentissage organisationnel réflexif

Anne CARBONNEL, Karine ROUX

L'organisation peut s'attacher à tirer des leçons de ses expériences et notamment des situations difficiles dans le cadre d'un processus d'apprentissage organisationnel réflexif. Traduite par un encadrement qui s'accorde à reconnaître le droit à l'erreur et qui favorise l'engagement, cette démarche peut générer des connaissances propices à l'efficience organisationnelle.

Mots-clés : Évolution des compétences managériales, Engagement, Droit à l'erreur, Retour d'expérience d'échecs, Compétence réflexive, Capitalisation des connaissances, Relations partenariales.

Les réactions de défense, un précieux indicateur

Catherine AIMELET-PERISSOL

Quand un individu fait appel à un coach, c'est qu'il éprouve une difficulté à progresser. Celle-ci est vécue comme une menace et engendre une réaction de défense, autrement dit, une émotion. Automatiquement, chacun attribue cette réaction à l'événement qui l'a déclenchée. Or l'émotion traduit un manque de savoir satisfaire ses besoins fondamentaux dans la situation rencontrée : ce n'est pas l'événement qui est en cause mais ses propres limites à agir en vue de cette satisfaction. C'est dire si le coach a besoin de savoir décoder le message contenu dans les émotions, sans quoi il risque de se priver de lisibilité et d'en être lui-même ému ! La Logique Émotionnelle introduit le bon sens et le bon usage de l'émotion comme source à partir de laquelle le besoin s'exprime. Une grille de lecture biologique permet de voir clair : qui dit peur, dit fuite et besoin de sécurité ; qui dit colère, dit lutte et besoin d'identité ; qui dit fatigue, dit repli sur soi et besoin de réalité d'être. Ainsi, le coach et l'individu peuvent cheminer dans la recherche active de ce qui peut satisfaire ces besoins, autrement que sous l'urgence de l'émotion défensive.

Mots-clés : Émotions, Défenses, Bio-logique, Reptilien, Réactions.

Pourquoi le management de proximité est-il à deux vitesses ?

Erreur ou provocation ?
La problématique de l'intentionnalité

Christian BOURION

L'organisation est le lieu pacifique où se manifestent toutefois dans les paroles et dans les actions quotidiennes de nombreux écarts entre les normes organisationnelles et les normes personnelles. Il en résulte que ces écarts, quand ils remettent en cause les normes de performance, sont soumis à un processus bienveillant de recadrage, soit par ajustement déférentiel, soit par intervention directe du N +1 sur le problème à résoudre. La recherche par mots-clés au sein des 1 051 récits d'expériences collectés depuis 2002 par notre observatoire fait émerger 547 récits professionnels rapportant 86 incidents où l'intervention managériale classique par recadrage n'aboutit pas à la résolution du problème, mais à son aggravation puis, dans certains cas, à la sanction du manager qui est intervenu. L'application de la méthodologie enracinée fait émerger des processus fondés, désignés sous le terme de provocations, c'est-à-dire qu'il s'agit d'incidents critiques volontaires, présidés par une intention malveillante. La compréhension et l'identification de ces processus qui tirent parti de la complexité du système neurologique humain sont fondamentales pour réguler la violence ordinaire. La régulation qui conditionne le maintien d'une ambiance paisible de travail, agit sur les taux d'incident critique, de rebut et de mortalité organisationnelle. L'article explique la démarche suivie par la recherche et propose un modèle opérationnel d'identification *ex ante* de ces risques puis une méthode destinée à les gérer *ex post*, dans le but d'assurer la paisibilité organisationnelle, nécessaire à la performance. La provocation constitue une exception remarquable au principe managérial de résolution de problème, car bien que concernant le domaine managérial, son mode opératoire s'inscrit dans celui de la polémologie[1] et de la cybernétique. La provocation est d'autant plus fréquente que la situation sociale est fragile, que la hiérarchie supérieure pratique le « pas de vague » et que l'encadrement juridique exclut le licenciement : l'organisation doit faire face à une hostilité déclarée et persistante, que les processus habituels de régulation de proximité ne parviennent pas à traiter.

Mots-clés : Apprentissage, Boucle, Cerveau, Cognition, Management à deux vitesses, Harcèlement, Limbique, Management de proximité, Provocation, Système nerveux, Reptilien.

1. La polémologie est : 1. L'étude des deux faces de l'oscillation fondamentale de la vie des sociétés organisées, c'est-à-dire la guerre et la paix. 2. Les aspects des structures sociales de la paix. 3. L'étude des conflits et de la violence dans les rapports avec la vie des hommes et des groupes. Bouthoul, 1976, page 7.

Pratiques des sanctions-récompenses dans le cadre du management public et de la RSE

Françoise GOTER

Dans le cadre de leurs démarches de modernisation, de nombreuses organisations de service public sont à la recherche d'un modèle de gestion efficace de leurs activités et de leurs ressources humaines. Cet objectif les incite notamment à rechercher des pratiques de sanctions-récompenses plus stimulantes et favorisant une plus grande efficacité-efficience des acteurs dans leurs activités. À travers l'étude des pratiques de sanctions-récompenses des organisations de service public, nous cherchons à définir les principales variables du système de sanctions-récompenses et à déterminer les conditions de développement de leur efficacité. Notre hypothèse est que l'identification de sanctions-récompenses individuelles et collectives de l'efficacité des acteurs et leur développement dans le cadre d'un système structuré et stimulant sont un levier puissant pour rendre les organisations du secteur public plus efficientes et mieux assurer la survie-développement du service public.

Mots-clés : Organisation de service public, Fonction publique, Service public, Management public, Modernisation, Évaluation du personnel, Encadrement, Sanction, Récompense, Compétence, Comportement, Responsabilisation, Performance, Motivation, Implication, Engagement, Équité, Contractualisation, Responsabilité sociale des entreprises, Ressources Humaines, Théorie socio-économique, Étude de cas, Belgique, France.

Les effets de leviers dans l'apprentissage du management de proximité

Héloïse CLOET, Hervé SAINT AUBERT

L'environnement actuel des entreprises est de plus en plus exigeant, complexe, incertain. Dans la mesure où l'environnement évolue et que les entreprises sont tout à la fois actrices du changement et affectées par celui-ci, leurs structures évoluent également. Elles passent globalement d'une organisation pyramidale à une organisation organique. Ces évolutions environnementales et organisationnelles ont pour corollaire une évolution des rôles et des compétences dévolus aux hommes et aux femmes clefs d'entreprises. L'examen des théories afférentes au management et au leadership met en exergue que les rôles et les compétences attendus chez ces populations consistent en la capacité à susciter et à conduire le changement, à véhiculer du sens à l'action, à animer et à gérer des équipes. C'est à cette fin de « manager le changement ou de changer le management » que sont mis en place de nouveaux modes d'évaluation et d'accompagnement : le 360° feedback, le coaching… Leur couplage peut se révéler un puissant levier d'apprentissage individuel, collectif et organisationnel.

Mots-clés : Évaluation, Accompagnement, 360° feedback, Coaching, Changement, Apprentissage, Leadership, Management.

Compétences émotionnelles et capacités d'apprentissage des dirigeants : cas d'une entreprise française de service

David ANSIAU, Cécile DEJOUX, Heidi WECHTLER

Cet article tente, à partir des concepts de compétences émotionnelles et de capacités d'apprentissage, de répondre à la question : « Comment détecter chez un manager les compétences d'un futur dirigeant ? » Les compétences émotionnelles représentent un sujet peu traité en France alors qu'aux États-Unis de nombreuses recherches en soulignent les apports et les limites pour les sciences de gestion. Les capacités d'apprentissage constituent un domaine d'étude pluridisciplinaire se développant depuis une vingtaine d'années. La recherche exploratoire présentée a investigué les éventuelles différences entre les compétences des managers et celles des dirigeants. Un repérage des compétences émotionnelles et des capacités d'apprentissage a été effectué à l'aide de questionnaires chez des managers et des dirigeants d'une entreprise française. Les analyses statistiques montrent que, d'une part, les compétences émotionnelles et les capacités d'apprentissage des dirigeants se différencient de celles des managers et que, d'autre part, l'efficience des compétences émotionnelles contribue à l'efficience des capacités d'apprentissage.

Mots-clés : Intelligence Émotionnelle, Compétences Émotionnelles, Style d'Apprentissage, Capacité d'Apprentissage, Dirigeant, Manager.

Facteurs de choix au sein d'un dispositif interdisciplinaire d'apprentissage du management

Silvester IVANAJ, Sybil PERSSON

L'article prend place au sein d'une démarche d'apprentissage au management offrant des options interdisciplinaires au travers d'Artem, une alliance entre trois Écoles (Art, Ingénierie et Management). Dans ce contexte, les comportements de choix de plusieurs centaines d'apprentis managers sont analysés sur 4 années (2002-2006) à l'aide du HBDI (Herrmann Brain Dominance Instrument). Il est possible d'expliquer deux choix qui s'opposent (Art *versus* Management) à l'aide des préférences cérébrales, principalement sur le registre gauche-droit. En revanche, le cerveau dit « des émotions » (cerveau limbique) semble moins sollicité *a priori*, appelant sans doute une investigation *a posteriori*. De même le choix pour l'option ingénierie appelle une autre approche méthodologique, susceptible de faire place à des éléments de type situationnel plutôt que dispositionnel.

Mots-clés : Apprentissage, Émotions, Interdisciplinarité, Management, Préférences cérébrales.

Abstracts

Emotion's intelligence: a reviewing of the basis of "emotional intelligence" basics

Félipe ARTAZA ABAROA

Contemporary research about the role and significance of emotions has been increasing in differents fields of business administration; at the same time, Goleman's research about Emotional Intelligence has been succesfully acknowledged. Since our viewpoint, his conceptualisation is weak. A deeper undernstanding of the concept of emotion should replace his propositions and could replace the Emotional Intelligence concept in the research in business administration.

Keywords: "Emotional intelligence", Emotion, Intelligence, Management, Organization, Leadership.

The role of the managerial staff in reflexive organizational learning: contribution to allow error and commitment.
Involvement, a Constructive Status for Error in Management Learning

Anne Carbonnel, Karine ROUX

Organization can learn from their own experiences and especially in difficult situations, by reflective organizational learning. Including in a management which accept mistakes and promote commitment, this process can produce knowledges favourable to organizational efficiency.

Keywords: Management competencies evolution, Commitment, Right to mistake, Return on failures experience, Reflective competence, Knowledge capitalization, Inter-organizational relationships.

Reactions of Defence, an Invaluable Indicator

Catherine AIMELET-PERISSOL

The need to be coached sheds light on a difficulty to progress, which is felt like a threat, thus generating a reaction of defence – in other words, an emotion. Such a reaction is automatically ascribed to the event that triggered it off. Actually, the emotion reflects a deficit in satisfying one's basic needs in the situation experienced: In fact, the emotion is not caused by the event itself, but by the individual's limits regarding his ability to satisfy his needs in such a situation. It is thus essential for the coach to know how to decode the message contained in the emotion, or else, he may not catch the message appropriately and also become emotional! Emotional Logic introduces common sense and enables to efficiently use emotions as the source from which the need is expressed. An interpretation from a biological perspective favours a clear vision: fear generates escape and need for security; anger generates struggle and identity need; exhaustion generates turning in on oneself and need for reality of being. With the Emotional logic approach, the coach and the coached are given the means to actively progress together towards finding an answer to meet the needs, in an other way than in the urgency of a defensive emotion.

Keywords: Emotions, Defences, Bio-logic, Reptilian, Reactions.

Managing Social Proximity Conflicts that are Emotionally Demanding Triple loop Modelling Applied to the Dynamic of Provocation

Christian BOURION

Dealing with the dynamic of provocation is a quite complex matter. Requesting information cannot be reduced to asking: "Have you experienced provocation?". We have asked hundreds of people to relate an important event and then we have analysed whether they had suffered provocation or harassment by means of keywords extracted from the accounts. Such a method has totally changed the content of the data, since the interviewees did not know about the subject of the enquiry; however the disadvantage lies in the fact that the data collection has been spread over a ten years period. Concerning the approach of the phenomenon, it has been necessary to review all the researches carried out on how information is processed by the human brain. To learn how to control such situations, we have used a triple loop modelling, with behaviour management placed in the third loop, which implies that managing the first two has been attained.

Keywords: Learning, loop, Human brain, Cognitive processes, Harassment, Limbic, Proximity management, Provocation, Nervous system, Reptilian.

Practices of the penalties-rewards within the framework of the public management and of Corporate Social Responsibility

Françoise GOTER

Within the framework of their initiatives of modernization, numerous organizations of public service are in search of a model of effective management of their activities and their human resources. This objective notably incites them to look for practices of more stimulating penalties-rewards and favoring a bigger efficiency-efficacy of the actors in their activities. Through the study of the practices of penalties-rewards of the organizations of public service, we try to define the main variables of the system of penalties-rewards and to determine the conditions of development of their efficiency. Our hypothesis is that the identification of individual and collective penalties-rewards of the efficiency of the actors and their development within the framework of a structured and stimulating system are a powerful control lever to lead to more efficient organizations of public service and better insure the survival-development of the public service.

Keywords: Organization of public service, Public service, Public utility, Public management, Public service reform, Evaluation of the staff, Manager, Penalty, Reward, Skills, Behavior, Liability, Performance, Motivation, Involvement, Commitment, Equity, Contractualisation, Corporate Social Responsibility, Human resources, Socio-economic Theory, Case study, Belgium, France.

Gearings in the Learning of Proximity Management The leverages factors in a management learning process

Héloïse CLOET, Hervé SAINT AUBERT

The current environment for companies is increasingly exacting, complex and doubtful. Because this environment constantly develops and because companies are both the authors and the victims of change, their structures evolve as well. They globally move from a pyramidal organization to an organic one. Those environmental and organizational changes lead to a modification of the roles and competencies which have been granted to the companies' key people. The theories consideration accruing to management and leadership outline the role and competencies which are expected and consist in the ability to provoke and to lead change, to carry the sense of the action, to animate and to manage teams. With this purpose of managing and leading change or modifying the management style, new evaluation and follow up processes have been introduced: 360° feedback, coaching... Their linkage could generate a powerful individual, collective and organizational apprenticeship lever.

Keywords: Evaluation, Follow up, 360° feedback, Coaching, Change management, Apprenticeship, Leadership, Management.

Managerial emotional competences and learning skills: the case of a french service company"

David ANSIAU, Cécile DEJOUX, Heidi WECHTLER

From concepts of emotional competences and learning skills, this research paper addresses the following issue: "how is it possible to identify future executive manager's skills within a manager?" For many years, several researches, in USA, have been studying Emotional Intelligence, assessing its strengths and weaknesses for business sciences. However, in France, this is not a common research topic. Learning styles and skills have been studied for about twenty years. This article examines relationships between emotional competences and managers' learning skills. Several research purposes are defined. The sample was composed of managers and executive managers of a French company. Evaluation of emotional competencies and learning skills was made with questionnaires. These quantitative analyses show that, on the one hand, emotional competencies and learning skills are different between executive managers and managers, and, that, on the other hand, emotional competences contribute to learning skills efficiency.

Keywords: Emotional Intelligence, Emotional Competences, Learning Styles, Learning Skills, Executive Managers, Managers.

Key factors within an interdisciplinary process of management training

Silvester IVANAJ, Sybil PERSSON

This paper reports on an analysis of management learning approaches manifested through the ARTEM alliance which brings together students from three different schools of Art, Business and Engineering. In this context, business students have to select three workshops among about twenty of them. This selection provides the opportunity to collect data on the behaviour of almost one thousand of Business students. The data collected from 2002 to 2006 was correlated with other data obtained using the Herrmann Brain Dominance Instrument. Two clearly opposed approaches, Art versus Business, based on the left-right brain, have been identified. No significant correlations have been found between the different disciplinary approaches and the so called "emotional" brain (limbic). On the other hand, the engineering students approach does not seem to be correlated to their thinking style. A better understanding of the engineering students' approach likely requires a methodological approach based on situational rather than dispositional elements.

Keywords: Learning, Emotions, Interdisciplinarity, Management, Thinking Style.

Instructions aux auteurs

L'approche de la revue s'est modifiée entre le numéro 24 (printemps 2005) et le numéro 25 (Automne 2005). LA REVUE INTERNATIONALE DE PSYCHOSOCIOLOGIE souhaite maintenant introduire la psychosociologie des organisations en lien avec la performance et (ou) avec la création de richesses. Elle souhaite aussi renforcer son développement à l'international en accroissant les publications en langue anglaise.

PROPOSER UN ARTICLE OU UN THÈME COMPLET

LA REVUE INTERNATIONALE DE PSYCHOSOCIOLOGIE publie soit des dossiers thématiques, soit des articles hors dossier. Les fichiers attachés doivent être envoyés par courriel à :

A : AGPAEDIT@wanadoo.fr
De : votre adresse e-mail
Sujet : Article pour le thème « X » de la RIP
Cc : adresse du responsable du thème « X »[1]
Pièce jointe : votre article

NORMES D'UN ARTICLE

À l'heure de la complexité, de la remise en cause des certitudes, de l'ébranlement des économies et des organisations les mieux établies, la réflexion et l'analyse psychosociologiques constituent un instrument privilégié de compréhension. Chacun des acteurs tente en effet de comprendre les intrications entre conduites humaines, réalité psychique et champ social et de mettre en œuvre des cadres de vie et de travail susceptibles de concilier des aspirations diverses. C'est bien l'objet de la psychosociologie qui est à la fois réflexion sur la complexité des conduites humaines mais aussi recherche en vue de l'action et de la transformation des structures sociales et des conditions de vie. La revue s'efforce de montrer comment et en quoi une psychosociologie plurielle, représente une forme de discipline qui se situe au cœur de la vie sociale du changement.

La REVUE INTERNATIONALE DE PSYCHOSOCIOLOGIE publie deux fois par an des articles en anglais ou en français. Tout d'abord, elle examine toute proposition traitant d'un sujet relatif à l'homme en tant qu'acteur au sein d'organisations, impliqué dans une activité humaine individuelle ou collective concernant son déroulement, son utilité, ses difficultés, ses buts, ses normes, ses intérêts, ses habitudes, sa légitimité, sa pertinence, ses déviations, etc. Ensuite, elle effectue simultanément des appels à thèmes et à contribution orientant les travaux demandés : voir ci-dessous. Dans les deux démarches, il peut s'agir de travaux de recherches empiriques, de travaux théoriques, de comptes rendus d'intervention ou de recherche, de réflexions, de témoignages, d'un point de vue, d'un récit de vie, etc. M is il doit y avoir production de connaissances ; sources et démarches doivent être précisées de façon rigoureuse.

1. Chaque thème est géré par un des trois rédacteurs dont les adresses courriel sont les suivantes : alex.mucchielli@univ-montp3.fr, frank@bournois.com, bourion@univ-nancy2.fr

APPELS À CONTRIBUTION AUX FUTURS NUMÉROS

THÈME : « INCIDENTS CRITIQUES, RUPTURES ET LIENS »

Rédacteur responsable du dossier : Christian BOURION,
Groupe ICN, 13, rue Michel-Ney, 54000 Nancy
bourion@univ-nancy2.fr

Dans une société dont l'évolution est liée à toutes sortes de modifications, certaines crises se manifestent par séparation, révoltes, violences ou criminalités diverses. Les auteurs pourront découvrir un aspect du rôle de la rupture dans les mécanismes d'accélération ou au contraire de dépassement de ces crises ? Il peut s'agir d'une approche empirique mesurant un phénomène de rupture, d'une approche théorique du rôle joué par la rupture dans un processus plus large, de comptes rendus d'intervention, de réflexions, de témoignages sur l'accompagnement de situation de rupture ou évitant de provoquer la rupture. Il peut s'agir aussi d'un croisement entre un processus de rupture et un autre processus : divorce et marché du travail, par exemple. Il peut s'agir aussi d'une analyse plus intime concernant les adhérences, les liens, l'absence de liens, les valeurs, leur rôle positif ou négatif dans le processus. Le terme peut être entendu en tant que « fuite » d'une situation ou en tant que rupture dans la continuité d'une situation établie. En tant que fuite, nous pourrons envisager les modifications de valeurs ou de représentations qui provoquent la rupture, les mécanismes d'ajustement, etc. En tant que rupture dans la continuité d'un processus, nous pouvons envisager les éléments concernant les seuils, les mécanismes d'accumulation, les incidents critiques, etc.

THÈMES

« Responsabilité psychosociale des entreprises et Gestion des Ressources Humaines ». Il s'agit de réflechir sur la dimension psychosociale de ce débat.

Thème sous la direction de Corinne GENDRON (gendron.corinne@ugam.ca) et Chrsitian BOURION (bourion@univ-nancy2.fr).

APPEL À THÈMES

Une équipe scientifique peut proposer à LA REVUE INTERNATIONALE DE PSYCHOSOCIOLOGIE un thème sur lequel elle travaille afin de pouvoir présenter les résultats de ses recherches. Il peut s'agir de travaux terminés et la présentation du dossier comprendra obligatoirement plusieurs articles et plusieurs auteurs. Il peut s'agir aussi de la publication en amont d'un thème de recherche, faisant appel à des contributions d'auteurs.

Tout article adressé à LA REVUE INTERNATIONALE DE PSYCHOSOCIOLOGIE fait l'objet d'un courriel d'AR. Il est soumis à un Comité de lecture composé à l'aveugle d'au moins deux personnes du milieu universitaire et (ou) du monde de l'entreprise. Les relecteurs remettent leurs rapports dans les deux mois qui suivent l'envoi. L'article est alors accepté, refusé ou accepté sous réserve de modifications, de mise aux normes, etc.

Les critères d'acceptation de l'article sont l'intérêt qu'il présente pour le lecteur, le développement d'idées ou le compte rendu d'expériences novatrices, des thèmes de réflexion plus généraux, l'envergure de l'analyse des données, la lisibilité et la concision…

La première page comportera le titre de l'article, les noms et institutions des auteurs, en précisant le nom et l'adresse de l'auteur auquel doit parvenir l'avis du Comité de lecture, un résumé d'une dizaine de lignes en français et en anglais.

L'ensemble sera dactylographié en Times New Roman, 12 en 1,5 interligne. Le corps du texte comprendra 30 000 caractères, le résumé **en anglais et en français** 500 caractères chacun, la méthodologie 2 000 caractères, la bibliographie 2 000 caractères, à titre indicatif. La structure du plan ne dépassera pas deux niveaux. Les notes en bas de page seront peu nombreuses. La bibliographie suivra les normes habituelles des auteurs, les tableaux seront titrés et numérotés, le corps de l'article ne comprendra pas le ou les noms de(s) auteur(s).

LES DOSSIERS PRÉCÉDENTS

Les articles acceptés pour publication sont publiés dans l'ordre des dates d'acceptation sauf exceptions dues à des regroupements thématiques ou à l'équilibre de chaque numéro. Les titres et l'organisation du plan sont de la responsabilité de LA REVUE INTERNATIONALE DE PSYCHOSOCIOLOGIE. L'auteur s'engage à ne pas publier son article dans un autre support sans l'autorisation de LA REVUE INTERNATIONALE DE PSYCHOSOCIOLOGIE. Les épreuves ne sont pas soumises aux auteurs. Chaque auteur reçoit un exemplaire du numéro de la LA REVUE INTERNATIONALE DE PSYCHOSOCIOLOGIE auquel il a contribué.

Composé par COMPO-MÉCA sarl
64990 Mouguerre

Achevé d'imprimer sur les presses de l'Imprimerie BARNÉOUD
B. P. 44 - 53960 BONCHAMP-LÈS-LAVAL
Dépôt légal : Novembre 2006
N° d'imprimeur : 611032
Imprimé en France